부자아빠
부자아이

부자아빠 부자아이

발행일	2025년 4월 21일		
지은이	우동호		
펴낸이	손형국		
펴낸곳	(주)북랩		
편집인	선일영	편집	김현아, 배진용, 김다빈, 김부경
디자인	이현수, 김민하, 임진형, 안유경	제작	박기성, 구성우, 이창영, 배상진
마케팅	김회란, 박진관		
출판등록	2004. 12. 1(제2012-000051호)		
주소	서울특별시 금천구 가산디지털 1로 168, 우림라이온스밸리 B동 B111호, B113~115호		
홈페이지	www.book.co.kr		
전화번호	(02)2026-5777	팩스	(02)3159-9637
ISBN	979-11-7224-535-1 03320 (종이책)		979-11-7224-536-8 05320 (전자책)

잘못된 책은 구입한 곳에서 교환해드립니다.
이 책은 저작권법에 따라 보호받는 저작물이므로 무단 전재와 복제를 금합니다.
이 책은 (주)북랩이 보유한 리코 장비로 인쇄되었습니다.

(주)북랩 성공출판의 파트너

북랩 홈페이지와 패밀리 사이트에서 다양한 출판 솔루션을 만나 보세요!

홈페이지 book.co.kr • **블로그** blog.naver.com/essaybook • **출판문의** text@book.co.kr

---

작가 연락처 문의 ▶ ask.book.co.kr

작가 연락처는 개인정보이므로 북랩에서 알려드릴 수 없습니다.

지금 시작하는 자녀의 부

부자아빠 부자아이

아빠와 아들의 대화로 쉽게 배우는 금융교육

우동호 지음

세무사 금융공학 박사의 100% 실전 투자 시스템,
13살 전에 시작하지 않으면 35억을 놓친다!

· 차례 ·

제1장 시작하지 않은 당신은 이미 늦었습니다

- 1-1. "아빠, 우리는 부자가 될 수 있어요?" - 부의 갈림길에 서다 11
- 1-2. 2025년생이 받게 될 35억의 비밀 16
- 1-3. 9살의 두 갈래 길 - 도박과 투자 23
- 1-4. 13살 전에 시작해야 하는 이유 34
- 1-5. 지금 시작하지 않으면 잃게 될 것들 45

제2장 복리의 마법과 장기 투자의 힘

- 2-1. 복리의 원리: 아인슈타인도 놀란 제8의 불가사의 57
- 2-2. 72 법칙으로 보는 자산 증식의 비밀 64
- 2-3. 장기 투자가 우리 가족을 지키는 방법 69
- 2-4. 실전 연습: 복리 계산기로 미래 자산 계산하기 76

제3장 왜 '지금' 시작해야 하는가?

- 3-1. 월 15만 원으로 시작하는 우리 아이의 미래 93
- 3-2. 금융교육의 골든타임 97
- 3-3. 사회적 변화와 경제 환경의 도전 101
- 3-4. 돈에 대한 올바른 가치관 형성하기 109
- 3-5. 실전 연습: 우리 가족의 금융 가치관 만들기 115

제4장 왜 내가 아닌 '자녀'부터 챙겨야 하는가?

- 4-1. 자녀의 미래를 위한 준비 127
- 4-2. 유태인 금융교육 모델의 비밀 129
- 4-3. 부모의 역할과 책임 131
- 4-4. 실전 연습: 자녀와 함께하는 금융 목표 설정 133

제5장 왜 '부'를 알아야 하는가?

- 5-1. 부의 진정한 의미와 중요성 139
- 5-2. 자산 형성의 필요성 144
- 5-3. 투기와 투자의 차이 이해하기 148
- 5-4. 온라인 도박의 함정: 부모와 자녀가 꼭 알아야 할 진실 154
- 5-5. 분산투자의 마법: 4만 원으로 배우는 투자의 지혜 159
- 5-6. 현명한 변동성 관리: 수익률의 진실 165
- 5-7. 부자들의 공통된 습관 170
- 5-8. 실전 연습: 부자의 습관 체크리스트 174

제6장 부자 아빠의 대화: 아들과 함께하는 금융 경제 교육

- 6-1. 금융 기초 교육: 용돈부터 시작하기 181
- 6-2. 환율과 금리 이해하기 187
- 6-3. 주식과 투자의 기본 원리 199
- 6-4. 분산투자와 자산 배분의 지혜 204
- 6-5. 재무제표 쉽게 읽기 213
- 6-6. 가정에서의 예산 관리와 저축 223
- 6-7. 실전 투자 체험하기: 모의투자 게임 226

제7장　유태인의 금융교육 비법

7-1.	유태인 성인식과 경제적 독립	245
7-2.	자산 형성과 관리 방법	248
7-3.	한국 가정에서의 실천 방법	253
7-4.	실전 연습: 우리 가족만의 금융 의식 만들기	257

제8장　미래를 위한 구체적인 계획

8-1.	투자자금 계산기 활용법	265
8-2.	목표 설정과 계획 수립	276
8-3.	리스크 관리와 포트폴리오 구성	281
8-4.	정적 자산 배분 전략의 실제	287
8-5.	동적 자산 배분 전략의 활용	308
8-6.	디지털 자산과 새로운 투자 환경 이해하기	326
8-7.	실전 연습: 나만의 포트폴리오 만들기	333

제9장　부모와 자녀의 동반 성장

9-1.	부모의 금융교육과 자기 계발	342
9-2.	자녀와 함께하는 금융 학습	347
9-3.	함께 성장하는 가정 만들기	354
9-4.	실전 연습: 가족 금융 회의 진행하기	361

제10장 실천할 수 있는 구체적인 방법

10-1.	연령별 맞춤 실천 플랜	374
10-2.	연금 저축 계좌 활용하기	379
10-3.	유기정기금으로 증여세 관리하기	385
10-4.	홈택스 신고 실전 가이드	398
10-5.	ISA와 연금 저축 계좌의 효과적 활용	411
10-6.	부모를 위한 체크리스트	430
10-7.	실전 연습: 월별 실천 계획 세우기	442

부록

1.	정부 정책 제안: 국민연금 보완과 금융교육 의무화	454
2.	용어 해설	461
3.	실전 투자 도구 모음	471

제 1 장

시작하지 않은 당신은
이미 늦었습니다

> "아빠, 우리는 부자가 될 수 있어요?"

> 그럼! 지금 시작하면 네가 65살때
> **35억이 모일 수 있어.**

1-1. "아빠, 우리는 부자가 될 수 있어요?" - 부의 갈림길에 서다

1-2. 2025년생이 받게 될 35억의 비밀

1-3. 9살의 두 갈래 길 - 도박과 투자

1-4. 13살 전에 시작해야 하는 이유

1-5. 지금 시작하지 않으면 잃게 될 것들

"아빠, 우리는 부자가 될 수 있어요?"

열두 살 아들이 제게 던진 이 질문 앞에서, 한동안 말을 잇지 못했습니다. 매일 부자들과 기업들의 자산과 세금을 관리하고 재무 상담을 해 주는 세무사이자 금융과 회계를 전공한 박사인데도, 정작 우리 아이의 미래를 위한 구체적인 그림은 그려 주지 못하고 있었거든요.

1-1
"아빠, 우리는 부자가 될 수 있어요?"
- 부의 갈림길에 서다

"이제 9살이에요."

세무 상담을 하러 오신 한 어머니가 말씀하셨습니다.

"아이가 무료 게임을 하다가 도박 사이트에 들어갔다고 하더라고요. 아직 돈을 쓰지는 않았지만…."

문득 머릿속에서 숫자들이 스쳐 지나갔습니다.
2025년 대한민국의 현실은 충격적입니다. 한국도박문제관리센터의 최근 조사에 따르면, 초등학생 10명 중 1명이 이미 온라인 도박을 경험했다고 합니다. 더 충격적인 것은 그 시작 나이가 점점 낮아지고 있다는 것입니다.

"처음에는 재미로 시작했어요."

부자아빠 부자아이

도박 중독 상담 센터를 찾은 한 초등학생의 증언입니다.

"무료 게임인 줄 알았는데, 어느새 엄마 카드로 결제하고 있었어요."

이런 사례가 매년 2배씩 증가하고 있습니다. 특히 코로나19 이후 비대면 환경에 익숙해진 아이들이 온라인 도박에 더 쉽게 노출되고 있죠. 도박 사이트들은 이제 게임처럼 포장하여 아이들을 유혹합니다. 실제 상담 사례를 보면, 대부분이 이런 과정을 거칩니다.

- 1단계: 무료 게임 - "그냥 재미로 하는 거예요."
- 2단계: 소액 결제 - "한 번만 해보고 싶었어요."
- 3단계: 금액 증가 - "잃은 걸 되찾고 싶었어요."
- 4단계: 부모 카드 무단 사용 - "갚을 수 있을 줄 알았어요."

하지만 이것이 우리 아이들의 유일한 선택지일까요?

같은 9살, 다른 아이들은 이렇게 시작합니다.

2025년에 태어난 아이가 매월 15만 원씩만 투자한다면,

- 10살: 2,800만 원

- 20살: 8,900만 원
- 30살: 2억 2,000만 원
- 65살: 35억 원

처음엔 사람들이 이 숫자를 의심스러워합니다.

"35억이요? 말도 안 되는 소리예요!"

하지만 이것은 단순한 계산이 아닙니다. 복리의 마법이 만들어내는 현실입니다. 실제로 이 금액은 물가상승률을 고려했을 때 현재 가치로 약 13억 원 정도의 구매력을 가질 것으로 예상됩니다.

"그래도 매월 15만 원이면 많은 돈 아닌가요?"

맞습니다. 부모 관점에서 매월 15만 원은 결코 적은 금액이 아닙니다. 하지만 여기서 충격적인 통계 하나를 보여드리겠습니다.

한국콘텐츠진흥원의 2024년 조사에 따르면,

- 초등학생 1인당 월평균 게임 결제액: 8.7만 원
- 학원비를 제외한 사교육비: 월평균 32만 원
- 습관적 과자, 음료 구매: 월평균 5.5만 원

즉, 우리는 이미 자녀 한 명당 매월 46만 원 이상을 쓰고 있는 것입니다. 그것도 미래를 위한 투자가 아닌, 당장의 소비에 말이죠.

"실제로 그렇게 될 수 있다는 증거라도 있나요?"

제가 세무사로 일하면서 만난 한 가족의 이야기를 들려드리겠습니다.

15년 전, 한 아버님이 찾아오셨습니다. 갓 태어난 아이를 위해 매월 10만 원씩 투자하고 싶다고 하셨죠. 당시에는 그저 평범한 상담 중 하나였습니다.
2025년 현재, 그 아이는 중학생이 되었고 그 계좌에는 3천만 원이 넘는 돈이 있습니다. 초등학교 때부터 이 통장을 보며 복리의 개념을 배웠고, 이제는 스스로 용돈을 모아 투자를 시작했습니다.

반면, 비슷한 시기에 만난 다른 가족의 이야기도 있습니다.

"나중에 해도 되겠죠? 아직 어린데…"

그렇게 미루던 아이가 이제 고등학생이 되었습니다. 부모님은 뒤늦게 교육보험과 적금을 시작했지만, 이미 골든타임은 지나가 버렸습니다.

시간의 차이가 만드는 격차는 생각보다 훨씬 큽니다.

똑같이 월 15만 원을 투자하더라도,

- 0살부터 시작: 65세에 35억
- 10살부터 시작: 65세에 16억
- 20살부터 시작: 65세에 7억
- 30살부터 시작: 65세에 3억

이것이 바로 '시간의 복리'입니다. 똑같은 노력과 금액을 투자하더라도, 시작하는 시점에 따라 결과는 10배 이상 차이가 날 수 있습니다.

1-2
2025년생이 받게 될 35억의 비밀

"초등학교 교과서에 있었으면 좋겠어요."

한 학부모가 저에게 건넨 말입니다. 우리는 아이들에게 영어, 수학, 과학을 가르치면서도 정작 평생 써야 할 '돈'에 대해서는 제대로 가르치지 않습니다.

돈의 시간 여행

"오늘의 천 원과 10년 후의 천 원은 같을까요?"

제가 초등학생 아이들에게 자주 하는 질문입니다. 아이들의 대답은 대부분 비슷합니다.

"당연히 같죠! 천 원은 천 원인데요?"

하지만 현실은 다릅니다. 2015년에 4,500원이던 자장면이 2025년에는 7,500원이 되었습니다. 10년 사이 거의 65%가 오른 것이죠.

이것이 바로 '돈의 시간 여행'입니다. 시간이 지날수록 같은 돈으로 살 수 있는 것들이 점점 줄어듭니다.

아이들이 마주할 2090년의 세상

2025년에 태어난 아이가 65세가 되는 2090년, 세상은 어떻게 변해있을까요?

역으로 65년을 거슬러 올라가 1960년과 현재를 비교해 보면 우리는 중요한 힌트를 얻을 수 있습니다.

쌀 20kg
- 1960년: 750원
- 2025년: 48,000원

소고기 한 근
- 1960년: 80원

- 2025년: 40,000원

자장면
- 1960년: 15원
- 2025년: 7,500원

강남 평당 가격
- 1960년: 1,000원
- 2025년: 1억 원

65년간의 물가상승률을 보면, 쌀 20kg은 약 64배 상승, 소고기 한 근과 자장면은 500배 상승, 강남 평당 가격은 10만 배 상승했습니다. 이러한 숫자를 보면 우리 아이들이 노후를 보낼 2090년에는 현재 금액의 최소 100배 이상의 돈이 필요할 것이라는 걸 짐작할 수 있습니다.

돈의 가치를 지키는 방법

여기서 중요한 것은 단순히 돈을 모으는 것이 아닙니다. 돈의 가치를 '지키는 것', 나아가 '키우는 것'이 필요합니다.

세계적인 경제학자 버튼 말키엘은 이렇게 말했습니다.[1]

"인플레이션은 저축하는 사람의 가장 큰 적이다. 매년 2%의 인플레이션은 30년 동안 당신의 구매력을 절반으로 줄인다."

실제로 지난 30년간,

- 단순 저축만 했다면: 실질 가치 -52%
- 주식 시장 평균 수익률로 투자했다면: 실질 가치 +384%

두 선택의 차이는 무려 436%포인트. 이것이 바로 '투자'와 '저축'의 차이입니다.

새로운 세대의 새로운 도전

우리 세대와 우리 아이들의 세대는 근본적으로 다른 도전에 직면해 있습니다.

---

1 Malkiel, Burton G. (1973). A Random Walk Down Wall Street. W.W. Norton & Company.

1. 평생직장의 종말
    - 1985년: 평균 직장 이동 1.2회
    - 2005년: 평균 직장 이동 3.5회
    - 2025년: 평균 직장 이동 5.5회
    - 2045년 예측: 평균 직장 이동 8회 이상

2. 급변하는 직업 세계
    - 현재 초등학생의 65%는 앞으로 지금 존재하지 않는 직업을 갖게 될 것
    - AI와 자동화로 인해 현재 직업의 40%가 크게 변화하거나 사라질 것
    - 평생 학습이 선택이 아닌 필수가 되는 시대

3. 기대수명의 증가
    - 2025년 출생아 기대수명: 95세
    - 은퇴 후 30년 이상을 살아야 하는 첫 세대
    - 연금으로는 해결할 수 없는 긴 노후

부의 새로운 정의

"그래서 35억이 필요하다는 건가요?"

많은 부모님이 이렇게 물으십니다. 하지만 중요한 것은 숫자가 아닙니다.

진정한 부는,

1. 선택의 자유
- 하고 싶은 일을 선택할 수 있는 자유
- 학습과 성장을 지속할 수 있는 여유
- 건강과 가족을 위한 투자가 가능한 상태

2. 시간의 자유
- 돈이 아닌 가치 있는 일에 집중할 수 있는 자유
- 긴급 상황에 대처할 수 있는 여유
- 다음 세대를 위한 준비가 가능한 상태

3. 나눔의 자유
- 도움이 필요한 이들을 도울 수 있는 여유
- 사회에 기여할 수 있는 능력
- 다음 세대에게 더 나은 세상을 물려줄 힘

이것이 바로 2025년생이 받게 될 진정한 '35억의 비밀'입니다. 단순한 숫자가 아닌, 자유로운 삶을 위한 토대를 마련해주는 것. 그것이 바로 우리가 지금 시작해야 하는 이유입니다.

 돈은 목적이 아닌 수단입니다. 하지만 그 수단을 제대로 이해하고 활용하지 못한다면, 우리 아이들은 진정한 자유를 누리지 못할 것입니다.

1-3
9살의 두 갈래 길
- 도박과 투자

"새 학기 반 배정이 엉망이에요."

학부모 상담을 하던 한 어머니의 한숨 섞인 말씀이었습니다.

"우리 아이 짝꿍이… 빚쟁이래요. 부모 카드로 도박을 했다나…"

9살이라는 같은 나이, 하지만 전혀 다른 두 갈래 길. 그 시작점은 의외로 단순했습니다.

무료 게임이라는 달콤한 미끼

한국도박문제관리센터의 2024년 조사 결과는 충격적입니다.

- 초등학생 최초 도박 경험 평균 연령: 9.3세
- 도박 시작 계기: '무료 게임'(67.4%)
- 최초 도박 자금: '부모 명의 카드'(58.2%)

특히 도박 사이트들은 교묘한 방식으로 아이들을 유혹합니다.

[도박 중독의 4단계]

1. 무료 체험 단계
   - "그냥 게임이에요."
   - "진짜 돈을 쓰는 게 아니에요."
   - "친구들이랑 다 같이 해요."

2. 소액 결제 단계
   - "용돈으로 한 번만 해볼게요."
   - "이번엔 꼭 이길 수 있을 것 같아요."
   - "친구들은 다 하는데…."

3. 손실 추격 단계
   - "잃은 돈만 되찾으면 돼요."
   - "이번이 진짜 마지막이에요."

- "조금만 더 하면…."

4. 신용 상실 단계
    - 부모 카드 무단 사용
    - 친구 돈 갈취
    - 거짓말의 습관화

"처음에는 정말 단순한 게임인 줄 알았어요."

초등학교 4학년 민준이(가명)의 이야기입니다.

"친구가 알려준 무료 게임이었는데… 어느새 엄마 카드로 결제하고 있었어요. 한 달 만에 380만 원을…."

다른 선택, 다른 미래

같은 시기, 다른 아이의 이야기도 있습니다.

"아빠, 이번 달 용돈 모았어요!"

9살 수민이(가명)는 매월 받는 용돈 5만 원 중 2만 원을 반드시 투자 계좌에 넣습니다.

"작년 크리스마스 때부터 시작했는데, 벌써 통장에 28만 원이나 있어요. ETF가 뭔지도 알게 됐고, 이제는 경제 뉴스도 보기 시작했답니다."

이 두 아이의 6개월 후 모습은 어떻게 달라졌을까요?

민준이의 6개월 후:

- 도박 빚 890만 원
- 학교 상담 진행 중
- 또래 관계 단절
- 불면증과 우울증 증세
- 부모와의 신뢰 관계 붕괴

수민이의 6개월 후:

- 투자 계좌 38만 원
- 용돈 기입장 습관화
- 친구들과 투자 동아리 결성
- 경제 신문 읽기 시작
- 가족 재무 회의 적극 참여

두 갈래 길의 시작점

이 두 아이의 차이는 어디서 시작되었을까요?

1. 부모의 관심
   - 민준이 부모: "바빠서 아이가 무엇을 하는지 잘 몰랐어요."
   - 수민이 부모: "매주 토요일 아침은 가족 재무 회의 시간이에요."

2. 돈에 대한 교육
   - 민준이: 돈은 그저 쓰는 것
   - 수민이: 돈은 관리하고 불려야 하는 것

3. 또래 영향
   - 민준이: 도박하는 친구들과 어울림
   - 수민이: 투자 동아리 친구들과 교류

부모가 만드는 갈림길

"처음에는 단순한 호기심이었어요."

도박 중독 치료 센터의 한 상담사는 이렇게 말합니다.

"아이들은 '이게 도박인지' 모르고 시작해요. 무료 게임인 줄 알고요. 부모님들도 '설마 우리 애가…'라고 생각하시죠."

반면 투자를 시작한 아이들의 부모님들은 이렇게 말씀하십니다.

"처음에는 걱정했어요. 투자가 도박이 되진 않을까. 하지만 아이와 함께 공부하면서 오히려 제가 더 많이 배웠습니다."

예방이 치료보다 쉽다

도박 중독 전문가들은 입을 모아 말합니다.

"9살은 인생의 중요한 갈림길입니다. 이 시기의 예방 교육이 평생을 좌우할 수 있어요."

예방을 위한 체크리스트:

1. 자녀의 온라인 활동 모니터링
   - 무료 게임의 실체 파악

- 결제 내역 정기 확인
- 불법 사이트 차단

2. 금융교육 시작
- 용돈 관리 습관화
- 투자의 기초 교육
- 가족 재무 회의 참여

3. 대안 활동 제공
- 투자 동아리 활동
- 경제 교육 프로그램
- 건전한 또래 관계 형성

알고 계신가요?

도박과 투자의 결정적 차이는 '시간'과의 관계에 있습니다.

1. 도박: 시간이 지날수록 필연적 손실
- 수학적 기댓값 항상 마이너스
- 거래 횟수가 늘수록 손실 확률 증가
- 감정적 의사결정 비중 증가

2. 투자: 시간이 지날수록 성공 확률 증가
   - 복리 효과로 인한 수익 증가
   - 장기 투자 시 위험 감소
   - 합리적 의사결정 습관 형성

9살의 두 아이가 만난 어떤 수업

"선생님, 복리가 뭐에요?"

수민이가 처음 투자 수업에서 한 질문입니다. 반면 민준이는 그때 이렇게 물었죠.

"이거 하면 돈 빨리 벌 수 있어요?"

같은 질문이지만, 그 뒤에 숨은 관점은 완전히 달랐습니다.

수민이의 일기:
"오늘은 처음으로 ETF가 뭔지 배웠다. 전 세계의 좋은 회사들에 조금씩 투자할 수 있다니 신기하다. 내일은 아빠랑 S&P 500이 뭔지 찾아보기로 했다."

민준이의 채팅:

"형, 이번엔 진짜 확실한 거예요? 어제 잃은 20만 원만 먼저 되찾고 싶은데…"

부모들이 놓치기 쉬운 신호들

1. 도박의 위험 신호:
    - 갑자기 용돈을 더 달라고 조르기 시작
    - 스마트폰을 극도로 숨기려 함
    - 늦은 밤까지 몰래 전화하는 습관
    - 갑자기 친한 친구가 바뀜
    - 돈에 대해 극도의 집착 보임

2. 투자의 긍정적 신호:
    - 스스로 용돈 기입장 쓰기 시작
    - 경제 뉴스에 관심 보임
    - 부모와 함께 투자 공부하려 함
    - 장기적 관점의 질문을 함
    - 돈의 가치에 대해 생각하기 시작

우리는 왜 이 길을 선택해야 하는가?

한 도박 중독 회복자의 편지를 소개합니다.

"초등학교 4학년, 그때로 돌아갈 수 있다면, 제가 처음 접한 것이 도박이 아닌 투자였다면, 지금의 제 인생은 얼마나 달라졌을까요?"

반면 어린 나이에 투자를 시작한 한 청소년의 이야기도 있습니다.

"9살 때부터 매달 2만 원씩 모으기 시작했어요. 처음에는 너무 적은 것 같았는데, 6년이 지난 지금 제 통장에는 240만 원이 있습니다. 더 중요한 건 돈을 어떻게 관리해야 하는지 배웠다는 거예요."

두 갈래 길, 그 이후

도박을 경험한 아이들의 미래:
- 15세까지 47%가 더 큰 도박 문제 경험
- 23%가 학업 중단 위기 경험
- 38%가 우울증 진단
- 42%가 가족 관계 심각한 손상

투자를 시작한 아이들의 미래:

- 89%가 건전한 금융 습관 형성

- 93%가 장기적 관점의 사고방식 발달

- 84%가 더 나은 학업 성취도 기록

- 91%가 가족 간 신뢰 관계 강화

1-4
13살 전에 시작해야 하는 이유

"앗, 코 닿았다!"

생후 24개월 아기가 거울을 보며 자신의 코를 만지는 모습입니다. 이것을 '거울 자아 인식'이라고 하는데, 바로 이때부터 아이의 뇌는 '자아'를 인식하기 시작합니다.

그렇다면 '돈'을 이해하기 시작하는 시기는 언제일까요?

뇌 발달과 금융 이해력의 상관관계

하버드 의과대학의 연구에 따르면, 아이의 뇌는 다음과 같은 발달 단계를 거칩니다.

1. 0~3세: 기초 인지 발달

    - 물건의 존재 인식

    - 기본적인 소유 개념 형성

    - "이거 내 거야!" 시기

2. 4~6세: 교환 가치 이해

    - 돈과 물건의 교환 관계 인식

    - 기본적인 숫자 개념 습득

    - "이거 얼마예요?" 시기

3. 7~9세: 기초 금융 개념 형성

    - 저축의 개념 이해

    - 기본적인 돈의 가치 인식

    - "저금통에 모아야겠어요." 시기

4. 10~13세: 추상적 금융사고 시작

    - 복리의 개념 이해 가능

    - 투자와 위험의 관계 파악

    - 장기적 관점 형성

    - "돈이 돈을 버는 게 뭐예요?" 시기

결정적 시기(Critical Period)의 발견

노벨 경제학상을 수상한 제임스 헤크만 교수는 충격적인 연구 결과를 발표했습니다.

"인생의 성공을 결정짓는 비인지적 능력(자기 통제, 동기 부여, 시간 관리 등)은 13세 이전에 거의 완성된다."[2]

이는 금융교육에도 그대로 적용됩니다. 13세 이전의 금융교육과 13세 이후의 금융교육은 그 효과가 천지 차이입니다.

실제 사례를 보겠습니다.

[13세 이전 시작 그룹]
- 금융 이해도 테스트: 평균 85점
- 충동적 소비 성향: 23%
- 장기 저축 습관: 78% 형성
- 투자 이해도: 67% 달성

---

[2] Heckman, James J. & Masterov, D. V. (2007). The Productivity Argument for Investing in Young Children. Review of Agricultural Economics, 29(3), 446-493.

[13세 이후 시작 그룹]
- 금융 이해도 테스트: 평균 62점
- 충동적 소비 성향: 58%
- 장기 저축 습관: 34% 형성
- 투자 이해도: 41% 달성

유태인의 오랜 지혜

바르 미츠바(13세 성인식)를 앞둔 유태인 아이들은 1년 동안 특별한 교육을 받습니다.

"우리는 아이가 13세가 되기 전에 돈의 3가지 원칙을 가르칩니다."

이스라엘의 한 랍비의 말입니다.

1. 돈은 결과가 아닌 과정이다
    - 단순한 숫자가 아닌 선택의 결과물
    - 노력과 시간의 가치 이해
    - 책임감 있는 의사결정의 중요성

2. 돈은 목적이 아닌 도구다
    - 더 나은 삶을 위한 수단
    - 가치 있는 일을 위한 자원
    - 나눔과 성장의 도구

3. 돈은 주인이 아닌 하인이다
    - 돈을 통제하는 법 학습
    - 감정에 휘둘리지 않는 판단력
    - 장기적 관점의 중요성

뇌과학이 말하는 13세의 비밀

신경과학자들이 발견한 흥미로운 사실이 있습니다. 10~13세는 전두엽의 급격한 발달이 일어나는 시기입니다. 전두엽은 무엇일까요? 하버드 의대 신경과학 연구팀은 이런 말을 했습니다.

"인간의 전두엽은 의사결정과 충동 조절을 담당하는 뇌의 영역입니다. 특히 금융 결정에 있어 핵심적인 역할을 합니다."

실제로 fMRI 연구 결과에 따르면,

- 7~9세: 즉각적 보상에 반응
- 10~13세: 지연된 보상 이해 가능
- 14세 이후: 이미 형성된 패턴이 굳어짐

세계적 부자들의 공통점

워런 버핏: 11살에 첫 주식 매매
빌 게이츠: 13살에 첫 프로그래밍 수익
레이 달리오: 12살에 첫 투자
마크 큐반: 12살에 첫 사업

이들의 공통점은 무엇일까요? 바로 13세 이전에 '돈'을 대하는 기본적인 태도가 형성되었다는 것입니다.

"12살 때 신문 배달로 번 300달러로 주식 투자를 시작했어요. 그때 배운 교훈이 지금까지 제 투자 원칙이 되었습니다."

– 레이 달리오(브릿지워터 설립자)

세 가지 핵심 능력의 형성

13세 이전의 아이들은 다음 세 가지 능력을 가장 효과적으로 발달시킬 수 있습니다.

1. 지연된 만족의 이해
   - 즉각적 보상 vs 장기적 이익
   - 복리의 개념 이해
   - 인내의 가치 학습

2. 리스크 관리 능력
   - 위험과 수익의 관계 이해
   - 분산투자의 중요성 인식
   - 실수로부터의 학습 능력

3. 시스템적 사고
   - 경제 순환의 이해
   - 원인과 결과의 연결
   - 장기적 관점의 형성

마지막 기회의 시기

심리학자들은 13세를 '마지막 기회의 창'이라고 부릅니다. 왜일까요?

미국의 소비자금융 보호국은 어린 시절부터의 금융교육이 성인기의 금융 행동에 긍정적인 영향을 미친다고 보고한 바 있습니다.[3]

특히, 조기 금융교육을 받은 아동은 장기적인 재정 계획을 세우고, 합리적인 소비 습관을 지니며, 부채 관리 능력이 향상되는 경향이 있다고 분석되었습니다.

또한, 청소년기의 금융교육이 성인기의 재무 관리 능력과 밀접한 관련이 있다는 연구도 있습니다. 2018년 미국 금융산업 규제청의 연구에 따르면, 청소년기에 금융교육을 받은 사람들은 그렇지 않은 사람들보다 신용 점수가 높고, 비상 자금을 보유할 가능성이 2배 이상 높다는 결과가 도출되었습니다.[4] 이는 금융교육이 단순히 지식을 제공하는 것을 넘어 장기적인 행동 변화를 끌어내는 결정적 요인이 될 수 있음을 시사 합니다.

---

[3] CFPB (2017). Building Blocks to Help Youth Achieve Financial Capability. U. S. Consumer Financial Protection Bureau.

[4] FINRA Investor Education Foundation (2018). The State of U. S. Financial Capability: The 2018 National Financial Capability Study.

따라서 이러한 연구들은 금융교육이 가능한 한 이른 나이에 시작되어야 한다는 사실을 강조합니다.

"13세 이후에는 금융 습관의 교정이 5-10배 더 큰 노력을 필요로 합니다."

실제 사례를 보면,

- 13세 이전 교육: 6개월 만에 습관 형성
- 13세 이후 교육: 평균 3~5년 소요

부모가 놓치지 말아야 할 신호들

13세 이전 아이들은 다음과 같은 '금융 학습 준비 신호'를 보입니다.

1. 질문의 변화
    - "이거 얼마예요?" → "왜 이렇게 비싸요?"
    - "지금 사 주세요." → "돈 모아서 살게요."
    - "용돈 더 주세요." → "용돈을 어떻게 불릴 수 있을까요?"

2. 행동의 변화

- 저금통에 관심

- 가격 비교 시작

- 부모의 소비에 대한 관찰

3. 사고의 변화

- 미래에 대한 계획

- 돈의 출처에 관한 관심

- 경제 뉴스에 대한 호기심

"이런 신호들을 놓치지 마세요. 이때가 바로 금융교육의 황금기입니다."

마치며: 시간과의 싸움

13살 전의 시간은 마치 눈덩이가 굴러가며 점점 커지는 것과 같습니다. 이 시기에 심은 좋은 습관의 씨앗은 평생의 자산이 될 것입니다.

반면, 이 시기를 놓친다면?

"나중에 가르쳐도 돼요."라는 생각은 위험합니다.

시간은 누구의 편일까요?

현명한 부모의 선택이 필요한 때입니다.

1-5
지금 시작하지 않으면 잃게 될 것들

"얼마나 후회하고 계신가요?"

매달 진행하는 부모 재무 교육 강의에서 제가 항상 하는 첫 질문입니다. 대부분의 부모님이 한숨부터 내쉽니다.

"그때 알았더라면…"

하지만 더 안타까운 것은, 지금도 많은 부모님들이 같은 실수를 반복하고 있다는 것입니다.

잃어버린 10년의 진짜 비용

"시간은 되돌릴 수 없지만, 계산은 할 수 있습니다."

10년의 지연이 가져오는 실제 비용을 계산해 보겠습니다.

1. 직접적 기회비용
 - 10년간의 복리 효과 상실
 - 투자 수익의 감소
 - 리스크 관리 능력 개발 지연

2. 간접적 기회비용
 - 금융 이해력 지연
 - 잘못된 습관 형성
 - 감정적 투자 결정의 위험

3. 세대 간 자산 격차
 - 부모 세대 vs 자녀 세대의 자산 격차 심화
 - 사회적 불평등의 대물림
 - 경제적 자유의 지연

되돌릴 수 없는 시간의 가치

심리학자 캐롤 드웩은 이렇게 말했습니다.

"아이의 마인드 셋은 부모의 관점에서 시작됩니다."[5]

지금 시작하지 않으면 잃게 되는 것들:

1. 자녀의 미래 가치관
    - 돈에 대한 건강한 태도
    - 장기적 관점의 형성
    - 경제적 책임감

2. 가족 간의 신뢰
    - 금융에 대한 열린 대화
    - 함께 성장하는 기회
    - 세대 간 지혜의 전수

3. 진정한 교육의 기회
    - 실전 경험을 통한 학습
    - 실수로부터의 배움
    - 체계적인 금융 이해

---

[5] Dweck, Carol S. (2006). Mindset: The New Psychology of Success. Random House.

늦어질수록 높아지는 장벽

시작이 늦어질수록 극복해야 할 장벽도 높아집니다.

1. 심리적 장벽
    - "이제 너무 늦었다."
    - "어디서부터 시작해야 할지 모르겠다."
    - "실수할까 봐 두렵다."

2. 금융적 장벽
    - 증가하는 교육비 부담
    - 늘어나는 생활비
    - 줄어드는 투자 여력

3. 사회적 장벽
    - 심화하는 경제적 불평등
    - 높아지는 진입 장벽
    - 줄어드는 기회

지금이라도 늦지 않은 이유

하지만 희망적인 소식도 있습니다.

"가장 좋은 시작 시점은 10년 전이었습니다. 하지만 두 번째로 좋은 시점은 바로 지금입니다."

실제로 늦게 시작했지만 성공한 사례들:

1. K 씨의 가족 (시작 시점: 자녀 11세)
   - 첫 1년: 기초 금융교육
   - 2년 차: 정기 투자 시작
   - 3년 차: 가족 재무 회의 정착
   - 현재: 자녀가 직접 포트폴리오 관리

2. L 씨의 가족 (시작 시점: 자녀 12세)
   - 매주 토요일 경제 신문 읽기
   - 분기별 투자 성과 분석
   - 연간 재무 목표 설정 결과: 자녀의 경제 관련 진로 결정

마지막 기회의 황금기

교육 전문가들은 말합니다.

"7-13세는 평생의 습관이 형성되는 시기입니다. 이 시기를 놓치면 다시는 오지 않습니다."

지금 시작해야 하는 이유:

1. 뇌의 가소성이 최대인 시기
   - 새로운 개념 습득용이
   - 습관 형성 최적기
   - 가치관 정립 시기

2. 감성적 성장의 기회
   - 돈에 대한 건강한 태도
   - 책임감 있는 의사결정
   - 장기적 안목 형성

3. 실전 학습의 효과
   - 작은 실수의 교훈
   - 성공 경험의 축적

- 자신감 형성

오늘 시작할 수 있는 것들

1. 지금 당장 할 수 있는 것
    - 용돈 기입장 시작
    - 투자 통장 개설
    - 가족 재무 회의 시작

2. 이번 주부터 할 수 있는 것
    - 경제 신문 함께 읽기
    - ETF 공부 시작
    - 투자 목표 설정

3. 이번 달부터 할 수 있는 것
    - 정기 투자 시작
    - 포트폴리오 구성
    - 투자 일지 작성

"시작하지 않은 것을 후회할 것인가, 아니면 지금이라도 시작할 것인가?"

선택은 여러분의 몫입니다.

"아빠, 우리는 부자가 될 수 있어요?"

다시 이 질문으로 돌아가 봅니다. 세무사로서, 그리고 한 아이의 아버지로서 이제는 자신 있게 답할 수 있습니다.

우리가 함께 알아볼 것들이 있습니다.

- 왜 '지금' 시작해야 하는지
- '어떻게' 시작해야 하는지
- '무엇'을 준비해야 하는지

워런 버핏, 마크 저커버그, 제프 베이조스. 이들의 공통점은 어린 시절부터 체계적인 금융교육을 받았다는 것입니다. 우리도 할 수 있습니다. 아니, 반드시 해야 합니다.

진정한 부자는 돈을 버는 것보다 지키는 것이 중요하다는 것을 알고, 자녀에게 돈의 가치를 가르치며, 부자가 되는 과정을 즐깁니다.

이제 우리의 여정이 시작됩니다. 다음 장에서는 이 여정의 첫걸음인 '복리의 마법과 장기 투자의 힘'에 대해 알아보겠습니다.

우리 아이를 위한 가장 특별한 선물,

바로 '부자가 되는 방법'을 함께 배우는 것입니다.

제 2 장

복리의 마법과 장기 투자의 힘

> "72를 연 수익률로 나누면 돈이 두 배가 되는 시간이 나온단다."

> "와! 연 8%면 **9년만에 두 배가 되는군요**"

2-1. 복리의 원리: 아인슈타인도 놀란 제8의 불가사의

2-2. 72 법칙으로 보는 자산 증식의 비밀

2-3. 장기 투자가 우리 가족을 지키는 방법

2-4. 실전 연습: 복리 계산기로 미래 자산 계산하기

"아빠, 우리 반 친구가 그러는데, 테슬라 주식으로 하루 만에 50만 원을 벌었대요!"

열두 살 아들의 말에 저는 잠시 생각에 잠겼습니다. 아들에게 어떻게 설명해 주는 것이 좋을까요?

"그래? 그런데 100만 원을 버는 것보다 더 중요한 게 있단다."
"뭔데요?"
"그 돈을 잃지 않고 지키는 거야. 그리고 그 돈이 스스로 돈을 벌게 하는 거지."
"돈이 돈을 번다고요?"
"그래, 이게 바로 아인슈타인도 놀란 복리의 마법이야."

2-1
복리의 원리
: 아인슈타인도 놀란 제8의 불가사의

"세상에서 가장 강력한 힘은 복리다."

아인슈타인이 남긴 이 말은 단순한 과장이 아닙니다.
실제로 그는 복리를 '제8의 불가사의'라고 불렀다고 합니다.

단리와 복리, 무엇이 다를까?

1,000만 원을 연 10%의 수익률로 10년 동안 투자한다고 가정해 볼까요?

○ 단리의 경우:
 - 매년 100만 원씩 이자가 붙습니다.
 - 10년 후 원금 1,000만 원 + 이자 1,000만 원 = 2,000만 원

○ 복리의 경우:
  - 1년 차: 1,000만 원 × 1.1 = 1,100만 원
  - 2년 차: 1,100만 원 × 1.1 = 1,210만 원
  - 3년 차: 1,210만 원 × 1.1 = 1,331만 원…
  - 10년 후: 2,593만 원

같은 10%의 수익률인데, 593만 원이나 차이가 납니다!

복리의 진정한 마법

하지만 이게 전부가 아닙니다.
진정한 복리의 마법은 시간이 길어질수록 더욱 강력해집니다.

예를 들어 30년을 투자한다면:

- 단리: 4,000만 원
- 복리: 1억 7,449만 원

무려 1억 3,449만 원의 차이가 발생합니다!

제2장 복리의 마법과 장기 투자의 힘

위대한 투자자들의 비밀

워런 버핏이 93세의 나이에도 불구하고 자산의 99%를 여전히 투자하고 있다는 사실, 알고 계신가요?

복리가 만드는 기적

실제 사례를 하나 들어 보겠습니다.

1940년, 11살의 워런 버핏은 처음으로 주식을 샀습니다. 그의 첫 투자금은 38달러(현재 가치로 약 40만 원)였죠. 그리고 2024년 현재, 그의 자산은 1,180억 달러(약 157조 원)에 달합니다.

"어떻게 이런 일이 가능한가요?"

버핏의 투자 수익률을 자세히 들여다보면 놀라운 사실을 발견할 수 있습니다.

- 1965년부터 2022년까지 버크셔 해서웨이의 연평균 수익률: 19.8%
- 같은 기간 S&P500 지수의 연평균 수익률: 9.9%

단 10%의 차이로 보일 수 있지만, 복리로 계산하면 어마어마한 차이가 발생합니다.

예를 들어, 1965년에 100만 원을 투자했다고 가정해 볼까요?

- S&P500 투자(9.9%): 약 2억 3,000만 원
- 워런 버핏처럼 투자(19.8%): 약 27억 원

더 놀라운 것은 실제 워런 버핏의 전체 투자 기간(1940년~현재)을 기준으로 계산하면,

- 40만 원으로 시작한 투자가
- 연평균 20% 수익률로
- 83년간 복리 효과를 본다면
- 현재 약 3조 원이 되었을 것입니다

"그런데 버핏의 실제 자산은 157조 원이잖아요?"

맞습니다. 여기서 우리는 복리의 또 다른 비밀을 발견할 수 있습니다.

1. 지속적인 추가 투자

2. 수익금의 재투자

3. 원금을 잃지 않는 안전한 투자 원칙

버핏은 이 세 가지 원칙을 철저히 지켰고, 그의 유명한 투자 격언[6]으로 남았습니다.

"제1원칙: 절대로 돈을 잃지 마라."
(Rule No. 1: Never lose money.)

"제2원칙: 제1원칙을 절대 잊지 마라."
(Rule No. 2: Never forget rule No.1.)

버핏의 성공 비결을 세 가지로 정리하면,

1. 충분히 긴 시간

- 11살부터 93살까지, 80년이 넘는 투자 기간
- "시간은 위대한 기업의 친구이다."

(Time is the friend of the wonderful business.)

---

6   Buffett, Warren

2. 원금을 잃지 않는 안전한 투자
- 이해하기 쉬운 기업에만 투자
- 절대로 투기하지 않음
- "10년간 주식시장이 문을 닫아도 편히 잘 수 있는 기업에만 투자하라."[7]

(Only buy something that you'd be perfectly happy to hold if the market shut down for 10 years.)

3. 꾸준한 투자 습관
- 매달 수입의 일정 부분을 반드시 투자
- 배당금과 수익금을 전부 재투자
- "부자가 되는 비결은 단순하다. 하지만 쉽지는 않다."

한 인터뷰에서 버핏은 이런 질문을 받았습니다.

"이렇게 단순한 방법으로 부자가 될 수 있는데, 왜 많은 사람이 성공하지 못할까요?"

그의 대답은 의미심장했습니다.

---

[7] Buffett, Warren

"대부분의 사람은 천천히 부자가 되길 원하지 않기 때문이다. 빨리 부자가 되고 싶어 한다."[8]
(Nobody wants to get rich slow.)

이것이 바로 진정한 복리의 마법입니다.
화려하지는 않지만 확실한,
빨리 부자가 되는 방법은 아니지만,
가장 확실한 부자가 되는 방법입니다.

바로 이런 투자가 여러분의 자녀에게도 가능한 것입니다.

8   Buffett, Warren

2-2
72 법칙으로 보는 자산 증식의 비밀

"아빠, 제가 가진 100만 원이 두 배가 되려면 얼마나 걸릴까요?"

투자를 시작한 아들이 던진 질문에 저는 미소를 지었습니다.

"72 법칙을 알려 줄게."

72의 마법: 투자의 황금 법칙

72 법칙(The Rule of 72)은 금융 전문가들이 애용하는 간단하지만 강력한 계산법입니다. 아인슈타인이 "복리는 세상에서 가장 강력한 힘"이라고 했다면, 72 법칙은 그 힘을 쉽게 계산하는 방법입니다.

72÷연이율= 투자금이 2배가 되는 데 걸리는 시간(년)

예를 들어 보겠습니다.

- 연수익률 6%라면: 72÷6= 12년
- 연수익률 8%라면: 72÷8= 9년
- 연수익률 12%라면: 72÷12= 6년

현실적인 수익률로 보는 72 법칙

투자자들은 일반적으로 장기 주식 투자에서 8~10% 정도의 수익률을 기대할 수 있습니다. 이는 실제로 주요 주식 시장의 장기 수익률과도 일치하는 수준입니다.

실제로 세계 주식 시장의 장기 수익률을 살펴보면,

- S&P500 지수 과거 100년 평균 수익률: 약 10%[9]
- KOSPI 지수 과거 40년 평균 수익률: 약 9%[10]

---

9 Historical data from S&P 500 Index (1923-2023), Standard & Poor's.
10 한국거래소(KRX) 통계자료 (1980-2023).

이를 72 법칙에 적용해 보면:

1. 연 9% 수익률: 72÷9= 8년마다 2배
2. 연 10% 수익률: 72÷10= 7.2년마다 2배

복리의 연쇄 효과

1,000만 원으로 시작해서 연 9%의 수익률을 가정하면,

- 8년 후: 2,000만 원
- 16년 후: 4,000만 원
- 24년 후: 8,000만 원
- 32년 후: 1억 6,000만 원

피터 린치는 그의 책 『One Up On Wall Street』[11]에서 이렇게 말했습니다.

"시간은 평범한 투자자의 가장 강력한 무기다."
(Time is the most powerful tool in an average investor's arsenal.)

11　Lynch, Peter (1989). One Up On Wall Street. Simon & Schuster.

제2장 복리의 마법과 장기 투자의 힘

72 법칙의 실전 활용법

1. 투자 기간 설정하기
   - 자녀의 나이를 기준으로 목표 금액 달성 시기 계산
   - 필요 수익률 역산하기

2. 현실적인 기대치 설정
   - 너무 높은 수익률은 위험을 동반
   - 안정적인 8~10% 수익률 목표로 계획

3. 정기적인 점검
   - 6개월마다 포트폴리오 점검
   - 필요시 자산 배분 조정

주의할 점

해리 마코위츠(Harry Markowitz)는 1952년 발표한 논문 「Portfolio Selection」[12]에서 현대 포트폴리오 이론의 기초를 확립했습니다. 그의 이론에 따르면 "높은 수익에는 그에 상응하는 높은 위험이 따

---

12 Markowitz, H. M. "Portfolio Selection." The Journal of Finance, Vol. 7, No. 1 (Mar. 1952), pp. 77-91.

른다."는 것이 투자의 기본 원칙입니다.

젊은 투자자들이 가장 많이 하는 실수는 비현실적으로 높은 수익률을 기대하는 것입니다. 암호 화폐나 주식 투기로 100%가 넘는 수익을 꿈꾸다가 오히려 큰 손실을 보는 경우가 많죠.

2-3
장기 투자가 우리 가족을 지키는 방법

"아빠, 우리가 산 ETF가 오늘 1% 올랐어요! 그런데 3개월 동안 계속 비슷한 가격이에요. 언제쯤 많이 오를까요?"

저는 아들의 주식계좌를 열어보며 웃었습니다.

"우리가 처음 시작했을 때 이야기 기억나니? 좋은 기업들에 투자해서 오래 기다리면, 시간이 우리 편이 된다고 했지?"
"네! 복리의 마법이요. 근데 아빠, 정말 이렇게 천천히 가도 될까요?"
"그래서 우리가 어릴 때부터 시작한 거야. 지금 아빠랑 같이 보고 있는 이 통장이 네 미래의 든든한 버팀목이 될 거란다."

왜 장기 투자인가?

벤저민 그레이엄이 1949년 처음 출간된 그의 저서 'The Intelligent Investor'[13]에서 이렇게 말했습니다.

"단기적으로 시장은 투표 기계지만, 장기적으로는 저울이다."
(In the short run, the market is a voting machine but in the long run, it is a weighing machine.)

실제 데이터로 살펴보겠습니다.

1. S&P500 지수의 투자 기간별 수익률[14]
- 1년 투자: -43%에서 +54%까지 변동
- 5년 투자: -3%에서 +28%까지 변동
- 15년 투자: 모든 기간 플러스 수익률
- 20년 투자: 최소 연 7% 이상 수익률

2. KOSPI 지수의 투자 기간별 수익률[15]
- 1년 투자: -49%에서 +99%까지 변동

---

13 Graham, Benjamin. "The Intelligent Investor: The Definitive Book on Value Investing." First Edition, Harper & Brothers, 1949.
14 S&P 500 Historical Data (1928-2023), Standard & Poor's.
15 한국거래소(KRX) 통계자료 (1980-2023).

- 5년 투자: -2%에서 +25%까지 변동
- 15년 투자: 모든 기간 플러스 수익률
- 20년 투자: 최소 연 6% 이상 수익률

단기 투자의 함정

피터 린치는 이렇게 경고했습니다.[16]

"시장 조정을 준비하거나 예측하려다가 잃은 돈이, 실제 시장 조정에서 잃은 돈보다 훨씬 더 많다."
(Far more money has been lost by investors preparing for corrections, or trying to anticipate corrections, than has been lost in corrections themselves.)

투자 열풍이 불었던 2021년과 그 여파가 이어졌던 2022년 실제 통계를 보겠습니다.

1. 2021년 비트코인 투자자 통계[17]
   - 수익 실현: 21%

---

16 Lynch, Peter.
17 Chainalysis 2022 Crypto Investment Report.

- 손실 발생: 64%
- 보유 중: 15%

2. 2022년 개인 투자자 주식 투자 현황[18]
   - 1년 미만 투자자의 72%가 손실 경험
   - 5년 이상 투자자의 82%가 수익 실현

우리 가족을 위한 장기 투자 전략

1. 시간의 활용
   - 자녀 나이에 따른 투자 기간 설정
   - 목표 금액까지 필요한 기간 계산
   - 정기적인 투자 계획 수립

2. 위험의 분산
   - 분산투자로 리스크 관리
   - 정기적인 포트폴리오 조정
   - 시장 상황에 따른 대응 전략

---

[18] 금융투자협회 2022년 투자자 실태조사.

3. 심리적 안정
 - 투자 원칙 설정
 - 가족과의 정기적인 재무 회의
 - 장기 목표 공유

실전 투자 원칙

뱅가드의 창업자 존 보글은 이렇게 조언했습니다.[19]

"시간은 당신의 친구이고, 충동은 당신의 적이다."
(Time is your friend; impulse is your enemy.)

1. 정기 투자의 힘
 - 매월 같은 금액 투자
 - 시장 상황과 관계없이 유지

2. 포트폴리오 관리
 - 달러코스트 평균법(DCA: Dollar Cost Averaging) 활용
 - 매월 같은 금액을 꾸준히 투자하는 방식

19　John C. Bogle

- 시장이 좋을 때는 적게, 나쁠 때는 많이 사는 효과
  예: 매월 15만 원씩 투자하면 주가가 높을 때는 적은 주식을, 낮을 때는 많은 주식을 자동으로 매수
- 연 2회 자산 배분 점검
- 주식, 채권 등 각 자산 비중을 처음 정한 목표대로 유지
  예: 처음에 주식 60%, 채권 40%로 시작했다면 이 비율을 확인
- 리밸런싱 규칙 설정
- 자산 비중이 크게 달라졌을 때 원래 비율로 조정
  예: 주식이 너무 올라 70%가 되었다면, 일부를 팔아 채권 비중을 높임

이러한 전략들의 자세한 실행 방법은 후반부에서 더 구체적으로 다루도록 하겠습니다.

- 장기 투자 원칙 준수

가족과 함께하는 투자 교육

1. 월간 가족 재무 회의
   - 투자 현황 공유
   - 목표 달성도 확인
   - 새로운 목표 설정

2. 실전 투자 체험
　　- 소액으로 시작하는 실전 투자
　　- 투자 일지 작성
　　- 성과 분석과 반성

우리 가족의 미래를 위한 투자는 결코 조급하게 생각해서는 안 됩니다. 워런 버핏이 말했듯이,

"주식시장은 참을성 없는 사람들의 돈을 참을성 있는 사람들에게 이전하는 장치다."[20]

(The stock market is a device for transferring money from the impatient to the patient.)

투자 경험 있으신 이 글을 읽는 분들 동감하시나요?

20　Buffett, Warren

2-4
실전 연습
: 복리 계산기로 미래 자산 계산하기

"아빠, 우리가 매달 15만 원씩 투자하면 정말 35억 원이 될까요?"
"직접 계산해 볼까? 이 계산기로 한번 확인해 보자."

쉽고 간편한 복리 계산기 사용법

제가 직접 만들어서 제공하는 복리 계산기는 누구나 쉽게 사용할 수 있습니다. 이 계산기를 추천해 드리는 이유는 회원가입 없이 바로 사용할 수 있으며, 결과가 그래프로 한눈에 보이기 때문입니다.

제2장 복리의 마법과 장기 투자의 힘

복리 계산기

- 사이트 주소: '우동호 복리 계산기'로 검색

  https://interest.ezinit.com/

- 아래 QR코드로도 이동 가능

입력 항목 설명:

1. 초기 투자금 (원)

    - 지금 당장 투자할 수 있는 금액

    - 예: 5,000,000 (5백만 원)

2. 월 납입금 (원)

    - 매달 추가로 투자할 금액

    - 예: 1,000,000 (100만 원)

3. 투자 기간 (년)

    - 투자를 유지할 기간

    - 예: 55 (현재 10살, 65세까지 투자 시)

4. 연이율 (%)

    - 연간 예상 투자 수익률

    - 예: 8 (장기 주식 투자 평균 수익률)

5. 복리 계산 주기

    - 연 복리 선택

    - 월 복리 또는 일 복리로 설정 가능

이제 실제 사례들을 계산해 볼까요?

사례 1: 초등학생 자녀의 미래 자산 만들기

민수(10살)의 설정:

- 초기 투자금: 0 원
- 월 납입금: 150,000 (15만 원)
- 투자 기간: 55년 (65세까지)
- 연이율(수익률): 8%
- 복리 계산 주기: 연 복리

민수의 55년간 투자 결과

사례 1의 결과 해석: 월 15만 원 투자의 55년 후

핵심 결과:

- 총 투자금: 9,900만 원

- 최종 자산: 16억 5,000만 원

- 투자 수익: 15억 5,100만 원 (총 자산 - 총 투자금)

주목할 만한 시점:

연차	적립금	총 납입금
0년	0원	0원
1년	1,944,000원	1,800,000원
2년	4,043,520원	3,600,000원
3년	6,311,002원	5,400,000원
4년	8,759,882원	7,200,000원
5년	11,404,672원	9,000,000원
6년	14,261,046원	10,800,000원
7년	17,345,930원	12,600,000원
8년	20,677,604원	14,400,000원
9년	24,275,812원	16,200,000원
10년	28,161,877원	18,000,000원

10년 후: 2,800만 원(투자금 1,800만 원)

11년	32,358,828원	19,800,000원
12년	36,891,534원	21,600,000원
13년	41,786,857원	23,400,000원
14년	47,073,805원	25,200,000원
15년	52,783,709원	27,000,000원
16년	58,950,406원	28,800,000원
17년	65,610,439원	30,600,000원
18년	72,803,274원	32,400,000원
19년	80,571,536원	34,200,000원
20년	88,961,259원	36,000,000원

20년 후: 8,890만 원(투자금 3,600만 원)

21년	98,022,159원	37,800,000원
22년	107,807,932원	39,600,000원
23년	118,376,567원	41,400,000원
24년	129,790,692원	43,200,000원
25년	142,117,947원	45,000,000원
26년	155,431,383원	46,800,000원
27년	169,809,894원	48,600,000원
28년	185,338,685원	50,400,000원
29년	202,109,780원	52,200,000원
30년	220,222,562원	54,000,000원

30년 후: 2억 2,000만 원(투자금 5,400만 원)

부자아빠 부자아이

31년	239,784,367원	55,800,000원
32년	260,911,117원	57,600,000원
33년	283,728,006원	59,400,000원
34년	308,370,247원	61,200,000원
35년	334,983,866원	63,000,000원
36년	363,726,576원	64,800,000원
37년	394,768,702원	66,600,000원
38년	428,294,198원	68,400,000원
39년	464,501,734원	70,200,000원
40년	503,605,872원	72,000,000원

40년 후: 5억 300만 원(투자금 7,200만 원)

41년	545,838,342원	73,800,000원
42년	591,449,410원	75,600,000원
43년	640,709,362원	77,400,000원
44년	693,910,111원	79,200,000원
45년	751,366,920원	81,000,000원
46년	813,420,274원	82,800,000원
47년	880,437,896원	84,600,000원
48년	952,816,927원	86,400,000원
49년	1,030,986,282원	88,200,000원
50년	1,115,409,184원	90,000,000원
51년	1,206,585,919원	91,800,000원
52년	1,305,056,792원	93,600,000원
53년	1,411,405,336원	95,400,000원
54년	1,526,261,763원	97,200,000원
55년	1,650,306,704원	99,000,000원

50년 후: 11억 1,500만 원(투자금 9,000만 원)
55년 후: 16억 5,000만 원(투자금 9,900만 원)

이 결과가 우리에게 알려 주는 것은

1. 16년이 지나면서 투자 수익이 투자 원금을 추월
2. 처음 20년간은 천천히 증가하지만, 그 이후 급격히 증가
3. 복리의 진정한 효과는 30년 이후에 극대화

이처럼 장기 투자의 힘은 시간이 갈수록 커진다는 것을 확인할 수 있습니다.

사례 2: 대학생의 종잣돈 굴리기

지은이(20살)의 설정:

- 초기 투자금: 10,000,000 (1,000만 원)
- 월 납입금: 300,000 (30만 원)
- 투자 기간: 45년 (65세까지)
- 연이율(수익률): 8%
- 복리 계산 주기: 월 복리

지은이의 45년간 투자 결과

사례 2의 결과 해석:

핵심 결과:

- 초기 투자금: 1,000만 원
- 월 투자금: 30만 원

- 최종 자산: 약 19억 5,400만 원
- 총 투자금: 1억 7,200만 원
- 순수익: 약 17억 8,200만 원 (최종 자산 - 총 투자금)

주목할 점:

1. 투자 수익이 투자금의 10배 이상
    - 총 투자 금액(1억 7,200만 원)의 10배가 넘는 수익 달성
    - 복리 효과가 극대화된 결과

2. 그래프의 모양
    - 처음 20년은 완만한 상승
    - 그 이후부터 가파른 상승 곡선
    - 전형적인 복리 효과의 특징을 보여줌
    - **복리 계산은 월로 했을 때 더 큰 효과를 나타냄**

이 결과가 보여 주는 교훈:

1. 20대 초반부터 시작하는 장기 투자의 위력
2. 적은 초기 자금으로도 충분한 은퇴 자금 마련 가능
3. 매월 꾸준한 투자의 중요성

"지은이의 사례는 '시간이 자산'이라는 말을 완벽하게 증명하고

있습니다."

앞서 말한 처음 태어난 아이에게 월 15만 원씩 연간 8%의 수익으로 65년간 투자할 수 있다면 얼마가 되는지 직접 계산해 보세요. 진짜 35억 원이 됩니다. 월 복리로 계산하면 40억 원이 됩니다.

실질 가치와 명목가치 이해하기

"아빠, 20년 전에는 자장면이 3,000원이었다던데, 지금은 8,000원이에요. 돈의 가치가 변한 건가요?"

맞습니다. 이것이 바로 실질 가치와 명목가치의 차이입니다.

명목가치: 숫자로 보이는 금액 그대로
- 예: 1억 원은 1억 원

실질 가치: 실제로 살 수 있는 가치
- 예: 20년 전의 1억 원으로 살 수 있는 것 ≠ 현재 1억 원으로 살 수 있는 것
- 물가상승률 때문에 실제 구매력이 감소

쉽게 이해하기:

- 20년 전 자장면 가격: 3,000원

- 현재 자장면 가격: 8,000원

- 같은 3,000원이지만 20년 전에는 자장면 1그릇, 지금은 절반도 살 수 없음

따라서 미래 자산을 계산할 때는:

1. 명목가치(단순 계산값)에서
2. 물가상승률(보통 연 2~3%)을 빼서
3. 실질 가치(실제 구매력)를 확인해야 함

즉, 45년 후의 19억 원은 현재 기준으로 보면 약 7~8억 원의 구매력을 가질 수 있다는 뜻입니다.

실전 연습: 우리 가족만의 계산하기

1. 가족별 목표 설정

- 자녀 교육자금
- 은퇴자금
- 주택 자금
- 가족 여행 자금

2. 변수 조정해 보기
   - 수익률 변화에 따른 결과
   - 투자 기간의 영향
   - 월 투자 금액의 영향
   - 물가상승률의 영향(물가상승률만큼 빼고 계산해 보기)

주요 팁

1. 현실적인 수익률 가정하기
   - 주식형 투자 상품: 8~10%
   - 채권형 투자 상품: 3~5%
   - 혼합형 투자 상품: 5~8%

2. 복리 주기 설정
   - 월 복리 선택 시 더 유리
   - 실제 투자와 비슷한 환경

오늘의 미션

"가족과 함께 계산기를 열고 이런 질문들을 해보세요."

1. 우리 가족의 첫 목표는 무엇인가요?
2. 목표 금액은 얼마인가요?
3. 매월 얼마를 투자할 수 있나요?
4. 투자 기간을 5년 더 늘리면 결과가 얼마나 달라지나요?

이렇게 계산기로 직접 확인하면서, 복리의 마법과 장기 투자의 힘을 체험해 보세요.

제 3 장

왜 '지금' 시작해야 하는가?

> " 매달 15만 원씩만 투자해도 이렇게 많은 돈이 되는군요! "

> " 그래, 시간이 네 편이 되어주는 거야 "

3-1. 월 15만 원으로 시작하는 우리 아이의 미래

3-2. 금융교육의 골든타임

3-3. 사회적 변화와 경제 환경의 도전

3-4. 돈에 대한 올바른 가치관 형성하기

3-5. 실전 연습: 우리 가족의 금융 가치관 만들기

"아빠, 오늘 친구랑 재미있는 이야기를 했어요."

퇴근 후 저녁 식사 시간, 아들이 먼저 입을 열었습니다.

"응? 무슨 이야기였어?"
"미국 대통령 선거에 대해서요. 친구가 해리스가 될 것 같다면서, 그러면 채권 투자가 좋을 것 같대요."

저는 깜짝 놀랐습니다. 12살 초등학생들이 미국 대선과 채권 투자를 연결시키다니….

"와, 그렇게 생각했구나. 그런데 그 정보는 어디서 봤어?"
"한국 뉴스요."
"다른 나라 뉴스도 찾아볼까?"

함께 찾아본 해외 언론들은 대부분 다른 관점이었습니다.

"아빠, 같은 이야기인데 왜 이렇게 다르게 보도하는 거예요?"
"그래서 우리가 투자할 때 여러 관점에서 정보를 살펴봐야 하는 거야."

3-1
월 15만 원으로 시작하는
우리 아이의 미래

6개월 전, 아들의 생일이었습니다.

"이번 생일에는 뭐가 갖고 싶어?"
"아빠, 저 주식 투자를 직접 해보고 싶어요."

그동안의 교육이 성과를 보이는구나, 생각했습니다. 하지만 동시에 걱정도 되었습니다.

투자의 시작

"어떤 기업에 투자하고 싶어?"
"AI가 중요해질 것 같아요. 인공지능 관련 기업이요."

놀랍게도 아들의 생각은 명확했습니다. 우리는 함께 공부하기 시작했습니다.

- 엔비디아: AI 하드웨어의 선두 주자
- 마이크로소프트: OpenAI 투자로 AI 혁신 주도

초등학교 6학년의 생일 선물로 과할 수 있는 250만 원이었지만, 아들의 첫 번째 직접 투자의 시드머니이기 때문에 이것이 아이의 미래 목돈이 되길 바라는 마음이었습니다. 그리고 이렇게 투자를 시작한 지 6개월.

아들의 첫 투자는 25%의 수익률을 기록하고 있습니다.

하지만 더 중요한 것은…:

워런 버핏은 이렇게 말했습니다.

"오늘 누군가가 그늘에서 쉴 수 있는 것은 오래전에 누군가가 나무를 심었기 때문이다."[21]

(Someone's sitting in the shade today because someone planted a tree a long time ago.)

21 Buffett Warren

이는 장기 투자와 미래를 위한 준비의 중요성을 비유적으로 표현한 말입니다. 즉, 현재의 풍요는 과거의 준비와 인내가 있었기에 가능하다는 점, 그리고 우리도 미래를 위해 지금 투자를 시작해야 한다는 겁니다.

실제 데이터를 보면:
[월 15만 원 투자, 연 8% 수익률 가정, S&P 500 장기 평균 수익률 기준]

- 15살에 투자 시작 → 65세에 약 12억 원
- 25살에 투자 시작 → 65세에 약 5억 원
- 35살에 투자 시작 → 65세에 약 2억 원

빠른 시작이 주는 또 다른 혜택:
- 실수를 통한 학습 기회
- 감정 컨트롤 훈련
- 경제 감각 발달

"증권 세계에서는 충분한 지식과 검증된 판단력을 갖춘 후에야 용기가 최고의 미덕이 된다."[22]

---

22   Benjamin Graham, The Intelligent Investor, 1949.

(In the world of securities, courage becomes the supreme virtue after adequate knowledge and a tested judgment are at hand.)

투자에 있어서 '용기'는 필요하지만, 그것은 반드시 지식과 경험이 먼저 갖춰진 후에야 의미가 있다는 점을 강조한 말입니다. 즉 조금이라도 빠른 투자 공부와 실제 투자는 아이의 인생에 있어 '용기'를 의미 있게 해 줍니다. 무지한 상태에서의 용기는 위험하고, 우리는 주변에서 그러한 사례를 너무나도 많이 봅니다.

3-2
금융교육의 골든타임

"아빠, 오늘 주식이 많이 올랐어요! 더 살까요?"

아들의 눈이 반짝였습니다. 저는 미소를 지으며 잠시 생각에 잠겼습니다. 주식이 오를 때마다 더 사고 싶어 하는 건 어른들도 마찬가지인걸요. 하물며 12살 아이라면 더할 텐데요.

"잠깐, 우리가 처음에 정한 규칙 기억나니?"
"네. 한 종목이 너무 많아지면 위험하니까 리밸런싱해야 한다는 거요."
"그래, 맞아. 투자는 흥분하지 않는 것이 중요해. 주식이 오르면 기쁘고 더 사고 싶은 게 당연해. 하지만 그런 감정에 휘둘리지 않는 것, 그게 바로 진정한 투자자가 되는 길이야."

아이들은 언제부터 돈을 이해할까?

여러분은 아이들이 몇 살부터 돈을 이해할 수 있다고 생각하시나요? 놀랍게도 아이들은 생각보다 훨씬 일찍 돈의 개념을 이해하기 시작합니다.

노벨 경제학상 수상자인 제임스 헤크만 교수의 연구[23]에 따르면, 어린 시절의 교육이 인생에서 가장 높은 투자 수익률을 보인다고 합니다. 이는 단순히 돈 버는 방법을 가르치는 것이 아닌, 돈을 대하는 태도와 경제를 바라보는 시각, 그리고 올바른 판단력을 기르는 것을 포함합니다.

실제로 우리 아이들의 뇌 발달 단계를 보면 이해가 됩니다.

- 7~12살: 돈의 가치를 이해하기 시작하는 시기

이 나이의 아이들은 이미 '교환 가치'를 이해합니다. 천 원으로 무엇을 살 수 있는지, 만 원과 천 원의 차이가 무엇인지 정확히 알죠. 우리 아들도 처음 용돈 기입장을 쓰기 시작했을 때, 본인이 쓴 돈의 가치를 깨닫고 깜짝 놀랐던 걸 기억합니다.

---

[23] Heckman, James J. "Schools, Skills, and Synapses," Economic Inquiry, 46(3): 289-324, 2008.

"아빠, 제가 한 달 동안 과자랑 게임에 쓴 돈이 이렇게나 많아요?"

"그래서 기록하는 게 중요한 거야. 보이지 않던 게 보이기 시작하지?"

- 10~15살: 금융을 배우기에 가장 좋은 시기

이 시기의 아이들은 단순한 숫자를 넘어 금융의 개념을 이해하기 시작합니다. 저축이 왜 필요한지, 투자가 왜 중요한지 이해할 수 있죠. 제가 아들과 투자를 시작한 것도 바로 이 시기입니다.

유태인의 지혜를 현대적으로 해석하다

유태인들이 13세에 성인식을 하는 이유를 아시나요? 그들은 이 나이가 되면 아이들이 추상적 사고를 할 수 있다고 봅니다. 돈이라는 것이 단순히 물건을 사는 수단이 아니라, 미래를 준비하는 도구가 될 수 있다는 것을 이해할 수 있는 나이라는 거죠.

현대 교육학에서도 이런 관점을 지지합니다. 10~15살 무렵의 전두엽 발달은 아이들의 판단력과 자제력을 크게 향상시킵니다. 우리 아들이 보여준 사례를 보면 이해가 쉬울 것 같네요.

- 실전 교육의 힘: 우리 아들의 이야기

6개월 전, 생일 선물로 시작한 투자. 처음에는 단순히 '돈을 불리는' 것에만 관심이 있었습니다. 하지만 시간이 지나면서 놀라운 변화가 일어났죠.

1. 정보를 다각도로 보는 눈이 생겼습니다.

미국 대선과 관련해 친구와 나눈 대화를 기억하시나요? 한국 뉴스만이 아닌 다양한 시각에서 정보를 살펴보는 법을 배웠습니다.

2. 감정을 다스리는 법을 배웠습니다.

주식이 오를 때마다 "더 사자!"고 했던 아이가, 이제는 "아빠, 리밸런싱할 때가 된 것 같아요."라고 말합니다.

3. 친구들과 나누는 대화가 달라졌습니다.

게임과 만화 이야기만 하던 아이들이 이제는 진지하게 경제 이야기를 나눕니다. 틀린 분석일 수도 있지만, 그 과정에서 배우는 것들이 참 많습니다.

3-3
사회적 변화와 경제 환경의 도전

"아빠, AI가 정말 모든 일을 할 수 있게 될까요?"

인공지능 관련 기업에 투자하면서부터, 아들은 이런 근본적인 질문을 자주 던지기 시작했습니다.

"음… 그건 아빠도 정확히 모르겠어. 하지만 한 가지는 확실해."
"뭔데요?"
"우리가 준비하지 않으면 안 된다는 거지."

변화하는 세상, 달라지는 경제 환경

제가 아들만하던 1990년대에는 '평생직장'이라는 말이 당연했습니다. 한 회사에 들어가서 정년퇴직까지 일하는 게 보통이었죠. 하지만 지금은 어떤가요?

"우리 회사에 새로 입사한 분께서 이런 이야기를 해주셨어. '저는 이 회사가 제 다섯 번째 회사예요.' 아빠가 네 나이 때는 상상도 할 수 없었던 일이야."
"왜요?"
"그때는 한 번 입사하면 거의 평생을 다녔거든."
"지금은 달라요?"
"많이 달라졌지. 앞으로는 더 많이 달라질 거고."

달라진 세상이 주는 기회와 위험

최근 통계를 보면 놀라운 사실들이 보입니다.

- 현재 초등학생의 65%는 앞으로 지금 존재하지 않는 직업을 가지게 될 것
- AI와 자동화로 인해 현재 직업의 40%가 크게 변화하거나 사라질 수 있음
- 평균 직장 이동 횟수가 1990년대 1.5회에서 현재 5.5회로 증가

"그럼 우리는 어떻게 해야 하죠?"

"바로 그런 질문을 해줘서 기쁘구나. 우리가 준비해야 할 건 크게 두 가지야."

변화에 대한 적응력

"아빠가 네 나이 때만 해도 스마트폰이 없었어. 생각해 봐. 불과 30년 만에 세상이 얼마나 바뀌었는지."

경제적 안전망

"어떤 변화가 오더라도 우리를 지켜줄 수 있는 경제적 기반이 필요해. 그래서 우리가 지금 투자를 배우고 있는 거야."

실리콘밸리의 한 벤처 투자자는 이렇게 말했습니다.
"미래를 예측하는 가장 좋은 방법은 그것을 만드는 것이다."[24]
(The best way to predict the future is to create it.)

---

24   Alan Kay, Computer Scientist, 1971

우리 가족의 대응 전략

"그래서 아빠는 네가 학교 공부하는 것도 중요하지만, 이렇게 투자나 경제를 배우는 게 더 중요하다고 생각해."
"왜요?"
"왜냐하면 세상이 아무리 바뀌어도, 경제적 지식과 안목은 언제나 필요하기 때문이야. 공부만으로는 부족해."

아들이 잠시 생각에 잠겼습니다. 이제는 이런 대화가 익숙해진 걸까요? 아들이 다시 입을 열었습니다.

"근데 아빠, 저희 반 친구 중에 부모님이 빚이 많은 친구가 있어요. 그 친구는 지금 우리가 하는 투자 같은 걸 할 수 없겠죠?"

갑자기 가슴이 먹먹해졌습니다. 12살 아이가 벌써부터 이런 현실적인 고민을 하다니…

변화하는 시대가 주는 기회

"그래서 더더욱 어릴 때부터 준비해야 하는 거야. 네 친구의 부모님뿐만 아니라 아빠도 빚이 많지만, 어릴 때부터 이런 준비를 할 수 있었다면 지금과는 달랐을 거야."

실제로 통계를 보면 현재 한국의 가계부채는 계속 증가하고 있습니다. 2024년 기준 가구당 평균 부채가 9,000만 원을 넘어섰죠. 하지만 동시에, 새로운 기회도 생겨나고 있습니다.

디지털 금융의 발달

- 소액으로도 시작할 수 있는 투자 플랫폼 증가
- 누구나 쉽게 접근할 수 있는 금융 정보
- 다양한 투자 상품의 등장

새로운 직업의 탄생

- AI 트레이너
- 메타버스 건축가
- 데이터 윤리학자

이런 직업들은 제가 학교 다닐 때는 상상도 못 했던 것들입니다.

"아빠, 그럼 제가 나중에 어떤 직업을 가져야 할까요?"
"그건 아무도 장담할 수 없어. 대신 어떤 직업을 갖든 필요한 게 있지."

필요한 세 가지 능력

1. 평생 학습 능력
"세상이 빠르게 변하는 만큼, 계속해서 새로운 것을 배워야 해. 아빠도 매일 공부하잖아?"

2. 재무관리 능력
"어떤 일을 하던 번 돈을 관리하고 불리는 능력이 필요해. 연봉이 아무리 높아도 관리를 못 하면 소용없어."

3. 적응력과 창의력
"변화에 적응하고, 새로운 기회를 발견하는 능력이 중요해. 우리가 투자할 때도 마찬가지지."

- 실제 사례: AI 시대의 투자

6개월 전 아들과 함께 시작한 엔비디아와 마이크로소프트 투자는 단순한 주식 투자가 아니었습니다. 우리는 이를 통해 미래를 공부하고 있었던 거죠.

"AI 기술이 발전하면서 어떤 기업이 성장할까?"
"이 기술은 우리의 생활을 어떻게 바꿀까?"
"거기서 새로운 기회는 무엇일까?"

이런 질문들을 아들과 함께 고민하면서, 우리는 단순히 수익을 내는 것을 넘어 미래를 준비하고 있었던 겁니다.

변화하는 시대의 새로운 도전들

하지만 기회만 있는 것은 아닙니다. 새로운 도전들도 있죠.

- 빠른 기술 변화
- 새로운 기술의 등장 주기가 점점 짧아짐
- 지속적인 학습의 필요성 증가
- 경제적 불확실성
- 글로벌 경제의 상호 연관성 심화
- 예측하기 어려운 경제 변수 증가
- 노후 준비의 어려움
- 국민연금 기금 고갈 우려
- 늘어나는 평균 수명

"그래서 아빠는 네가 어릴 때부터 이런 것들을 경험하고 배우기를 바라는 거야."

"알겠어요, 아빠. 근데 제가 정말 잘할 수 있을까요?"

"물론이지! 벌써 시작했잖아. 네가 6개월 동안 보여준 성장이 그 증거야."

3-4
돈에 대한 올바른 가치관 형성하기

"아빠, 오늘 좀 이상한 일이 있었어요."

숙제하던 아들이 갑자기 말을 꺼냈습니다.

"왜, 무슨 일 있었어?"
"**친구가 그러는데, 돈 얘기하는 건 속물이래요. 투자하는 게 나쁜 거래요.**"

아, 이런 이야기가 나올 때를 기다렸습니다.

돈에 대한 우리의 편견

"그래서 넌 어떻게 생각해?"

"저는… 잘 모르겠어요. 돈이 나쁜 건 아닌데, 돈만 중요하게 생각하는 것도 이상하잖아요?"
"정말 훌륭한 생각이구나."

우리나라는 오랫동안 유교 문화의 영향으로 돈을 부정적으로 보는 경향이 있었습니다. '돈 얘기는 속되다', '돈만 아는 사람은 천박하다'라는 식이죠.

철학자 프랜시스 베이컨은 이렇게 말했습니다.

"돈은 나쁜 주인이지만 훌륭한 하인이다."[25]
(Money is a terrible master but an excellent servant.)

돈의 진정한 의미

"아들아, 우리가 투자하는 이유가 뭐였지?"
"음, 더 나은 미래를 준비하기 위해서요."
"그래. 그런데 더 나은 미래는 왜 필요할까?"

---

25 Francis Bacon.

아들이 잠시 생각에 잠겼습니다.

"우리가 하고 싶은 일을 할 수 있게 하려고요?"
"바로 그거야! 돈은 그 자체가 목적이 아니라 수단이라는 거지."

돈의 세 가지 얼굴

1. 자유의 도구
- 하고 싶은 일을 할 수 있는 자유
- 하기 싫은 일을 하지 않아도 되는 자유
- 다른 사람을 도울 수 있는 자유

2. 안전의 도구
- 예기치 못한 어려움에 대비하는 방패
- 가족의 건강과 미래를 지키는 보험
- 마음의 평화를 지키는 버팀목

3. 나눔의 도구
- 다른 사람을 도울 수 있는 힘
- 사회에 이바지할 수 있는 수단
- 더 나은 세상을 만드는 씨앗

메리케이 화장품 창립자인 메리 케이 애쉬는 이런 말을 남겼습니다.

"돈은 특권이 아닌 책임이다."[26]
(Money is not a privilege, it's a responsibility.)

돈을 가진다는 것은 단순히 누리는 특권이 아니라, 그에 따르는 책임이 있다는 뜻입니다. 부자가 된다는 것은 단순히 부를 즐기는 것이 아니라, 그 부를 어떻게 의미 있게 사용할 것인지에 대한 책임감이 따른다는 의미를 담고 있습니다. 메리 케이는 이 철학을 바탕으로 자신의 사업을 운영했으며, 기업가의 사회적 책임을 강조했습니다.

올바른 돈의 가치관

"아빠가 보는 돈의 가치는 이래.
첫째, 돈은 수단이지 목적이 아니야.
둘째, 돈은 우리에게 자유를 주는 도구야.
셋째, 그 자유는 다른 사람과 나눌 때 더 가치 있어. 실제로 세

---

26 Mary Kay Ash.

계적인 억만장자들은 엄청난 돈을 기부하고 있지."

실천하는 부자의 모습

"그런데 아빠, 부자들은 왜 그렇게 많이 기부해요?"
"좋은 질문이구나. 그들은 깨달았을 거야."
"뭘요?"
"돈이 돌아야 세상이 행복해진다는 걸."

실제로 많은 억만장자들이 자신의 재산을 사회에 환원했고, 또 하겠다고 서약했습니다. 워런 버핏, 빌 게이츠를 비롯한 수많은 부자가 재산 대부분을 기부하겠다고 약속했죠.

우리 가족의 돈에 대한 약속

저는 아들과 이런 약속을 했습니다.

- 돈을 벌되, 정직하게 번다.
- 돈을 모으되, 의미 있게 쓴다.
- 돈을 불리되, 안전하게 한다.

- 돈을 쓰되, 가치 있게 쓴다.
- 돈을 나누되, 지혜롭게 한다.

"아빠, 그럼 우리도 나중에 기부할 수 있을까요?"
"물론이지. 아빠는 큰돈은 아니지만 18년 전부터 하고 있어. 물론 너 역시 지금도 할 수 있어. 네 용돈의 일부를 의미 있게 쓰는 것부터 시작하면 돼."

아들의 눈이 반짝였습니다. 그날 저녁, 아들은 자신의 용돈 기입장에 새로운 항목을 만들었습니다.

'나눔 통장'

3-5
실전 연습
: 우리 가족의 금융 가치관 만들기

"아빠, 오늘은 가족회의 하는 날이죠?"

열두 살 오빠의 말에 책을 읽고 있던 열 살 동생이 관심을 보였습니다.

"저도 이번에는 제대로 참여할래요!"
"그래, 우리 딸도 함께하자."

매월 마지막 주 토요일, 우리 가족은 특별한 시간을 가집니다. 바로 '가족 금융 회의'죠.

"오늘은 특별히 우리 가족의 금융 가치관에 관해 이야기해 보자."
"금융 가치관이요?" 동생이 궁금한 듯 물었습니다.
"우리 가족이 돈을 어떻게 생각하고, 어떻게 쓸지 정하는 거야."

"아, 제가 얼마 전에 책에서 읽었어요. 유태인들은 어릴 때부터 돈을 잘 쓰는 법을 배운다고요."

오빠가 놀란 듯이 동생을 쳐다봤습니다.

"어, 그거 내가 읽던 책인데, 너도 읽었어?"
"응, 재미있어 보여서 나도 읽어봤지!"

우리 가족의 금융 헌법 만들기

"자, 이제 한 명씩 돈에 대해 어떻게 생각하는지 이야기해 볼까?"

엄마가 먼저 입을 열었습니다.

"나는 돈이 우리 가족을 지켜주는 방패라고 생각해."

오빠가 이어 말했습니다.

"저는요! 돈은 우리의 꿈을 이루게 해주는 도구라고 생각해요."

동생이 손을 들었습니다.

"저는 돈이 자유를 주는 것 같아요. 제가 갖고 싶은 책도 살 수 있고, 나중에는 하고 싶은 일도 할 수 있게 해주니까요."

"오~정말 멋진 생각인데?"

아내와 눈을 마주치며 미소를 지었습니다.

[실천 단계 1: 가족의 금융 가치 찾기]

우리는 먼저 각자 중요하게 생각하는 금융 가치를 적어보았습니다.

엄마의 선택:
- 안전성: "가족의 안전망을 만드는 것"
- 계획성: "미래를 준비하는 것"
- 균형: "삶의 균형을 지키는 것"

아빠의 선택:
- 정직성: "정직하게 돈을 벌고 관리하는 것"
- 지혜: "현명하게 돈을 불리는 것"
- 나눔: "사회에 이바지하는 것"

오빠의 선택:
- 자유: "하고 싶은 일을 할 수 있는 것"
- 배움: "투자를 통해 계속 배우는 것"
- 즐거움: "돈 걱정 없이 삶을 즐기는 것"

동생의 선택:
- 독립: "스스로 원하는 것을 할 수 있는 것"
- 성장: "돈을 모으면서 책임감도 커지는 것"
- 나눔: "다른 사람을 도울 수 있는 것"

"와, 우리 동생도 참 의미 있는 것들을 골랐네!"

오빠의 말에 동생이 어깨를 으쓱합니다.

"당연하지. 나도 오빠만큼은 아니지만 매일 용돈 기입장 쓰고 있는데?"

[실천 단계 2: 우리 가족의 금융 원칙 정하기]

이렇게 나온 의견들을 바탕으로, 우리 가족만의 다섯 가지 금융 원칙을 정했습니다.

- 안전성: 가족의 안전망을 만드는 것
- 계획성: 미래를 준비하는 것
- 지혜: 현명하게 돈을 불리는 것
- 배움: 투자를 통해 계속 배우는 것
- 나눔: 다른 사람을 도울 수 있는 것

"근데, 아빠." 동생이 물었습니다.
"원칙을 정했으면 어떻게 지켜요?"
"좋은 질문이야. 우리 한번 실천 계획을 세워볼까?"

[실천 단계 3: 실천 계획 세우기]

오빠의 계획:
- 매일 투자일지 쓰기
- 경제 뉴스 읽고 정리하기
- 정기 용돈 중 일부와 할아버지가 주시는 용돈으로 월 5만 원 투자하기

동생의 계획:
- 매일 용돈 기입장 쓰기
- 용돈의 30%는 저축하기
- 한 달에 한 번 기부하기

"저는 오빠처럼 투자는 아직 못하지만, 대신 제가 모은 돈으로 매달 유기견 보호소에 기부하고 싶어요."
"그거 정말 멋진 생각이네!"

[실천 단계 4: 주기적인 점검과 조정]

"아빠, 우리가 정한 계획들을 잘 지키고 있는지 어떻게 확인해요?"

동생의 질문에 오빠가 먼저 답했습니다.

"우리 매달 하는 가족회의에서 확인하면 되잖아?"
"맞아요. 근데 저는 한 달이 너무 길어요. 일주일마다 체크하면 안 될까요?"

둘째인 딸의 제안으로 우리는 점검 계획을 새로 세웠습니다.

매주 하는 일
- 용돈 기입장 확인하기
- 저축 목표 달성도 체크하기
- 새로 배운 것 공유하기

매월 하는 일
- 가족 금융 회의 열기
- 투자 성과 검토하기
- 다음 달 목표 세우기

"어, 근데 오빠 투자는 어떻게 됐어?"

동생이 궁금한 듯 물었습니다.

"응, 6개월 동안 25% 수익 냈어."
"와! 그럼, 저도 내년부터는 투자해도 될까요?"
"그건 네가 용돈 관리를 얼마나 잘하는지 보고 결정하자."

제 말에 동생이 고개를 끄덕였습니다.

우리 가족의 특별한 규칙
- 서로 축하하기
- 목표를 달성하면 작은 파티 열기
- 새로운 도전을 응원하기
- 실수해도 괜찮아
- 실수는 배움의 기회로 삼기
- 서로 도와가며 해결하기

- 함께 공부하기
- 경제 관련 책 함께 읽기
- 배운 것 나누기
- 오늘의 미션

여러분의 가족도 한번 모여 앉아보세요.
각자 자신만의 금융 목표를 정해보세요.
실현할 수 있는 목표인가요?

그것을 이루기 위한 구체적인 계획이 있나요?

가족만의 특별한 규칙을 만들어 보세요.

모두가 즐겁게 지킬 수 있는 규칙인가요?
서로를 응원하고 도울 수 있는 규칙인가요?

"아빠, 저는 오늘 회의가 제일 재미있었어요!"

동생의 말에 우리 모두 웃었습니다.

"그래? 왜?"
"음… 이제 돈이 무서운 게 아니라 재미있는 거라는 걸 알았거든요."

그렇습니다. 돈은 무서워할 대상도, 너무 좋아할 대상도 아닙니다.

그저 우리 가족이 더 행복해지기 위한 도구일 뿐이죠.

오늘 우리가 배운 가장 큰 교훈입니다.

제 4 장

왜 내가 아닌 '자녀'부터 챙겨야 하는가?

> " 유태인들은 13살부터
> 자산관리를 배운다고요? "

> " 그래, 그래서 우리도 지금부터
> **네 미래를 함께 준비하는 거야** "

4-1. 자녀의 미래를 위한 준비

4-2. 유태인 금융교육 모델의 비밀

4-3. 부모의 역할과 책임

4-4. 실전 연습: 자녀와 함께하는 금융 목표 설정

"아빠, 궁금한 게 있어요."

주말 아침, 아들이 심각한 표정으로 물었습니다.

"뭐가 궁금한데?"
"아빠는 왜 어릴 때 이런 공부를 못 하셨어요? 할아버지, 할머니가 안 가르쳐주셨나요?"

순간 마음이 무거워졌습니다.

"글쎄. 아마도 우리 부모님 세대에는 이런 교육이 중요하다고 생각하지 못하셨던 것 같아. 돈에 관해 이야기하는 것을 좋아하지 않으셨거든."
"왜요?"
"많은 어른이 '돈 얘기하면 속물이 된다.'라고 생각하셨어. 하지만 지금 생각해 보면, 그게 큰 실수였던 것 같아."

제4장 왜 내가 아닌 '자녀'부터 챙겨야 하는가?

4-1
자녀의 미래를 위한 준비

"실수라고요?"

"그래. 예전에는 평생직장이라는 말들을 한다고 했지? 한 회사에 들어가면 정년까지 일할 수 있었지. 그래서 따로 금융교육이 없어도 어떻게든 살아갈 수 있었어."

"지금은 달라요?"

"아주 다르지. 이제는 AI도 나오고, 세상이 빠르게 변하잖아. 평생 한 직장에서 일하기도 어려워졌고."

"그래서 투자나 금융 공부가 더 중요해진 거에요?"

"맞아. 근데 더 중요한 이유가 있어."

"뭔데요?"

"아빠는 서른이 넘어서야 이런 공부를 시작했어. 그래서 복리의 마법을 제대로 활용하지 못했지. 하지만 네가 열두 살부터 시작하면…."

"아, 그래서 아이들부터 챙겨야 한다고 하신 거군요!"

"그렇지! 부모인 우리가 먼저 배워서 자녀들에게 가르쳐주면, 너희는 훨씬 더 일찍 시작할 수 있으니까."

"근데 아빠, 다른 친구들은 이런 공부 안 하는데…."

"그래서 아빠는 우리들도 모두 유태인들의 금융교육 방법을 배워야 한다고 생각해."

4-2
유태인 금융교육 모델의 비밀

"유태인들이요?"

"응, 유태인들은 자녀가 13살이 되면 특별한 의식을 해. '바르 미츠바'라고 하는데…."

"무슨 의식이에요?"

"자녀가 경제적으로 독립할 준비가 되었다는 걸 축하하는 의식이야. 그때부터 본격적으로 돈을 관리하고 투자하는 법을 배우기 시작하지."

"13살이면 저랑 비슷한데요?"

"그렇지! 재미있는 건, 이게 단순한 전통이 아니라는 거야. 현대 교육학에서도 7-13살을 '경제 교육의 황금기'라고 해."

"황금기요?"

"응, 이 시기에 아이들의 판단력과 논리력이 급격히 발달하거든. 그래서 돈의 가치와 투자의 원리를 가장 잘 이해할 수 있는 때라는 거야."

"그래서 유태인들이 다들 부자가 되나요?"

"부자가 되는 게 중요한 게 아니야. 중요한 건 돈을 관리하고, 투자하고, 나누는 방법을 배우는 거지."

"아빠, 그럼 유태인 부모님들은 아이들한테 어떻게 가르쳐요?"

4-3
부모의 역할과 책임

"좋은 질문이야. 유태인 부모들이 하는 첫 번째는 뭘까?"

"음, 용돈을 주나요?"

"맞아. 하지만 그냥 주는 게 아니야. 돈을 어떻게 나눌지 가르쳐 주지."

"어떻게요?"

"세 개의 항아리를 준비해서, 하나는 저축, 하나는 투자, 마지막 하나는 나눔을 위한 거야. 용돈을 받으면 반드시 이 세 항아리에 나눠 담도록 하는 거지."

"와, 그래서 동생이 유기견 보호소에 기부하는 돈도 따로 모으는 거군요!"

"그렇지! 두 번째는 뭘까?"

"공부요?"

"비슷한데, '함께' 공부하는 거야. 부모가 먼저 배우고 실천해야 자녀도 따라 하거든."

"아빠가 저랑 같이 투자 공부하시는 것처럼요?"

"정확해! 세 번째는 실수할 기회를 주는 거야."

"실수요?"

"그래, 실수를 통해 배우게 하는 거야. 물론 큰돈으로 하는 건 아니지만."

"아, 그래서 제가 처음 주식 살 때 ETF부터 시작하라고 하신 거예요?"

"맞아. 처음부터 위험한 투자를 하면 너무 큰 실수를 할 수 있으니까. 작은 돈으로 시작해서 천천히 배워가는 거지."

"근데 아빠, 다른 부모님들은 이런 걸 잘 모르시잖아요?"

"그래서 부모의 역할이 더 중요한 거야. 우리가 먼저 배우고 실천해야 다음 세대는 더 잘할 수 있지."

"그런데 아빠는 어떻게 이런 걸 다 아시게 된 거예요?"

"아빠도 처음에는 몰랐어. 하지만 너희에게 더 나은 미래를 물려주고 싶어서 공부하기 시작했지. 이게 바로 부모의 책임이야."

"책임이요?"

"그래, 단순히 밥 먹이고 학교 보내는 게 다가 아니야. 인생을 살아가는 데 필요한 지혜를 알려주는 것, 그게 진정한 부모의 역할이란다."

"그럼, 이제 실전 연습을 해 볼까요?"

"그래! 우리 가족만의 금융 목표를 세워 볼까?"

4-4
실전 연습
: 자녀와 함께하는 금융 목표 설정

"자, 우리 가족의 금융 목표를 세워볼까?"

아들은 새 공책을 꺼냈습니다.

"어떻게 시작하면 될까요?"
"먼저 각자의 꿈을 적어 보는 건 어떨까? 네 꿈은 뭐야?"
"저는 게임 회사를 차리고 싶어요. 재미있으면서도 교육적인 게임을 만들고 싶거든요."
"좋은 꿈이구나! 그럼, 그 꿈을 이루려면 뭐가 필요할까?"
"음…. 코딩 공부도 해야 하고, 회사 차릴 돈도 필요하고…."
"그래, 한번 적어볼까?"

[우리 가족의 금융 목표]

1. 단기 목표 (1년)
    - 매월 용돈의 30%는 반드시 투자하기
    - 매일 용돈 기입장 작성하기
    - 매주 1시간 이상 투자 공부하기
    - 분기별로 투자 성과 분석하기
    - ETF 투자 리밸런싱 규칙 만들고 지키기

2. 중기 목표 (5년)
    - 복리 계산기로 계산한 첫 목표 금액 달성하기
    - 대학 진학 시 필요한 등록금 준비하기
    - 투자 포트폴리오 다각화하기
    - 미국 뉴욕 여행 자금 모으기

3. 장기 목표 (10년 이상)
    - 창업 준비금 만들기
    - 가족 은퇴자금 준비하기
    - 나만의 투자 철학 완성하기
    - 다음 세대에게 금융 지식 전수하기

"이렇게 구체적으로 써야 하는 이유가 뭘까?"

"막연하면 실천하기 어려워서요?"

"맞아! 그리고 각 목표가 어떻게 연결되는지도 중요해. 단기 목표인 용돈 관리와 투자 공부가 잘되어야 중기 목표인 학비나 여행 자금을 모을 수 있고, 그게 또 장기 목표인 창업이나 은퇴 준비로 이어지는 거야."

"아하! 그래서 모든 목표가 서로 연결되어 있네요?"

"그렇지! 이제 한번 실천해 볼까?"

제 5 장

왜 '부'를 알아야 하는가?

> " 투자는 분산이 중요해. "
> 모든 달걀을 한 바구니에 담지 않는 거야.

> " 네! 4만 원을 네 군데에 "
> 나눠서 투자할게요.

5-1. 부의 진정한 의미와 중요성

5-2. 자산 형성의 필요성

5-3. 투기와 투자의 차이 이해하기

5-4. 온라인 도박의 함정: 부모와 자녀가 꼭 알아야 할 진실

5-5. 분산투자의 마법: 4만 원으로 배우는 투자의 지혜

5-6. 현명한 변동성 관리: 수익률의 진실

5-7. 부자들의 공통된 습관

5-8. 실전 연습: 부자의 습관 체크리스트

"아빠, 오늘 친구가 재미있는 얘기를 했어요."

아침 식사 시간, 아들이 먼저 입을 열었습니다.

"뭔데?"
"돈 많은 사람들은 다 불행하대요. TV에서 봤대요."
"그래? 그럼, 우리 한번 생각해 볼까? 워런 버핏은 불행할까?"
"버핏은 자기 재산의 99%를 기부한다고 했잖아요? 행복해서 그런 거 아닐까요?"
"그렇지! 이제 우리 아들이 돈을 바라보는 눈이 달라졌구나."
"아빠, 그러면 부자가 되는 게 좋은 거예요, 나쁜 거예요?"

저는 잠시 생각에 잠겼습니다. 아들에게 어떻게 설명하면 좋을까?

5-1
부의 진정한 의미와 중요성

"음, 이렇게 생각해 보자. 칼은 어떤 도구일까?"

"요리할 때 쓰는 거요!"

"맞아. 그런데 칼은 잘못 쓰면 위험하지?"

"네, 다칠 수도 있어요."

"돈도 마찬가지란다. 어떻게 사용하느냐에 따라 우리 삶을 풍요롭게 할 수도, 불행하게 만들 수도 있어."

벤저민 프랭클린은 이렇게 말했습니다.

"돈의 부재가 모든 악의 근원이다."[27]

(The lack of money is the root of all evil.)

---

27   Benjamin Franklin.

이 말은 현대에 와서 '돈이 나쁜 게 아니라, 돈에 대한 무지가 나쁜 것이다'라는 의미로 재해석되어 사용되고 있습니다.

"아빠가 생각하는 진정한 부는 세 가지야."
"뭔데요?"
"첫째는 선택의 자유란다."
"선택의 자유요?"
"그래, 예를 들어 네가 정말 하고 싶은 일이 있을 때, 돈 때문에 포기하지 않아도 되는 거지."
"아, 저는 나중에 코딩을 배워서 좋은 게임을 만들고 싶은데, 부모님이 의사가 되라고 하면 어쩌죠?"
"흥미로운 질문이구나. 많은 부모님이 자녀에게 의사나 변호사가 되라고 하시는 이유가 뭘까?"
"음… 돈을 많이 벌 수 있어서요?"
"맞아. 경제적인 안정을 바라시는 거지. 하지만 생각해 보자. 마크 저커버그, 빌 게이츠, 스티브 잡스는 어떨까? 이들은 자신이 정말 좋아하는 일을 선택했고, 그 길에서 큰 성공을 이뤘지."
"그런데 모두가 다 성공하는 건 아니잖아요?"
"좋은 지적이야. 바로 그래서 우리가 지금 투자와 자산 관리를 배우는 거란다. 네가 정말 하고 싶은 일을 할 수 있는 경제적 기반을 만들어 주는 거지. 실패하더라도 다시 도전할 수 있는 안전망이 되는 거야."

제5장 왜 '부'를 알아야 하는가?

"아…."

"예를 들어, 우리가 지금 매달 투자하고 있는 돈이 나중에 네가 창업하거나 새로운 도전을 할 때 든든한 지원군이 되어줄 수 있단다. 진정한 부는 네가 진짜 좋아하는 일을 마음껏 할 수 있는 자유를 준단다."

"둘째는 시간의 자유야."

"매일 회사 다니지 않아도 된다는 거예요?"

"회사에 안 다닌다는 게 아니라, 시간을 어떻게 쓸지 선택할 수 있다는 거야. 아빠가 재미있는 통계를 알려줄게."

"통계요?"

"사람은 평균적으로 하루에 8시간씩 자고, 8시간을 일하고, 나머지 8시간이 자유 시간이래. 근데 대부분의 사람은 그 자유 시간 중 상당 부분을 출퇴근이나 피곤해서 쉬는 데 써. 진정한 자유 시간이 별로 없는 거지."

"그러고 보니 친구들 중에 회사 다니시는 아빠들은 주말에도 맨날 바쁘다고 하신대요."

"그렇지. 하지만 아빠는 세무사 일을 하면서도 공부도 하고, 강의도 하고, 주말에는 너와 함께 이렇게 투자 공부도 하고, 책도 쓰고, 유튜브도 만들 수 있잖아. 이게 바로 시간의 자유야."

"아, 그래서 아빠가 맨날 '부자가 되는 건 돈이 많은 게 아니라 시간을 살 수 있는 거다'라고 하셨던 거예요?"

"정확히 알았네! 시간의 자유가 있어야 정말 의미 있는 일을 할 수 있단다."

"셋째는 나눔의 기회야."
"나눔이요?"
"그래, 다른 사람들을 도울 힘을 갖는 거지. 네 동생이 용돈을 모아서 유기견 보호소에 기부하고 싶다고 했잖아?"
"네, 동생이 그러더니 정말 매달 용돈 모으고 있어요."
"맞아. 네 동생은 벌써 나눔의 기쁨을 알아가고 있는 거야. 워런 버핏도 처음부터 수십조를 기부한 게 아니야. 어릴 때부터 조금씩 나누는 습관을 가졌대."
"정말요?"
"그래서 버핏은 '돈은 사회에서 빌린 것이고, 언젠가는 사회에 돌려줘야 한다.'라고 생각한대. 실제로 그는 자신의 재산 99%를 사회에 환원하기로 약속했지."

"와. 근데 아빠, 그러면 버핏의 자녀들은 어떻게 되는 거예요?"

"하하, 또 좋은 질문이네! 버핏은 '자녀들에게 충분한 돈을 남겨서 그들이 무엇이든 할 수 있게 하되, 아무것도 하지 않아도 될 만큼은 남기지 말아야 한다.'라고 했어. 이게 무슨 뜻일까?"

제5장 왜 '부'를 알아야 하는가?

"으음…."

아들이 잠시 생각에 잠겼습니다.

"저도 알 것 같아요. 그냥 돈만 물려받으면 그 돈을 지키지 못할 수도 있고, 돈을 벌 수 있는 능력도 기르지 못할 수 있잖아요?"

"와! 정확하게 이해했구나. 실제로 상속받은 부를 지키지 못하는 경우가 많단다. 많은 연구에 따르면, 부자들의 자녀 중 70%가 상속받은 재산을 지키지 못했대."[28]

"왜 그럴까요?"

"그건 진정한 부가 단순히 많은 돈을 가지고 있는 게 아니기 때문이야. 돈을 벌고, 지키고, 현명하게 사용하는 방법을 아는 것, 그리고 그 돈으로 의미 있는 일을 할 수 있는 지혜를 갖는 것, 이게 바로 진정한 부란다."

"아하. 그래서 아빠가 저한테 이런 공부를 가르쳐 주시는 거군요?"

"그렇지! 아빠가 너에게 해 줄 수 있는 가장 큰 선물은 돈 그 자체가 아니라, 돈을 이해하고 현명하게 다루는 방법을 알려 주는 거야."

---

28 Williams, R. & Preisser, V. (2003). Preparing Heirs: Five Steps to a Successful Transition of Family Wealth and Values

5-2
자산 형성의 필요성

저녁 뉴스를 보던 중, 흥미로운 소식이 나왔습니다.

"아빠, 저 축구선수 연봉이 1년에 300억 이래요! 와, 정말 부자겠죠?"

"그럴까? 재미있는 이야기를 하나 해줄게. 아빠가 세무사로 일하면서 만난 연예인 한 분이 계셨어."

"연예인이요?"

"그래, 한창때는 한 달에 수억 원을 벌었대. 근데 지금은…."

"지금은요?"

"빚을 갚느라 힘드시다더라. 수입이 많다고 해서 반드시 부자가 되는 건 아니야."

"어떻게 그럴 수 있죠?"

"자산과 수입의 차이를 이해해야 할 때가 된 것 같구나."

"자산이요?"

제5장 왜 '부'를 알아야 하는가?

"이렇게 생각해 보자. 네가 용돈을 받으면 어떻게 하지?"

"음… 사고 싶은 것도 사고, 일부는 저금도 하고…."

"그래, 저금한 돈이 바로 자산이 되는 거야. 그런데 만약 받은 용돈을 전부 다 써 버린다면?"

"다음 용돈 받을 때까지 아무것도 못 사겠죠?"

"맞아! 수입이 아무리 많아도 자산을 만들지 못하면 언젠가는 그런 상황이 올 수 있어."

"아…."

"돈을 많이 버는 것보다 더 중요한 게 뭔지 알아?"

"뭔데요?"

"번 돈의 일부를 저축하고 투자해서 자산을 만드는 거야. 이건 마치 씨앗을 심는 것과 같아."

"씨앗이요?"

"그래, 씨앗을 심으면 나중에 큰 나무가 되어서 열매를 맺잖아? 자산도 마찬가지야. 아빠가 너희를 위해 매달 투자하는 ETF가 바로 그런 씨앗이야."

"아! 그래서 아빠가 매달 15만 원씩 투자하는 거군요?"

"맞아! 지금은 작은 씨앗처럼 보일 수 있지만, 시간이 지나면서 점점 자라나서 나중에는 너희가 열심히 일하지 않아도 알아서 열매를 맺어 준단다."

"와, 그렇게 되면 정말 좋겠다!"

"그런데 아빠, 또 하나 궁금한 게 있어요."

"뭐니?"

"매달 용돈에서 조금씩 모으는 것도 중요하지만, 나중에 직장 다닐 때 월급 받으면 그때 시작해도 되지 않을까요?"

저는 아들에게 제가 만든 '복리 계산기'를 건넸습니다.

"우리 함께 계산해 볼까? 아까 본 그 축구선수처럼 많은 돈을 벌더라도, 자산을 만들지 않으면 어떻게 되는지."
"어떻게요?"
"1억을 벌어도 전부 써버리면 얼마나 남지?"
"0원이요."
"맞아. 하지만 월급이 300만 원이어도 매달 50만 원씩 투자하면 어떻게 될까? 우리가 배운 복리 계산기로 한번 계산해 보자."

아들은 깜짝 놀란 눈으로 계산 결과를 보았습니다.

"와… 생각보다 훨씬 많이 불어나네요!"
"그래서 자산을 만드는 게 중요한 거야. 자산은 우리 가족을 지켜주는 튼튼한 둑과 같은 거란다. 큰비가 와도, 갑자기 어려운 일이 생겨도 우리를 지켜주지."
"아하. 그래서 아빠가 '자산이 있어야 진정한 자유가 있다'라고 하셨던 거예요?"

"그래 맞아."

자산을 만드는 것은 선택이 아닌 필수입니다. 그것은 우리의 미래를 지키는 방패이자, 우리 꿈을 이루게 해주는 날개가 되어 줄 테니까요.

5-3
투기와 투자의 차이 이해하기

주말 아침, 아들이 심각한 표정으로 제 방에 들어왔습니다.

"아빠, 우리 반 친구 형이 큰일났대요."
"응? 무슨 일인데?"
"알바해서 모은 돈으로 코인 선물 거래를 했는데, 하루 만에 다 잃었대요. 거기다 대출까지 받아서…."

저는 한숨을 쉬었습니다. 최근 이런 안타까운 소식을 너무 자주 듣게 됩니다. 실제로 20대의 개인회생 신청이 역대 최대를 기록하고 있죠. 실제 강남에서 회생 신청 업무를 주로 하시는 변호사님을 알고 있는데, 현재가 가장 호황이고, 계속 이 시장이 커질 거라고 하더군요.

"왜 그랬을까?"

"친구 말로는 형이 유튜브에서 '100만 원으로 1억 만든 수익 인증'하는 영상들 보고, 100배 레버리지 거래하면 돈을 빨리 벌 수 있을 것 같았대요."

"음…. 그럼, 우리 한번 생각해 보자. 너랑 내가 하는 ETF 투자랑 뭐가 다를까?"

"글쎄요. 둘 다 돈을 불리는 건데요?"

"아들아, 네가 좋아하는 과자 가게 있잖아. 그 가게 주인이 되는 거랑, 복권을 사는 거랑 뭐가 다를까?"

"어…. 과자 가게는 매일 장사해서 조금씩 돈을 버는 거고, 복권은 한 방에 대박을 바라는 거죠?"

"맞아. 과자 가게 주인은 어떻게 하면 더 맛있는 과자를 만들까, 손님들이 편하게 올 수 있게 하려면 뭘 해야 할까 고민하면서 꾸준히 일하지?"

"네! 우리 동네 과자 가게 아저씨는 매일 새로운 과자도 만들어 보고, 가게도 깨끗이 청소하시던데요."

"그런데 복권은?"

"그냥 운에 맡기는 거죠?"

"그렇지. 우리가 하는 ETF 투자는 과자 가게 주인이랑 비슷해. 좋은 회사들이 열심히 일해서 만드는 수익을 우리가 조금씩 나눠 받는 거야."

"아, 그래서 아빠가 ETF에 들어있는 기업들을 자주 살펴보라고 하셨던 거예요?"

"그래. 반면에 친구 형이 한 코인 선물거래는 어떨까?"

"음… 복권 같은 거네요. 한방에 돈을 벌려고 하는…."

"더 위험한 건, 레버리지라는 걸 써서 자기 돈보다 몇 배나 더 큰 돈으로 거래한다는 거야. 마치 도박에서 돈을 잃으면 더 큰 돈을 걸어서 한방에 만회하려는 것처럼."

"그럼, 무조건 망하는 거 아니에요?"

"그래, 사실 그렇단다. 수학적으로도 그건 실패할 수밖에 없어."

"수학적으로요?"

"그래, 아주 간단한 게임으로 설명해 줄게. 이게 도박이나 투기가 왜 위험한지 정확하게 보여준단다."

"네!"

저는 아들에게 계산기 앱을 실행시켜 줬습니다.

"간단한 게임으로 설명해 줄게. 네가 만 원을 가지고 있다고 하자. 동전을 던져서 앞면이 나오면 50%를 더 주고, 뒷면이 나오면 50%를 잃는다고 할 때…."

"음, 그러면 앞면 나오면 15,000원이 되고, 뒷면이 나오면 5,000원이 되는 거죠?"

"맞아! 이길 확률과 질 확률이 똑같은 50%야. 한번 계산해 보자."

"10,000원으로 시작해서 첫판에 이기면 15,000원!"

제5장 왜 '부'를 알아야 하는가?

"그다음에 또 이기면?"
"15,000원에서 50% 더 받으니까… 22,500원이 되네요!"

"그렇지. 그런데 첫판에 졌다고 생각해 보자."
"그러면 5,000원이 되고, 두 번째도 지면 2,500원…. 어, 이제 보이네요. 두 번 지면 원금의 4분의 1밖에 안 남는데, 두 번 이겨도 원금의 2배보다 조금 넘네요."
"그렇지! 이게 바로 도박의 무서운 점이야. 같은 횟수로 이기고 져도, 지는 쪽의 손실이 항상 더 크단다."

"자, 그럼 이번에는 10만 원으로 시작해서 10번을 이기고 지는 걸 반복한다고 생각해 보자."
"어떻게 될까요?"

이번에는 제가 계산기 앱으로 직접 계산해서 보여줬습니다.

"첫판에 이기면 15만 원, 두 번째는 지면 7만 5천 원, 세 번째는 이기면 11만 2,500원, 네 번째는 지면 5만 6,250원…."
"어, 이상한데요? 네 번 했는데 벌써 원금의 절반 정도만 남았어요. 이기고 지는 걸 똑같이 반복했는데…."
"그렇지! 이걸 더 오래 계속하면 어떻게 되는지 볼까?"
"네. 다섯 번째는 이기면 8만 4,375원, 여섯 번째는 지면 4만

2,187원…. 와, 여섯 번밖에 안 했는데 벌써 원금이 절반 아래로 줄었어요!"

"그래서 도박이나 투기를 하면 결국엔 망하는 거야. 이기는 것 같아도, 시간이 지날수록 원금이 자꾸 줄어들 수밖에 없거든."

"아까 친구 형이 레버리지로 100배를 썼다고 했잖아요?"

"그렇지. 그러면 50% 손실이 아니라 훨씬 더 큰 손실을 보게 되는 거야. 한 번만 져도 전부 잃을 수 있는 거지."

"이제 알겠어요. 왜 도박이나 투기를 하면 안 되는지…."

"아빠, 그런데요. 유튜브에서는 돈 번 사람들 얘기만 나오던데…."

"그게 바로 또 하나의 함정이야. 100명이 투기를 했다고 생각해 보자. 그중에 98명은 다 잃고, 2명만 돈을 벌었다면?"

"2명만 성공한 거네요?"

"그런데 유튜브에는 누가 나올까?"

"아… 돈 번 2명만 나오겠죠?"

"맞아! 그리고 잃은 98명은 부끄러워서 말도 못 하고…. 그래서 마치 모두가 돈을 버는 것처럼 보이는 거야."

"최근 통계를 보면 20대의 개인회생 신청이 역대 최대를 기록했어. 개인회생이 뭔지 알아?"

"뭔가요?"

"빚이 너무 많아서 갚을 수 없을 때, 법원에 도움을 요청하는 거야. 그만큼 많은 청년들이 도박이나 투기로 인생의 시작부터 어려움을 겪고 있다는 거지."

"그럼, 우리가 하는 ETF 투자는 왜 달라요?"
"ETF는 삼성전자나 애플 같은 좋은 기업들이 실제로 물건을 만들어 파는 걸로 돈을 버는 거야. 이건 도박이나 투기가 아니라 진짜 기업 활동이지."
"아, 그래서 아빠가 ETF에 어떤 기업들이 들어있는지 살펴보라고 하셨던 거예요?"
"그렇지! 투자는 실제 가치를 만들어내는 기업과 함께 성장하는 거야. 시간이 좀 걸리더라도 안전하게 부자가 되는 방법이지."
"아빠, 이제 진짜 투자와 투기의 차이를 알겠어요!"

이게 바로 우리가 아이들에게 가르쳐야 할 가장 중요한 교훈입니다. 빠른 돈보다는 안전한 돈, 한방의 대박보다는 꾸준한 성장을 추구하는 것. 그것이 진정한 부자가 되는 길이니까요.

5-4
온라인 도박의 함정
: 부모와 자녀가 꼭 알아야 할 진실

저녁 식사 후, 아들이 태블릿으로 웹툰을 보고 있었습니다.

"아빠, 이상한 게 자꾸 떠요. 웹툰 보는데 배팅 사이트 광고가 계속 나와요."
"어디서 웹툰을 보는 거니?"
"음…. 친구한테 들은 무료 사이트요."

아들의 태블릿을 보니 불법 웹툰 사이트였습니다. 화면 여기저기에 도박 사이트 광고가 가득했죠.

"이런 사이트는 위험해. 아빠가 설명해 줄게. 요즘 청소년들이 어떻게 도박에 빠지는지 정확하게 알아야 해."
"어떻게 빠지는데요?"
"보통 네 가지 단계를 거친단다. 첫 번째가 바로 지금 네가 보고

제5장 왜 '부'를 알아야 하는가?

있는 이런 불법 사이트야. 무료로 웹툰이나 드라마를 볼 수 있다고 홍보하지."[29]

"네, 친구들이 다 여기서 보거든요."

"두 번째는 호기심이야. 광고에서 '가입만 해도 5만 원을 준다.'든 가 '첫 충전 시 100% 보너스' 같은 문구를 보게 되지."[30]

"와, 공짜로 주는 거예요?"

"그게 바로 함정이야. 세 번째 단계가 중요한데, 처음에는 일부러 이기게 해줘. 실제로 몇십만 원을 벌게 하고, 현금으로도 출금할 수 있게 해준단다."[31]

"그럼, 진짜 돈을 벌 수 있는 거 아니에요?"

"아니, 그게 바로 마지막 함정이야. 네가 돈맛을 들였다고 생각 하면, 아까 우리가 배운 것처럼 승률을 조작하기 시작해. 결국에는 모든 걸 잃게 되는 거지."

아들이 태블릿을 내려놓고 진지하게 물었습니다.

---

29 2023년 경찰청 사이버수사국의 조사에 따르면, 청소년의 첫 도박 경로 중 70% 이 상이 불법 스트리밍 사이트를 통한 접근으로 나타났습니다.
30 한국도박문제관리센터의 2023년 조사에 의하면, 청소년 도박 시작의 주된 동기로 '무료 포인트 제공'(43.2%)이 가장 높게 나타났습니다.
31 금융감독원의 2023년 불법도박 피해 사례 분석에 따르면, 초기 수익 보장을 통한 지속적 베팅 유도가 주된 수법으로 지목되었습니다.

"근데 아빠, 친구들이 그러는데 어떤 형은 1억을 벌었대요."

"그래? 그럼, 직접 한번 체험해 볼까? 아빠가 만든 시뮬레이션이 있어."[32]

- 사이트 주소: '우동호 포트폴리오' 검색

  https://portfolio.ezinit.com/gamble_simulation

- 아래 QR코드로도 이동 가능

저는 컴퓨터를 켜고 제가 만든 도박 시뮬레이션 프로그램을 실행했습니다.

"왼쪽이 도박하는 사람의 화면이고, 오른쪽은 도박장을 운영하는 사람의 화면이야. 한번 해 볼래?"

---

32 이 시뮬레이션은 실제 도박의 위험성을 보여주기 위한 교육용 프로그램으로, 도박의 승률 조작과 필연적 손실을 체험할 수 있게 설계되었습니다.

제5장 왜 '부'를 알아야 하는가?

아들은 30분 동안 시뮬레이션을 해 보더니, 충격을 받은 듯했습니다.

"아빠, 처음에는 진짜 이기는 줄 알았어요. 근데 점점 지기 시작하더니, 결국 다 잃었어요. 오른쪽 화면을 보니까 운영자가 승률을 조종할 수 있네요?"

"그래, 이게 바로 진실이야. 더 무서운 건 뭔지 알아? 요즘은 학생들이 다른 학생을 끌어들이는 일도 많대."[33]

---

33 2023년 경찰청 특별수사 결과, 청소년 도박 사범 중 약 27%가 다른 학생을 모집한 혐의도 함께 받은 것으로 나타났습니다.

"네? 왜요?"

"도박 사이트에서 친구를 데려오면 포인트를 준대. 그래서 자기도 모르게 친구를 망치게 만드는 거야."

아들이 무서워하며 말했습니다.

"아빠, 저는 절대 안 할래요. 근데 우리 반에도 이런 사이트 하는 애들이 있는 것 같은데… 어떡하죠?"

"그래서 아빠가 이걸 알려주는 거야. 네가 아는 친구들한테도 이야기해 주면 좋겠어. 도박은 수학적으로 절대 이길 수 없는 게임이라고. 대신 우리가 하는 것처럼 ETF 투자라면 어떨까?"

"아, 맞다! 우리가 하는 건 진짜 기업들이 열심히 일해서 버는 돈을 나누는 거잖아요!"

"그렇지! 시간은 좀 걸리지만, 누군가를 해치지 않고도 부자가 될 방법이 있다는 걸 꼭 기억하렴."

아들과 이 대화를 나눈 후, 다음 날 학교에서는 아들이 친구들에게 도박의 위험성을 설명했다고 합니다. 우리 아이들이 이런 위험에 빠지지 않도록 하기 위해서는, 부모가 먼저 정확한 정보를 알고 대화로 풀어 가는 것이 중요합니다. 앞으로도 아이들과 자주 대화하면서, 올바른 재테크와 투자의 길을 알려 주어야겠습니다.

5-5
분산투자의 마법
: 4만 원으로 배우는 투자의 지혜

"아빠, 도박이나 온라인 투기는 절대 하면 안 된다는 건 알겠어요. 그런데, 그럼 어떻게 투자해야 하는 거예요?"

"그래, 퀴즈 하나 풀어볼래? 이건 아빠가 투자 강의할 때마다 꼭 처음에 하는 퀴즈야."

"네! 좋아요."

"규칙은 이래. 네가 4만 원을 가지고 있어. 이걸 가지고 총 4번 투자를 할 수 있어. 이길 때마다 투자한 돈의 2배를 받고, 지면 투자한 돈을 전부 잃어."

"음…. 그럼, 많이 걸수록 많이 따는 거네요?"

"잠깐, 규칙이 하나 더 있어. 네 번의 투자 기회가 있는데, 세 번은 반드시 이기고 한 번은 반드시 져. 다만, 어느 순서에서 이기고 질지는 모른다는 거지."

"아…"

"자, 어떻게 투자하면 가장 많은 돈을 벌 수 있을까?"
"좀 생각해 볼게요."

잠시 아들이 고민하더니 대답했습니다.

"아! 알았어요. 일단 4만 원을 네 번으로 나눠서, 한 번에 만 원씩 투자하면 되겠네요?"
"오호! 왜 그렇게 생각했어?"
"세 번 이기면 각각 만 원이 2만 원이 되니까 총 6만 원을 벌고, 한 번 지면 만 원을 잃으니까… 최종적으로는 6만 원이 되겠죠?"

"정확해! 그런데 말이야, 재미있는 게 있어. 이 퀴즈를 초등학생이나 투자를 전혀 해보지 않은 사람들한테 내면 대부분 네 말처럼 '나눠서 투자하는 게 좋겠다.'라고 대답해."
"당연하지 않아요?"
"그런데 투자 경험이 많은 사람들은 오히려 이걸 맞추기 어려워해. 왜 그런 것 같아?"
"음…. 욕심이 생겨서?"
"그렇지! 투자를 오래 한 사람들은 '더 많이 벌 수 있는 방법이 있지 않을까?' 하고 고민하게 되거든. 예를 들어, 처음에 4만 원을 전부 걸어서 이기면 8만 원을 한 번에 벌 수 있잖아?"
"아, 그러네요! 그런데… 그게 위험한가요?"

"한번 생각해 보자. 만약 첫판에 전액을 걸었다가 지면 어떻게 될까?"

"아… 게임 끝이네요. 남은 돈이 하나도 없으니까 더 이상 투자를 못 하겠어요."

"바로 그거야! 이게 바로 '분산투자'가 필요한 이유란다. 돈을 나눠서 투자하면…"

"아! 한 번 져도 괜찮네요. 나머지 돈으로 계속 투자할 수 있으니까!"

"그래. 실제 투자에서도 마찬가지야. 아무리 좋아 보이는 투자처가 있더라도, 모든 돈을 한 곳에 투자하면 위험한 거지."

- 사이트 주소: '우동호 포트폴리오' 검색

https://portfolio.ezinit.com/quiz

- 아래 QR코드로도 이동 가능

부자아빠 부자아이

"자, 한번 시뮬레이션해 볼까? 이 퀴즈도 아빠가 웹페이지로 만들어놨어. 일단 처음에는 만 원만 투자해 보자."

"첫 번째 만 원으로 투자했는데… 와, 이겼어요! 2만 원이 됐네요."

"그래, 다음은?"

"또 만 원 투자할게요. 이번에도 이겼어요!"

"아빠, 이렇게 계속 이기니까 나머지는 한 번에 다 투자하고 싶은데요?"

"아, 그런 생각이 들 수 있지. 실제로 많은 투자자들이 초반에 돈을 조금씩 벌다가 욕심이 생겨서 한 번에 큰돈을 투자했다가 실패하곤 해. 우리 계속 만 원씩 해보자."

"세 번째도 만 원 투자…. 이번에는 졌네요. 만 원을 잃었어요."

제5장 왜 '부'를 알아야 하는가?

"그래도 괜찮아. 아직 마지막 만 원이 남아있지?"

"네! 마지막 만 원으로 투자…. 이겼어요! 결과를 볼까요?"

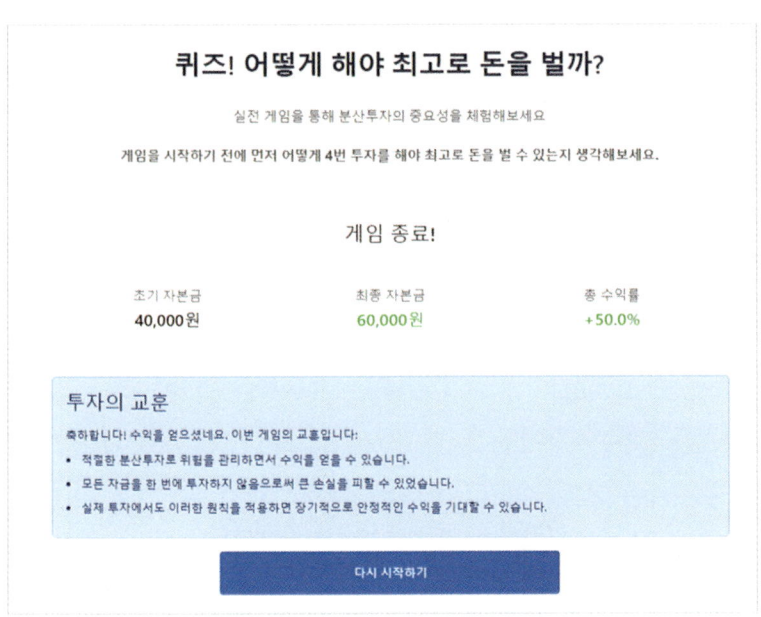

"처음 40,000원으로 시작해서… 최종 자본금이 60,000원이 되었네요! 수익률이 50%예요!"

"그렇지! 이게 바로 분산투자의 마법이야. 세 가지 중요한 교훈이 있어.

첫째, 적절한 분산투자로 위험을 관리하면서도 수익을 올릴 수 있어.

둘째, 모든 자금을 한 번에 투자하지 않음으로써 큰 손실을 피할 수 있지.

셋째, 실제 투자에서도 이런 원칙을 지키면 장기적으로 안정적인 수익을 기대할 수 있단다."

"아빠, 근데 만약에 처음 두 번 이기고 나서 나머지 돈을 다 투자했으면 더 많이 벌 수 있지 않았을까요?"

"좋은 질문이야. 하지만 생각해 봐. 실제 투자에서는 언제 이기고 질지 미리 알 수 없잖아? 게다가 우리가 투자하면서 '앞으로 두 번은 꼭 이길 거야'라고 기다릴 수도 없고. 그래서 처음부터 자금을 나눠서 투자하는 게 가장 안전하고 현명한 방법이란다."

"아하! 이제 알겠어요. ETF나 주식에 투자할 때도 한 번에 다 투자하지 말고 나눠서 해야겠네요?"

"그렇지! 이걸 '달러 코스트 애버리징'이라고 하는데, 우리나라 말로는 '정액 분할 투자'라고 해. 매달 정해진 금액을 나눠서 투자하는 거야. 이렇게 하면 시장이 좋을 때도, 나쁠 때도 평균적으로 좋은 가격에 투자할 수 있지."

"아빠의 포트폴리오 사이트에서도 이렇게 하라고 하잖아요? 매월 15만 원씩 투자하라고요."

"맞아! 바로 이 원칙을 실제 투자에 적용한 거란다. 분산투자는 자산 종류를 나누는 것뿐만 아니라, 투자 시기도 나누는 거야. 이게 바로 진정한 '분산'의 의미지."

5-6
현명한 변동성 관리
: 수익률의 진실

"아빠, 지난번에 분산투자 게임을 하면서 궁금한 게 생겼어요. 수익률이 높은 투자는 무조건 피해야 하나요?"

"좋은 질문이야! 아빠가 재미있는 시뮬레이션을 하나 보여줄게."

"여기 봐. 어떤 투자가 있는데, 매번 투자할 때마다 60%의 수익을 내거나 40%의 손실을 보여."

"어? 그럼, 이익 볼 때가 더 많으니까 결국 돈을 벌 수 있지 않나요?"

"그렇게 생각하기 쉽지. 한번 시뮬레이션을 돌려볼까?"

- 사이트 주소: '우동호 포트폴리오' 검색

  https://portfolio.ezinit.com/investment_simulation

- 아래 QR코드로도 이동 가능

"와! 빨간 선이랑 파란 선이 되게 다르게 움직이네요?"

"그렇지! 빨간 선은 전액을 투자한 경우고, 파란 선은 20%만 투자하고 나머지는 현금으로 보유한 경우야."

"어… 근데 왜 빨간 선은 자꾸 내려가죠? 60% 올랐다가 40% 떨어지면 결국 이익 아닌가요?"

"아, 여기서 중요한 걸 발견했구나. 100만 원으로 시작해서 60% 올라 160만 원이 됐어. 근데 거기서 40% 떨어지면 얼마가 될까?"

"160만 원에서 40%면… 96만 원이네요? 어, 처음보다 줄었어요!"

"그렇지! 이게 바로 '수익률의 함정'이야. +60%와 -40%가 번갈아 나와도, 금액으로 보면 계속 줄어드는 거지."

"아! 그래서 파란 선처럼 일부만 투자하는 게 좋다는 거군요?"

"맞아! 결과를 보자. 1천만 원으로 시작했는데, 20번 투자를 반복하니까 전액 투자는 665만 원으로 줄었고, 20%만 투자한 경우는 1,349만 원으로 늘었어."

"근데 아빠, 그럼, 변동성이 큰 투자는 무조건 피해야 하나요?"

"아니, 그게 아니야. 변동성이 큰 투자가 나쁜 게 아니라, 거기에 '올인'하는 게 위험한 거야. 예를 들어 가상자산 같은 경우, 수익률이 아주 높을 수 있지만 변동성도 크잖아?"

"네, 엄청나게 오르다가 크게 떨어지기도 하죠."

"그래서 이런 투자는 전체 자산의 일부만 배분하는 게 현명해. 우리가 본 것처럼, 오히려 그게 더 높은 수익을 안정적으로 만들 수 있거든."

"아하! 그래서 아빠가 ETF 투자할 때도 각각 다른 비중으로 나누는 거군요?"

"정확해! 이게 바로 진정한 의미의 '포트폴리오 관리'란다. 높은 수익을 기대할 수 있는 위험자산도 적절한 비중으로 포함하되, 전체 자산의 균형을 맞추는 거지."

"아빠, 이제 진짜 투자를 이해했어요! 욕심내지 말고, 분산투자하는 게 중요하단 거죠?"

"그래, 정말 잘 이해했어! 아빠가 마지막으로 한 가지만 더 설명해 줄게. 특히 어른들이 많이 하는 실수가 있거든. 투자 경험이 쌓이면서 오히려 과신하게 되는 거야."

"과신이요?"

"그래, 예를 들어서 '이 정도는 내가 잘 알아', '이번에는 다르다', '이건 틀림없다' 이런 식으로 생각하게 되는 거지."

"워런 버핏도 이런 말을 했어. '투자에서 성공하는 데 천재성은 필요 없다. 하지만 자신이 천재라고 생각하는 것은 치명적이다.' 라고."

"그게 무슨 뜻이에요?"

"아까 우리가 본 것처럼, 수학적으로 완벽하게 설명되는 투자 원칙들이 있단다. 하지만 많은 투자자들이 이런 기본적인 원칙들을 자신의 경험이나 직감이 이길 수 있다고 착각하는 거야."

"아! 마치 아까 퀴즈에서처럼요? 투자 경험이 많은 사람들이 오히려 1만 원씩 나누는 걸 못 맞췄다는 거요."

"정확해! 투자는 말이야, 머리로는 알지만 실천하기는 어려운 게 많아. 특히 투자 경험이 많은 사람일수록 이런 기본 원칙들을 잊어버리기 쉽지."

"그래서 아빠가 이런 시뮬레이션을 만든 거예요?"

"맞아. 우리가 방금 본 것처럼 숫자로 정확하게 보여주면, 경험이나 직감이 아닌 사실에 기반 해서 투자 결정을 할 수 있거든."

[투자 교육자로서 독자들에게 드리는 말씀]

투자를 오래 해 오신 분들께 특히 드리고 싶은 말씀이 있습니다. 우리는 종종 '지금까지의 경험'을 근거로 투자 결정을 내립니다. 하지만 그 경험이라는 것이 실제로는 매우 제한적인 기간, 제한적인 상황에서의 경험이라는 점을 기억해야 합니다.

수학적으로 증명된 투자 원칙들은 우리의 제한된 경험을 뛰어넘는 보편적 진리를 담고 있습니다. 분산투자의 원칙, 리밸런싱의 중요성, 변동성 관리의 필요성 - 이것들은 단순히 '좋은 조언'이 아닌, 수학적으로 검증된 진리입니다.

이 장에서 보여드린 시뮬레이션들은 이러한 원칙들이 왜 중요한지를 직관적으로 보여주기 위한 것입니다. 특히 '수익률의 함정'과 '변동성 관리'는 경험 많은 투자자들조차 종종 간과하는 부분입니다.

5-7
부자들의 공통된 습관

"아빠, 궁금한 게 있어요."
"뭔데?"
"아까 투자 얘기하면서 ETF에 들어있는 기업들 살펴보라고 하셨 잖아요. 그 기업들의 CEO들은 어떻게 성공했을까요?"

저는 미소를 지었습니다. 아들이 점점 더 깊이 있는 질문을 하기 시작했네요.

"좋은 질문이네. 우리가 투자하고 있는 기업들의 CEO들, 그리고 진정한 부자들은 여섯 가지 공통된 습관이 있단다."
"어떤 거요?"
"첫 번째는 뭘까? 우리가 지금까지 배운 걸 생각해 볼까?"
"음… 돈을 아끼는 거요?"
"비슷하지만 조금 달라. 부자들은 '돈을 아끼는' 게 아니라 '돈을 현명하게 쓰는' 거야. 워런 버핏을 생각해 보자. 지금도 40년 전에 산 집에서 살고 있지만, 좋은 기업에는 수십조 원을 투자하잖아."

"아, 그러네요!"

"그럼, 두 번째 습관은 뭘까?"

"공부겠죠? 아빠가 매일 공부하시는 것처럼요."

"맞아! 빌 게이츠는 매년 2주씩 '생각하는 시간'을 가진대. 그동안 책도 읽고, 새로운 기술도 공부하고. 일론 머스크도 어릴 때는 하루에 책을 두 권씩 읽었대."

"두 권이나요?"

"그래서 로켓도 만들고, 전기차도 만들 수 있는 거야. 새로운 것을 배우는 걸 절대 멈추지 않는 거지."

"음…. 그래서 아빠도 계속 공부하시는 거예요?"

"그렇지! 세상은 계속 변하니까, 우리도 계속 배워야 해."

"세 번째 습관은 뭔가요?"

"세 번째는 '규칙적인 생활'이야. 애플의 팀 쿡 회장은 매일 새벽 3시 45분에 일어난대. 저커버그는 매일 같은 티셔츠를 입고…."

"어? 왜 같은 옷을 입어요?"

"사소한 결정에 시간과 에너지를 쓰지 않기 위해서야. 정말 중요한 결정에 집중하기 위해서지."

"와… 생각해 보니까 빌 게이츠도 항상 비슷한 옷 입은 것 같아요."

"네 번째는 뭘까?"

"음…. 열심히 일하는 거요?"

"비슷하지만, 더 정확히는 '자신이 좋아하는 일을 끈기 있게 하는' 거야. 스티브 잡스는 이런 말을 했어. '당신이 정말 좋아하는 일을 찾기 전까지는 절대 타협하지 마세요.'"

"아빠는 좋아하는 일 찾으셨어요?"

"그래. 아빠는 사람들에게 투자와 재무에 관해 설명해 주고 누구에게나 투자에 대한 도움을 주는 로봇을 만드는 걸 정말 좋아해. 그래서 유튜브도 하고, 강의도 하고, 코딩도 하고, 이렇게 너랑도 공부하는 거야."

"다섯 번째 습관은요?"

"다섯 번째는 '실수를 두려워하지 않는 것'이야. 제프 베이조스가 아마존을 시작했을 때, 많은 사람이 실패할 거라고 했대. 하지만 그는 이렇게 말했지. '나중에 후회하느니 지금 도전하고 실패하는 게 낫다.'"

"아. 그래서 우리가 ETF 투자할 때도 수익이 조금 떨어져도 겁내지 말라고 하셨던 거에요?"

"그래 맞아! 마지막으로 가장 중요한 습관이 뭔지 알아?"

"뭔데요?"

"바로 '나누는 것'이야. 워런 버핏, 빌 게이츠, 매켄지 스콧… 이

제5장 왜 '부'를 알아야 하는가?

런 부자들이 왜 그렇게 많은 기부를 할까?"

"왜요?"

"진정한 부자가 된다는 건, 단순히 돈이 많은 게 아니라 그 돈으로 세상을 더 좋게 만들 수 있다는 걸 아는 거야."

"아빠, 저도 나중에 그런 부자가 되고 싶어요!"

"그래, 우리 같이 노력해 보자. 부자가 되는 건 절대 쉽지 않아. 하지만 이런 좋은 습관들을 하나씩 만들어가다 보면, 우리도 분명 할 수 있을 거야."

5-8
실전 연습
: 부자의 습관 체크리스트

"아빠, 오늘 배운 부자들의 습관을 정리해 보고 싶어요."
"좋은 생각이야! 우리 가족만의 체크리스트를 만들어볼까?"
"네!"

아들은 새 공책을 꺼내 들었습니다.

"자, 우리가 배운 습관들을 하나씩 적어보자. 그리고 매일 저녁에 체크해 보는 거야."

[우리 가족의 부자 습관 체크리스트]

1. 돈을 현명하게 쓰기
    - 오늘 쓴 돈을 용돈 기입장에 기록했나요?

제5장 왜 '부'를 알아야 하는가?

　- 꼭 필요한 것과 그저 갖고 싶은 것을 구분했나요?
　- 충동구매를 하지 않았나요?

2. 매일 배우기
　- 오늘 새로 배운 것이 있나요?
　- 책을 읽었나요?
　- 경제 뉴스를 확인했나요?

3. 규칙적인 생활하기
　- 정해진 시간에 일어났나요?
　- 오늘 할 일 목록을 만들었나요?
　- 계획한 일을 실천했나요?

4. 좋아하는 일에 집중하기
　- 오늘 즐겁게 한 일이 있나요?
　- 새로운 도전을 했나요?
　- 포기하지 않고 끝까지 했나요?

5. 실수를 두려워하지 않기
　- 실수해도 괜찮아요. 오늘 무엇을 배웠나요?
　- 새로운 시도를 했나요?
　- 실패를 통해 배운 점이 있나요?

6. 나누는 습관 만들기
   - 오늘 누군가를 도왔나요?
   - 용돈의 일부를 저축했나요?
   - 기부할 계획을 세웠나요?

"와, 이제 매일 체크하면 되는 거예요?"

"그래. 처음에는 다 지키기 어려울 수 있어. 하지만 천천히 하나씩 늘려 가면 돼."

"근데 아빠, 이거 혼자 하면 힘들 것 같아요."

"그래서 우리가 '가족 습관'으로 만든 거야. 매일 저녁 식사 때 다 같이 체크해 보자."

"좋아요! 동생이랑도 같이 해요!"

"그럼, 우리 점수도 매겨볼까?"

"점수요?"

"응, 매일 체크한 항목이 몇 개인지 세어보는 거야. 하루에 반 이상 체크했으면 금메달, 3분의 1 이상이면 은메달, 그것보다 적으면 동메달!"

"와, 재미있겠다!"

"그리고 한 달 동안 금메달이 가장 많은 사람한테는 특별한 선물도 있지."

"뭔데요?"

"한 달 동안 모은 용돈의 10%를 아빠가 더 얹어줄게. 대신 그건 투자하는 돈으로 써야 해."

"진짜요? 동생이랑 경쟁하면 재미있겠는데요?"

"그런데 여기서 중요한 게 뭔지 알아?"

"뭐예요?"

"이건 다른 사람과의 경쟁이 아니야. 바로 어제의 나와의 경쟁이지."

"어제보다 조금씩 나아지면 되는 거군요?"

"맞아! 빌 게이츠도 이런 말을 했어. '대부분 사람은 하루 안에 얼마나 많은 것을 이룰 수 있는지 과대평가하고, 1년 동안 얼마나 많은 것을 이룰 수 있는지는 과소평가한다'고."

아들은 체크리스트를 보며 환하게 웃었습니다.

"아빠, 저는 오늘부터 시작할래요!"

"좋아! 그럼, 우리 냉장고에 이 체크리스트를 붙여놓자. 매일 저녁 식사 때마다 온 가족이 함께 체크하는 거야."

이렇게 우리 가족의 새로운 도전이 시작되었습니다. 부자가 되는 길은 결코 쉽지 않지만, 이런 작은 습관들이 모여 큰 변화를 만들어 낼 것입니다.

그리고 이것이야말로 진정한 '부자 교육'이 아닐까요? 단순히 돈을 버는 방법을 가르치는 것이 아니라, 부자의 습관과 마인드를 배우고 실천하는 것. 그것이 바로 우리가 자녀들에게 물려줄 수 있는 가장 큰 유산일 것입니다.

제 6 장

부자 아빠의 대화
: 아들과 함께하는
금융 경제 교육

> "오늘은 자장면 가게로
> 환율과 금리를 설명해 줄게"

> "와! 경제가 이렇게
> 재미있을 줄 몰랐어요!"

6-1. 금융 기초 교육: 용돈부터 시작하기

6-2. 환율과 금리 이해하기

6-3. 주식과 투자의 기본 원리

6-4. 분산투자와 자산 배분의 지혜

6-5. 재무제표 쉽게 읽기

6-6. 가정에서의 예산 관리와 저축

6-7. 실전 투자 체험하기

6-8. 실전 연습: 모의투자 게임

"아빠, 오늘 마이크로소프트랑 엔비디아 주가 좀 봤어요."

아침 식사 시간, 아들이 스마트폰을 보며 말했습니다.

"그래? 궁금한 게 많아 보이는데…."
"네! 제가 생일 선물로 받은 투자금으로 산 주식인데, 벌써 25% 올랐더라고요."
"수익률도 중요하지만, 더 중요한 게 있단다. 우리 처음으로 돌아가 볼까?"

~ 6-1 ~
금융 기초 교육
: 용돈부터 시작하기

유태인들은 자녀가 13살이 되면 '바르 미츠바'라는 성인식을 합니다. 이때부터 본격적인 경제 교육이 시작되는데, 첫 번째 단계가 바로 용돈 관리입니다.

"아들아, 네가 매달 받는 용돈이 얼마지?"
"4만 원이요. 그리고 할아버지가 가끔 주시는 용돈도 있고요."
"그래, 그 돈들을 어떻게 관리하고 있는지 네 용돈 기입장 한번 볼까?"

아들은 스마트폰에서 용돈 기입장 앱을 열었습니다.

[우리 아이의 용돈 관리 현황]

1. 고정 수입
    - 월 용돈: 4만 원
    - 할아버지 용돈: 월 평균 5만 원
    - 총 월 평균 수입: 9만 원

"네가 매달 받는 용돈이랑 할아버지가 주시는 용돈, 합치면 보통 9만 원 정도네?"

"네! 그리고 요즘은 거의 다 투자하고 있어요."

"어떻게 그렇게 많이 투자할 수 있는 거야?"

"제가 정말 필요한 것만 사기로 했거든요. 그리고 아빠가 '네 미래를 위해 써라' 하셔서요."

"좋아 그럼, 지출 내역도 좀 볼까?"

[지출 계획 분석]

2. 필수 지출 (2만 원)
    - 간식비: 1만 원 (학교 매점, 문구점 간식)
    - 문구류: 5천 원 (공부에 필요한 필기구)

- 취미 활동: 5천 원 (만화책, 게임 등)
- 투자금 (7만 원)
  - ETF 투자: 5만 원
  - 개별 주식 투자 준비: 2만 원

"와, 이제는 지출 계획이 이렇게 구체적이구나!"
"네! 아빠가 그러셨잖아요. 돈을 모으려면 먼저 돈이 어디로 가는지 알아야 한다고요."

다양한 연구들에 따르면, 어릴 때부터 용돈 관리를 시작한 아이들은 성인이 되어서도 더 나은 재무관리 능력을 보인다고 합니다.[34]

[용돈 관리의 핵심 원칙]

1. 기록의 힘
   - 모든 수입과 지출을 빠짐없이 기록
   - 스마트폰 앱 활용 (용돈 기입장 앱)
   - 매주 일요일 저녁 정산 습관

---

[34] Cambridge University, Money Habits Study (2013), University of Arizona (2018)

2. 예산 수립의 지혜
    - 수입 파악: 고정 수입과 변동 수입 구분
    - 필수 지출 항목 결정
    - 투자/저축 금액 설정
    - 비상금 확보 (전체 용돈의 10%)

3. 현명한 소비 결정 과정
    - 구매 전 24시간 규칙
    "정말 필요한가?"
    "하루 더 기다려 볼까?"
    - 가격 비교와 검색
    - 충동구매 피하기

"그런데 아들아, 용돈을 관리하는 데는 세 가지 중요한 원칙이 있단다."

"뭔데요?"

"첫 번째는 '기록의 힘'이야. 네가 지금 스마트폰으로 꼼꼼히 기록하고 있는 것처럼, 모든 거래를 빠짐없이 적는 게 정말 중요해."

세계적인 경영학자 피터 드러커는 이렇게 말했습니다.

"당신이 측정하지 않는 것은 관리할 수 없다."[35]

(If you can't measure it, you can't manage it.)

"실제로 대부분의 성공한 기업가들은 어릴 때부터 자신의 돈을 꼼꼼히 기록하는 습관이 있었어. 워런 버핏도 여섯 살 때부터 수입과 지출을 모두 기록했다고 해."

"두 번째는 '예산 설정'이야. 돈을 쓰기 전에 미리 계획을 세우는 거지."

"아, 제가 지금 하는 것처럼요?"

"그래, 정확해! 매달 용돈을 받으면 먼저 얼마를 필수적으로 써야 하는지, 얼마를 투자할지, 또 만약의 경우를 위해 비상금은 얼마나 준비해 둘지 미리 정하는 거야."

벤저민 프랭클린은 이런 말을 했습니다.

"한 푼을 저축한 사람은 한 푼을 번 것이다."[36]

(A penny saved is a penny earned.)

"세 번째는 '현명한 소비 결정'이야. 이건 정말 중요한데, 네가 뭔가를 사고 싶을 때 그게 정말 필요한 건지, 아니면 그냥 갖고 싶은

---

35 Peter Drucker. The Practice of Management (1954)
36 Franklin, Benjamin (1758). Poor Richard's Almanack.

건지 구분하는 거야."

"음… 제가 며칠 전에 게임 아이템 사고 싶었는데 참은 것처럼요?"

"정확히 그거야! 그때 네가 '이건 지금 당장 필요한 게 아니야'라고 생각하고 투자금으로 돌린 거, 정말 잘한 거였어."

모건 하우절은 그의 저서에서 이렇게 말했습니다.

"**부자가 되는 것은 수입이나 투자수익률과는 관계가 적고, 저축률과 큰 관계가 있다.**"[37]
(Building wealth has little to do with your income or investment returns, and lots to do with your savings rate.)

"이 세 가지 원칙만 잘 지켜도, 너는 이미 대부분의 어른보다 돈을 잘 관리하는 거란다."

---

37 Housel, Morgan (2020). The Psychology of Money.

6-2
환율과 금리 이해하기

"아빠, 뉴스에서 '미국 기준금리'가 어쩌고 '환율'이 어쩌고 하는데, 주식이랑 무슨 관계가 있어요?"

제가 틀어 놓은 뉴스 유튜브를 지나가던 아들이 보고 물었습니다.

"좋은 질문이구나. 우리가 마이크로소프트나 엔비디아 주식을 살 때 달러로 사야 하잖아? 그때 환율이 중요해지는 거야."
"아, 그러면 요즘 달러가 비싸졌다고 하는 게 우리한테 안 좋은 거예요?"
"음. 한번 계산해 볼까? 작년에 100달러짜리 주식을 샀다고 생각해 보자."

저는 스마트폰으로 계산기 앱을 켰습니다.

"환율은 각 나라 간의 돈의 상대적 비교 값이야. 1달러에 1,300원, 1,400원 이렇게 이야기하는데, 이 말은 미국 돈 1달러를 사려면, 우리나라 1,300원 또는 1,400원을 줘야 한다는 말이지. 무슨 말인지 알겠니?"

"네!"

"그럼, 작년에 달러가 1,300원이었으면 얼마를 내야 했을까?"

"음, 13만 원이요!"

"그래, 맞아. 그런데 지금 달러가 1,400원이 됐다면?"

"14만 원. 어! 같은 주식인데 1만 원을 더 내야 하는 거네요."

경제학에서는 이런 표현을 씁니다.

"환율은 단순한 숫자가 아니라 두 나라 경제의 체온계다."

(Exchange rates are not just numbers, but thermometers of two economies.)

"아빠가 살았던 실제 경험으로 설명해 줄게. 1997년, 아빠가 고3일 때 있었던 IMF 외환위기라는 걸 들어봤니?"

"IMF요?"

"그래. 그때 많은 외국인이 한국에 투자하고 있었어. 마치 지금 우리가 미국 주식을 사는 것처럼, 그들은 달러를 한국 돈으로 바꿔서 한국 주식을 샀단다."

"아, 그랬군요!"

"근데 어느 날, 갑자기 한국 돈의 가치가 떨어지기 시작했어. 예를 들어볼까? 그들이 100달러를 800원일 때 바꿔서 8만 원어치 주식을 샀다고 하자. 그런데 갑자기 환율이 1,600원이 됐어. 그 상황을 외국인들의 입장에서 생각해 보자. 외국인들한테는 우리나라 돈이 중요할까? 그들이 실제 사용하는 달러가 중요할까?"

"달러요!"

"그렇지. 그러면 외국인들이 우리나라 주식을 팔고 다시 달러로 바꿔서 나가는 상황을 생각해 보자. 달러가 800원일 때는 100달러만큼 주식을 샀다가 팔아도 그대로 100달러를 가지고 나갈 수 있겠지?"

"네!"

"그런데 환율이 1,600원이 되면, 외국인들이 한국 주식을 팔아서 한국 돈 8만 원을 가지고 달러로 바꾼다고 해보자. 환율이 1,600원이라는 말은 1달러를 살 때 우리 돈 1,600원을 줘야 한다는 거니까, 계산해 보자. 8만 원으로 몇 달러를 살 수 있는지."

"그러면… 어? 8만 원을 다시 달러로 바꾸면 50달러밖에 안 되네요?"

"그래 맞아! 그러면 외국인들 처지에서는 주식 가격은 그대로라고 해도, 중요한 달러로 바꿀 때 이렇게 큰 손해를 보게 되지. 이걸 '환차손'이라고 하는데, 외국인 투자자들은 이런 손실이 무서워서 어떻게 했을까?"

"빨리 한국 주식을 팔고 달러로 바꿨을 것 같아요."

"맞아. 그런데 더 큰 문제가 뭔지 알아? 많은 외국인이 한꺼번에 달러를 바꾸려고 하니까, 달러가 더 비싸져서 환율이 더 올라가고, 그러면 또 다른 외국인들도 더 큰 손실을 걱정해서 달러로 바꾸려고 하고…."

"아… 눈덩이처럼 커진 거네요? 무섭네요."

우리나라처럼 외국인 투자자들에게 큰 영향을 받는 나라에서는 아래의 투자 격언이 잘 맞습니다.

"금융시장에서는 외국인들의 믿음이 현실이 된다."
(In financial markets, foreign investors' beliefs become reality.)

"결국 환율이 2,000원까지 올라갔고, 많은 한국 기업이 파산했어. 왜냐하면 외국에서 수입해야 하는 물건들의 가격이 너무 비싸졌거든."

"음. 좀 어렵네요. 외국에서 수입해야 하는 물건들이 비싸졌다고요?"

"생각해 봐. 네가 물건을 만들기 위해 수입해야 하는 재료 가격이 100달러야. 환율이 800원일 때는 8만 원을 주면 사 올 수 있지? 그런데 환율이 1,600원이 되면 어떨까?"

"아! 그러면 2배니까, 16만 원을 줘야 사 올 수 있는 거군요?

환율이 올라가면 물건을 외국에서 사 올 때 더 비싸진다. 이해했어요!"

"그래, 맞아."

"그런데 아빠, 제 친구 형은 환율이 올라가서 좋다고 하던데요?"

"아, 그건 아마도 외국 주식이나 달러로 투자를 많이 해서 그럴 거야. 한번 계산해 볼까?"

"네!"

"우리가 작년에 100달러짜리 마이크로소프트 주식을 샀고, 환율이 1,300원이었다면 얼마를 냈을까?"

"음… 13만 원이요!"

"그래. 그런데 지금 환율이 1,400원이 됐잖아. 주식 가격이 그대로라도 우리가 가진 100달러는 이제 얼마가 된 걸까?"

"어… 14만 원! 1만 원이나 더 많아졌네요!"

"그렇지. 이걸 '환차익'이라고 해. 그래서 달러로 된 자산을 많이 가진 사람들은 환율이 오르면 좋아하는 거야. 하지만 이건 양날의 검이야."

"양날의 검이요?"

"그래. IMF 때처럼 환율이 너무 많이 오르면 나라 전체가 어려워질 수 있어. 왜냐하면, 우리나라는 수출로 먹고사는 나라라고 할 만큼 수출이 중요한데, 수입해 오는 재료의 가격이 올라간다고 해서, 외국의 다른 경쟁기업들 때문에 마음대로 물건 가격을 올려서 팔 수도 없거든. 반대로 환율이 갑자기 많이 떨어지면, 달러로 투자한 사람들이 큰 손해를 볼 수도 있고."

"그럼 어떻게 해야 하는 거예요?"

아래는 유명한 투자 격언입니다.

"투자에서 가장 중요한 것은 모든 달걀을 한 바구니에 담지 않는 것이다."
(The most important investment rule is not to put all your eggs in one basket.)

"그래서 우리가 매달 15만 원씩 ETF 투자할 때 여러 나라의 자산을 조금씩 나눠 담는 거야. 한국 ETF, 미국 ETF, 채권 ETF… 이렇게 하면 한쪽이 어려워져도 다른 쪽에서 보완할 수 있지."

"아하! 그래서 분산투자가 중요하다고 하는 거군요!"

"그렇지! IMF를 겪은 아빠 세대는 환율의 무서움을 잘 알아. 하지만 그렇다고 해외 투자를 안 할 순 없지. 대신 위험을 줄이는 방법을 배워야 해."

"와, 이제 조금 알겠어요. 그런데 금리는 또 어떻게 영향을 주는 거예요?"

"금리는 돈의 가격이라고 생각하면 돼."

제6장 부자 아빠의 대화: 아들과 함께하는 금융 경제 교육

아들의 질문에 저는 사과 하나를 집어 들었습니다.

"이 사과가 1,000원이라고 하자. 그럼, 돈도 가격이 있을까?"

"돈의 가격이요? 돈은 그냥 돈 아닌가요?"

"이렇게 생각해 보자. 네가 새로 나온 게임기를 사고 싶은데 돈이 부족해. 친구한테 10만 원을 빌리려고 하는데, 친구가 그냥 빌려줄까?"

"음. 그냥 빌려주겠죠?"

"하하. 그럴 수도 있겠구나. 하지만 어른들은 그냥 빌려주진 않아. 우리가 은행에서 돈을 빌리면 뭘 내지?"

"아! 이자를 줘야 하는 거군요?"

"그렇지! 돈을 빌려준 사람은 왜 이자를 달라고 할까?"

"아, 자기 돈을 못 쓰니까요?"

"맞아! 지금 당장 쓸 수 있는 10만 원과 나중에 받을 10만 원은 같은 가치가 아니란다. 이게 바로 '돈의 시간 가치'야."

"아, 은행에서 주는 이자도 이런 거군요? 은행에 돈을 맡기면 이자를 받는데, 그냥 당연하게 생각했어요."

"그래. 네가 은행에 10만 원을 맡기면, 은행은 그 돈으로 다른 사람에게 돈을 빌려주면서 더 높은 이자를 받아. 그리고 그중 일부를 너한테 이자로 주는 거지."

"그럼, 금리가 높다는 건…"

"그래, 돈값이 비싸다는 거야. 예를 들어볼까? 작년에는 100만

원을 빌리면 3% 이자로, 1년 후에 103만 원만 갚으면 됐는데, 지금은 5% 이자로, 105만 원을 갚아야 한다면?"

"돈 빌리기가 더 어려워졌네요!"

"아빠, 그런데 은행 말고 돈을 빌리는 다른 방법도 있나요?"

"있지. 예를 들어볼까? 삼성전자가 새로운 반도체 공장을 짓는다고 생각해 보자. 엄청난 돈이 필요하겠지?"

"은행에서 빌리면 되지 않나요?"

"네가 용돈 3만 원이 필요할 때는 친구한테 빌릴 수 있지만, 300만 원이 필요하다면 어떨까?"

"어…. 그건 힘들겠네요."

"그렇지? 마찬가지로 삼성전자가 수조 원이 필요하다면, 은행 하나에서 빌리기는 힘들어. 그래서 여러 사람에게서 빌리는 방법을 생각했는데, 그게 바로 '채권'이야."

"아, 여러 사람한테 조금씩 빌리는 거군요!"

"맞아. 예를 들어 삼성전자가 이렇게 말하는 거야. '우리한테 1천만 원을 빌려주면, 1년 뒤에 3%의 이자를 더해서 1천30만 원을 갚을게요.' 이걸 문서로 만든 게 바로 채권이야."

"그런데 채권 투자를 할 때는 은행 금리를 무시할 수가 없어."

"왜요?"

"자, 이제 재미있는 부분이 나온다. 네가 이 채권을 샀는데, 갑자기 은행에서 5% 이자를 준다고 하면 어떨까?"

"음. 그럼, 은행에 맡기는 게 더 좋겠네요."

"그래서 네가 산 채권을 다른 사람한테 팔고 싶어졌지? 근데 누가 3% 받는 채권을 살까? 은행에서 5%를 받을 수 있는데."

"아, 그러면 채권값을 깎아서 팔아야겠네요?"

"바로 그거야! 이게 바로 '금리가 오르면 채권 가격이 내려간다.'라는 말의 의미야. 반대로 금리가 2%로 떨어지면 어떨까?"

"와! 그때는 제가 가진 3% 채권이 인기 있겠네요!"

"그래. 그래서 채권의 가격은 보통 금리가 오르면 떨어지고, 금리가 떨어지면 올라. 하지만 채권을 투자할 때는 단순히 이 가격만 보고 투자하면 안 돼. 금리가 올라가면, 그때 사는 채권은 그만큼의 이자를 꾸준히 받을 수 있거든. 채권의 진짜 장점은 경제가 좋든 나쁘든 정해진 이자를 받을 수 있다는 거야."

"아 그렇군요! 근데 아빠, 궁금한 게 생겼어요. 채권이든 은행이든 5% 이자를 준다고 하면, 제가 정말 5%만큼 돈이 늘어나는 건가요?"

아들의 질문에 저는 미소를 지었습니다.

"정말 좋은 질문이구나. 우리가 지난번에 돈의 가치에 관해 이야기했었지? 지금 당장의 10만 원과 1년 후의 10만 원이 같은 가치가 아니라고 했잖아? 그런데 여기에는 우리가 하나 더 생각해 봐야 할 게 있어. 네가 좋아하는 자장면으로 설명해 줄게."

"네!"

"작년에 자장면이 얼마였지?"

"7천 원이요."

"그런데 올해는?"

"8천 원이에요. 천 원이나 올랐어요."

"그래, 이렇게 물가가 오르는 걸 '물가상승률'이라고 해. 이 경우에는 약 14% 정도 오른 거지. 그럼, 은행에서 5% 이자를 준다고 해도, 실제로는 어떨까?"

"물가가 더 많이 올랐으니까, 어떻게 된 거죠? 돈의 가치가 떨어진 건가요?"

"정확해! 은행에서 보이는 5%를 '명목금리'라고 해. 근데 여기서 물가상승률 14%를 빼면?"

"어! 마이너스 9%요?"

"그래, 이걸 '실질금리'라고 해. 실제로 우리가 체감하는 이자율이지."

세계적인 경제학자 어빙 피셔는 이렇게 말했습니다.

"명목금리에서 물가상승률을 뺀 실질금리가 경제 주체들의 실제

제6장 부자 아빠의 대화: 아들과 함께하는 금융 경제 교육

의사결정에 영향을 미친다."[38]

(The real interest rate, which is the nominal interest rate minus inflation, influences the actual decision-making of economic agents.)

"아빠, 그럼 마이너스라는 건 손해란 거예요?"

"그렇게 볼 수 있지. 그래서 사람들은 은행 금리만으로는 부족하다고 생각해서 다른 투자 방법도 찾게 되는 거야."

"다른 투자 방법이요?"

"그래, 예를 들어 주식을 생각해 보자. 물가가 오르면 보통 기업들도 물건값을 올리잖아? 자장면 값도 7천 원에서 8천 원으로 올랐던 것처럼. 그러면 기업들의 매출이나 이익도 따라서 오르게 되고, 결국 주식 가격도 오르는 경우가 많아."

"아! 그래서 우리가 매달 15만 원씩 ETF 투자하는 것도 그런 거예요?"

"똑똑하구나! 우리가 지금 어떻게 투자하고 있지?"

"음. 주식 ETF도 사고, 채권 ETF도 사고, 여러 가지를 나눠서 사고 있잖아요!"

"그래. 이렇게 하는 이유가 뭘까? 아까 우리가 이야기한 걸 생각

---

[38] Fisher, Irving (1930). The Theory of Interest.

해 보자. 물가도 오르고, 금리도 변하고, 환율도 움직이지?"

"아하! 이제 알겠어요. 물가가 많이 오르면 주식에 투자한 게 도움이 될 수 있고, 금리가 오르면 새로 사는 채권이 더 높은 이자를 주고. 그리고 환율 때문에 여러 나라에 투자하는 거죠?"

"정확히 맞았어! 이렇게 여러 종류의 자산에 나눠서 투자하는 걸 '자산 배분'이라고 해. 마치 우리가 날씨가 변할 때를 대비해서 여러 벌의 옷을 준비하는 것처럼, 경제 상황이 바뀔 때를 대비해서 투자금을 안전하게 지키는 방법이야."

6-3
주식과 투자의 기본 원리

"아빠, 궁금한 게 있어요."

"뭐니?"

"집 근처 은행에 돈을 맡기면 5% 이자를 준다고 쓰여 있는 걸 봤어요. 근데 왜 굳이 더 어려운 주식 투자를 해야 하나요?"

"좋은 질문이야. 우리 아까 배운 실질금리 얘기 기억나니? 자장면 가격으로 설명했었는데."

"네! 물가가 14% 올랐으니까 5% 이자를 받아도 실제로는 마이너스 9%라고요."

"그렇지! 그러면 우리가 지금 100만 원을 은행에 맡기면 1년 뒤에는 실제로 얼마를 쓸 수 있을까?"

"음. 105만 원을 받지만, 물건값이 다 오르니까 91만 원어치 밖에 못 사는 거네요!"

"맞아! 그럼, 이제 다시 우리 동네 자장면 가게로 돌아가 볼까?

이 가게 주인이 되고 싶다면 어떻게 해야 할까?"

"가게를 사면 되나요?'"

"그렇지! 근데 만약에 이 가게가 너무 비싸서 혼자서는 못 살 것 같다면?"

"아, 다른 사람이랑 같이 살 수 있겠네요!"

"바로 그거야! 이게 주식의 기본 개념이란다. 예를 들어 1억 원짜리 가게를 100명이 함께 산다고 생각해 보자. 한 사람당 얼마씩 내면 될까?"

"100만 원이요!"

"그렇지! 이걸 주식으로 표현하면, 1억 원짜리 가게를 100만 원짜리 주식 100개로 나눈 거야. 각자 주식 한 장씩 가지면 이 가게의 주인이 되는 거지."

"아, 그래서 우리가 삼성전자 주식을 사면 삼성전자의 주인이 된다고 하는 거군요?"

"정확해! 아주 작은 부분이지만, 너도 이미 삼성전자의 주인인 거야."

"그런데 아빠, 그럼 주식 가격은 왜 자꾸 변하나요?"

"우리 자장면 가게로 다시 생각해 볼까? 가게가 처음에 1억 원어치였다고 했잖아. 그런데 장사가 잘돼서 하루에 손님이 100명에서 200명으로 늘었다면?"

"와, 그럼 가게 가치가 더 올라가겠죠?"

"그렇지! 이제 가게 가치가 2억 원이 됐다고 치자. 그럼 100만 원짜리 주식 한 장의 가격은 얼마가 될까?"

"200만 원이요!"

워런 버핏은 이렇게 말했습니다.

"주식을 살 때, 당신은 회사의 일부 소유권을 사는 것입니다."[39]
(When you buy a stock, you are buying part ownership in a company.)

"근데 아빠, 은행 이자랑 비교하면 어떨까요?"

"좋아. 우리 한번 계산해 볼까? 아까처럼 물가가 14% 오르는 상황이라고 해보자. 자장면 가게 주인은 물가가 오르면 어떻게 할까?"

"자장면값도 올리겠죠?"

"맞아! 그래서 실제 기업들은 물가가 오르면 자기들 제품 가격도 올릴 거리릴 거거든. 삼성전자는 휴대폰 가격을 올리고, 엔비디아는 AI 칩 가격을 올리는 거지."

"아하! 그래서 물가가 올라도 기업들은 덜 힘들어요?"

"그렇지! 은행에 돈을 맡기면 이자는 그대로인데 물가만 오르지

---

[39] Buffett, Warren.

만, 주식으로 기업의 주인이 되면 물가가 올라도 기업과 함께 그만큼 성장할 수 있는 거야."

"그런데 아빠, 모든 기업이 다 잘 되는 건 아니잖아요?"

"아주 중요한 지적이야. 우리 동네에서도 맛있는 자장면 가게가 있고, 별로인 가게도 있지?"

"네, 그래서 손님도 차이가 크게 나요."

"주식도 마찬가지야. 좋은 기업을 골라야 하는데, 그게 참 어렵지. 그래서 우리가 ETF를 사는 거야. ETF가 뭐라고 했지?"

"여러 좋은 주식들을 모아놓은 거요?"

"좀 더 쉽게 우리 동네 맛집 지도를 만든다고 생각해 보자. 진짜 맛있는 가게 50개를 모아서 '우리 동네 맛집 지도'를 만드는 거야. ETF는 이렇게 좋은 기업들을 모아놓은 '바구니' 같은 거란다."

"아하!"

벤저민 그레이엄은 이렇게 말했습니다.

"투자의 핵심은 위험을 최소화하면서 적절한 이익을 얻는 것이다."[40]

(The essence of investment management is the management of risks, not the management of returns.)

---

40 Graham, Benjamin (1949). The Intelligent Investor.

제6장 부자 아빠의 대화: 아들과 함께하는 금융 경제 교육

"아, 그래서 우리가 삼성전자랑 애플, 마이크로소프트 같은 회사들이 들어있는 ETF를 사는 거군요!"

"맞아! 이런 좋은 기업들은 오랜 시간 동안 성장해 왔고, 앞으로도 성장할 가능성이 높거든. 물가가 오르고 세상이 변해도, 이런 기업들은 잘 적응하면서 계속 발전할 수 있어."

"아빠, 이제 진짜 이해가 됐어요. 은행에 돈을 맡기면 물가 때문에 실제로는 자산이 줄어들 수 있지만, 좋은 기업의 주인이 되면 기업과 함께 성장할 수 있는 거네요!"

"그렇지! 그래서 미래를 준비하려면 주식 투자가 필요한 거야. 물론 위험도 있지. 그래서 우리가 다음에 배울 분산투자가 중요한 거고."

"이제 우리가 왜 ETF로 투자하는지 더 잘 알겠어요."

6-4
분산투자와 자산 배분의 지혜

"근데 아빠, 궁금한 게 하나 더 있어요."

"뭐니?"

"우리가 여러 가지에 나눠서 투자하는 게 왜 더 안전하다고 하는 건지 정확히 이해가 안 돼요. 자세히 알 수 있을까요?"

"아, 좋아. 이렇게 해보자! 자장면 가게 이야기로 경제가 어떻게 움직이는지 설명해 줄게."

"네!"

저는 아들 앞에 종이를 펼치고 네 가지 경제 상황을 그리기 시작했습니다.

"재미있는 걸 보여줄게. 이건 '시장 감정 사이클'이라고 하는데, 마치 롤러코스터처럼 시장이 어떻게 움직이는지 보여주는 거야. 자장면 가게와 실제 기업들을 비교해 보자."

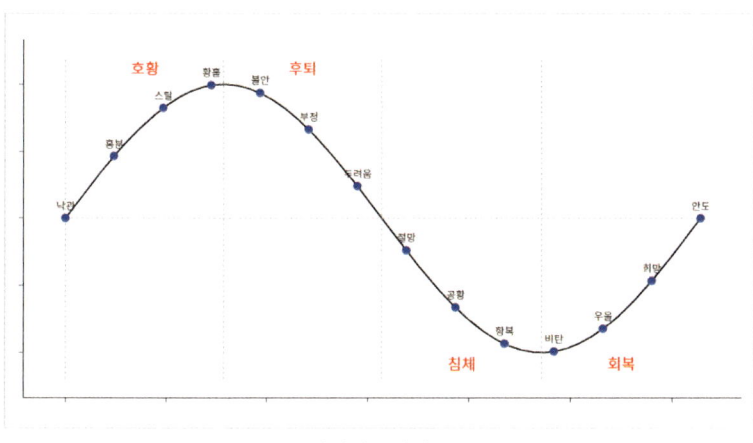

경제의 4사이클

"네!"

"자, 처음엔 자장면 가게가 잘되기 시작해. 입소문이 나면서 손님이 늘어나는 거지. 이때를 '희망'과 '낙관'의 시기라고 해."

"그러면 주인아저씨가 기분이 좋겠네요?"

"그렇지! 그런데 이건 자장면 가게뿐만이 아니야. 예를 들어 삼성전자는 휴대폰이랑 반도체를 더 많이 팔게 되고, 네가 좋아하는 엔비디아는 AI 칩을 더 많이 팔게 되는 거야. 기업들이 돈을 많이 벌면서 주식 가격이 오르기 시작하는 거지."

"아, 그래서 이때 주식을 사면 좋은 거예요?"

"맞아! 우리가 매달 사는 ETF에는 이런 좋은 기업들이 많이 들어 있잖아. 그래서 경제가 성장할 때 수익이 잘 나는 거야."

"그러다가 너무 잘되면 어떻게 되나요?"

"여기가 중요해. 우리 동네 자장면 가게를 보자. 장사가 잘되니까 주방 기계도 새로 사고, 가게도 더 크게 늘리고 싶겠지? 은행에서 돈도 빌려야 할 거고."

"기업들도 그래요?"

"그렇지! 삼성전자도 새로운 반도체 공장을 짓고, 테슬라도 새로운 자동차 공장을 짓고… 이런 시기를 '흥분과 스릴' 단계라고 해. 모든 게 너무 잘 되는 것 같아서 사람들이 은행에서 돈을 더 많이 빌리게 돼. 이때가 되면 이제 슬슬 위험하게 돼."

"그게 왜 위험한 거예요?"

"자장면 가게로 생각해 보자. 우리 동네에서 장사가 잘되니까 다른 사람들도 자장면 가게를 많이 열겠지? 그러다 보면 재룟값도 많이 오르고, 직원 월급도 오르고…."

"아, 물가가 오르는 거네요!"

"그렇지! 이런 시기를 '과열기'라고 하는데, 이때는 부동산 같은 실물자산이나 금 가격이 많이 올라."

"왜요?"

"네가 가지고 있는 포켓몬 카드를 생각해 보자. 만약 학교에서 모두가 갖고 싶어 하는 카드가 있다고 해볼까?"

"네, 레어한 카드요!"

"그래. 그 카드는 많이 찍어내기 어렵지? 그래서 더 가치가 있는 거야. 과열기에는 돈이 너무 많이 풀려서, 마치 포켓몬 카드를 무제한으로 찍어내는 것처럼 돈의 가치가 떨어지게 돼. 하지만 집이나 금 같은 건 포켓몬 카드처럼 쉽게 늘릴 수 없잖아?"

"아! 그래서 실제 물건이 더 귀해진다는 거군요?"

"정확해! 그래서 사람들은 돈보다는 실제 물건을 갖고 싶어 하게 되는 거야."

"그런데 아빠, 계속 물가가 오르면 어떻게 되나요?"

"그러면 은행에서 금리를 올리기 시작해. 은행은 가지고 있는 돈이 정해져 있는데, 여러 사람이 돈을 빌려달라고 하니까, 당연히 더 비싸게 돈을 빌려주겠지? 자장면 가게로 다시 생각해 보자. 은행에서 빌린 돈의 이자가 올라가면 어떻게 될까?"

"음. 가게 주인이 갚아야 할 돈이 많아지겠네요."

"맞아! 그러다 보면 손님들도 돈을 아끼기 시작하고, 새로 생긴 가게들은 장사가 잘 안될 거야. 이걸 '불안'과 '부정'의 시기라고 해."

"기업들도 그래요?"

"그렇지. 예를 들어 삼성전자는 새로 지은 공장에서 반도체를 많이 만들었는데, 사람들이 휴대폰을 덜 사게 되는 거야. 테슬라도 전기차를 많이 만들었는데, 사람들이 비싼 차를 덜 사게 되고."

"그럼 주식 가격이 내려가겠네요?"

"맞아! 근데 이때 재미있는 일이 일어나. 은행 금리가 높아지니까 채권 투자가 매력적으로 변하는 거야."

"왜요?"

"아까 배운 거 기억나니? 금리가 오르면 새로 사는 채권의 수익률이 좋아진다고 했잖아. 그래서 이때는 주식 대신 채권이 인기를 얻게 되는 거야."

"아! 그래서 우리가 채권도 조금씩 사고 있는 거군요!"

"그렇지! 이제 진짜 투자를 이해하기 시작했구나."

"근데 아빠, 그다음에는 어떻게 되나요?"

"더 나빠지면 '공황'과 '항복'의 시기가 와. 자장면 가게들이 문을 닫기 시작하고, 기업들도 직원들을 줄이고, 주식 시장은 더 크게 떨어지지."

"무섭네요."

"그래서 현금을 조금 가지고 있어야 하는데, 그게 무슨 뜻이냐면…."

저는 아들에게 스마트폰으로 주식 거래 창의 가격 그래프를 보여주었습니다.

"여기 보이는 게 뭐 같아?"

"주식 가격 선이요!"

"맞아. 이건 주식 시장의 모습이야. 사람들은 항상 '싸게 사서 비싸게 팔고' 싶어 하지."

"당연하죠!"

"하지만 그게 참 어려워. 마치 롤러코스터를 타다가 가장 높은 곳에서 내리고, 가장 낮은 곳에서 다시 타는 것처럼 말이야."

"왜요?"

"우리 자장면 가게로 다시 생각해 볼까? 가게가 잘될 때는 모든 사람이 '이 가게는 절대 망하지 않아!'라고 생각하고, 어려울 때는 '이제 영원히 좋아지지 않을 거야'라고 생각하거든."

"아. 그래서 사람들이 실수하는 거군요?"

"그렇지! 대부분 사람은 가게가 잘될 때 욕심을 내서 돈을 더 많이 투자하고, 어려울 때는 겁이 나서 다 팔아버리곤 해."

"근데 우리는 매달 조금씩 투자하잖아요?"

"바로 그거야! 우리가 매달 15만 원씩 투자하는 이유가 뭘까?"

"주식이 비쌀 때도 있고 쌀 때도 있으니까, 그냥 꾸준히 사두는 게 좋아서요?"

"정확해! 그리고 우리가 현금도 조금 가지고 있으면 두 가지 좋은 점이 있어."

"뭔데요?"

"첫째, 주식이 많이 떨어질 때 우리 전체 자산이 덜 떨어져. 마치 롤러코스터를 타도 안전벨트가 있으면 덜 무서운 것처럼."

"아, 그리고 둘째는 뭐예요?"

"주식이 싸졌을 때 살 수 있는 기회가 생기는 거야! 마치 세일할 때 쇼핑하는 것처럼."

주식 시장에는 이런 격언이 있습니다.

"주식 시장의 바닥을 맞추려 하지 말고, 시장이 제공하는 기회를 활용하라."

(Don't try to bottom-fish the market, use the opportunities it provides.)

"아, 그래서 우리가 매달 투자하면서도 현금을 조금 가지고 있는 거군요!"

"맞아! 이렇게 하면 우리는 시장이 오르든 내리든 항상 대비가 되어있는 거야. 욕심이나 두려움 때문에 실수할 일도 없고."

"아빠, 이제 진짜 이해가 됐어요. 투자는 타이밍 맞추기가 아니라 규칙적으로 하는 게 중요하네요!"

"그리고 현금은 우리의 비상금이자 새로운 기회를 잡을 수 있는 총알이 되는 거지."

하워드 막스는 이렇게 말했습니다.

"매수할 시기는 시장에 공포가 있을 때다. 하지만 이를 위해서는 미리 준비해야 한다."[41]
(The time to buy is when there's blood in the streets...But you have to prepare for it in advance)

"하지만 걱정하지 마. 경제는 항상 회복되거든. 튼튼한 기업들은 어려운 시기를 잘 견뎌내고, 새로운 기회를 찾아내."

"마치 우리 동네에서 제일 맛있는 자장면 가게처럼요?"

"그렇지! 그래서 우리는 ETF로 이런 좋은 기업들에 분산 투자하는 거야. 어떤 시기가 와도 우리 돈을 잘 지키면서, 경제가 좋아질 때는 더 큰 이익도 얻을 수 있도록."

"와! 이제 정말 이해가 잘 됐어요. 우리가 여러 가지에 나눠서 투자하는 게, 마치 사계절 옷을 다 준비해 두는 것 같아요!"

"정말 좋은 비유야! 그래서 이런 전략을 '올웨더(All Weather) 전략'이라고 부르는 거지. 어떤 날씨가 와도 우리 자산을 잘 지킬 수 있도록 말이야."

레이 달리오가 만든 '올웨더' 투자 전략의 이념은 아래와 같습

---

41   Marks, Howard (2011). The Most Important Thing.

니다.

"시장은 계절처럼 변한다. 현명한 투자자는 모든 계절에 대비한다."
(Markets change like seasons. The wise investor prepares for all seasons.)

"아빠, 이제 진짜 분산투자가 왜 중요한지 알겠어요!"
"그래, 이제 너는 대부분의 어른보다 투자를 더 잘 이해하게 된 거야. 오늘은 여러 가지를 배웠으니까, 정리해 보고 다음번에는 이런 전략들을 어떻게 실제로 적용하는지 더 자세히 배워 보자."

6-5
재무제표 쉽게 읽기

"아빠, 우리가 산 주식이 좋은 기업의 주식인지 어떻게 알 수 있어요?"

저는 삼성전자의 재무제표를 아들 앞에 펼쳤습니다. 여러분도 아래의 QR 링크로 네이버 금융의 "삼성전자"의 재무제표 분석 페이지로 한 번에 들어가실 수 있습니다.

- 사이트 주소: '네이버 금융'으로 검색

 https://finance.naver.com/item/coinfo.naver?code=005930
- 아래 QR코드로도 이동 가능

"좋은 질문이야! 기업을 알려면 '재무제표'라는 걸 봐야 하는데, 마치 병원에서 건강검진 결과표를 보는 것과 비슷해. 우리 다시 자장면 가게로 비유해서 하나씩 살펴볼까?"

"네!"

항목	2019/12 (IFRS연결)	2020/12 (IFRS연결)	2021/12 (IFRS연결)	2022/12 (IFRS연결)	2023/12 (IFRS연결)	전년대비 (YoY)
매출액(수익)	2,304,008.8	2,368,069.9	2,796,048.0	3,022,313.6	2,589,354.9	-14.3
내수	2,304,009.0		2,796,048.0		2,589,355.0	
수출						

*단위: 억원, %, 배, 천주 · 분기: 순액기준

"여기 보면 제일 위에 '매출액'이라고 되어 있지? 삼성전자는 2023년에 얼마를 벌었을까?"

"어…. 숫자가 너무 커서 읽기 어려워요."

"좋아. 아빠가 쉽게 설명해 줄게. 2023년에 약 259조 원을 벌었어. 쉽게 생각하면, 우리나라 사람 한 명당 500만 원어치씩 삼성전자 제품을 산 셈이야."

"우와, 그럼 엄청나게 잘 버는 거네요?"

"그런데 잠깐! 자장면 가게를 생각해 보자. 하루에 100그릇을 팔아서 100만 원을 벌었다고 하면, 그게 다 가게 주인의 수익일까?"

"아니요! 밀가루랑 재룟값도 들고, 직원들 월급도 줘야 하고…."

"정확해! 그래서 여기 '매출원가'와 '판매비와 관리비'라는 게 있는 거야. 이건 재료비, 인건비, 광고비 같은 걸 모두 합한 거지."

"아하, 그럼 진짜 남는 건 얼마예요?"

항목	2019/12 (IFRS연결)	2020/12 (IFRS연결)	2021/12 (IFRS연결)	2022/12 (IFRS연결)	2023/12 (IFRS연결)	전년대비 (YoY)
매출액(수익)	2,304,008.8	2,368,069.9	2,796,048.0	3,022,313.6	2,589,354.9	-14.3
+내수	2,304,009.0		2,796,048.0		2,589,355.0	
+수출						
매출원가	1,472,395.5	1,444,883.0	1,664,113.4	1,900,417.7	1,803,885.8	-5.1
매출총이익	831,613.3	923,186.9	1,131,934.6	1,121,895.9	785,469.1	-30.0
판매비와관리비	553,928.2	563,248.2	615,596.0	688,129.6	719,799.4	4.6
영업이익	277,685.1	359,938.8	516,338.6	433,766.2	65,669.8	-84.9

"여기 '영업이익'을 보면 돼. 2023년에는 약 6.5조 원이야. 매출액이 259조 원인데 실제 남는 건 6.5조 원이라는 건…."

"음. 장사가 생각보다 쉽지 않네요?"

"그렇지! 그래서 좋은 기업인지 보려면 '영업이익'이 얼마나 나는지가 중요해. 마치 자장면 가게도 하루 매출이 100만 원인 것보다, 실제로 얼마나 남느냐가 더 중요한 것처럼."

"그런데 아빠, 여기 보니까 작년보다 많이 줄었네요?"

"좋은 관찰이야! 2022년에는 43조 원이었는데 2023년에는 6.5조 원으로 줄었지. 이건 마치 우리 동네 자장면 가게가 작년엔 특별히 장사가 잘됐다가, 올해는 경쟁이 심해져서 이익이 줄어든 것과 비슷해."

"아, 그래서 주식 가격도 떨어진 거군요?"

"그렇지! 물론 주식 가격이 떨어진 것은 재무제표가 안 좋아진 것 외에도 여러 가지 이유가 있지만, 가장 큰 이유의 하나란다. 이제 진짜 투자를 이해하기 시작했구나."

"이제 재무상태표라는 걸 볼 건데, 이건 기업이 가진 모든 것들의 가치를 적어놓은 거야."

"자장면 가게로 예를 들면 어떤 거예요?"

"가게 건물, 주방 기구, 식재료, 통장에 있는 돈까지 모든 걸 돈으로 계산해 놓은 거지."

"아, 그럼, 삼성전자는요?"

항목	2019/12 (IFRS연결)	2020/12 (IFRS연결)	2021/12 (IFRS연결)	2022/12 (IFRS연결)	2023/12 (IFRS연결)	전년대비 (YoY)
자산총계	3,525,645.0	3,782,357.2	4,266,211.6	4,484,245.1	4,559,059.8	1.7
유동자산	1,813,852.6	1,982,155.8	2,181,631.9	2,184,705.6	1,959,365.6	-10.3
재고자산	267,664.8	320,431.5	413,844.0	521,878.7	516,258.7	-1.1

"여기 보면 '자산총계'라고 되어 있지? 2023년에 약 456조 원이야."

"어… 그게 얼마나 큰 거예요?"

"우리나라 사람 한 명당 약 900만 원어치의 재산을 삼성전자가 가지고 있다고 생각하면 돼."

"와! 근데 이게 다 삼성전자 거예요?"

| 부채 총계 | 896,840.8 | 1,022,877.0 | 1,217,212.3 | 936,749.0 | 922,281.2 | -1.5 |
| 자본 총계 | 2,628,804.2 | 2,759,480.2 | 3,048,999.3 | 3,547,496.0 | 3,636,778.7 | 2.5 |

"아, 좋은 질문이야! 여기서 중요한 게 '부채'와 '자본'이라는 거야. 다시 자장면 가게로 생각해 보자."

"자장면 가게를 차릴 때 가게 주인이 가지고 있는 돈이 부족하면 어떻게 할까?"

"은행에서 돈을 빌렸을 수도 있겠네요?"

"정확해! 그게 바로 '부채'. 갚아야 할 돈이야. 삼성전자도 2023년에 92조 원 정도의 부채가 있어."

"그럼, 진짜 삼성전자 거는 얼마예요?"

"자산 456조 원에서 부채 92조 원을 빼면 364조 원 정도가 진짜 삼성전자의 것이야. 이걸 '자본'이라고 해."

"근데 이런 걸 왜 봐야 해요?"

"아주 좋은 질문이야! 우리가 주식을 산다는 건 이 기업의 주인이 된다는 거잖아? 그러니까 이 기업이 얼마나 건강한지 알아야지."

"아, 마치 중고차를 살 때 차 상태를 보는 것처럼요?"

"그렇지! 더 정확히는 가게를 인수할 때 가게의 장부를 꼼꼼히 살펴보는 것과 같아. 부채가 너무 많진 않은지, 돈은 잘 벌고 있는지."

"삼성전자는 어때요?"

"자산이 456조 원인데 부채가 92조 원이면 부채비율이 약 20% 정도야. 쉽게 말하면, 100원어치의 재산이 있는데 20원만 빚진 거지. 이건 상당히 건강한 거야."

"아. 그래서 사람들이 삼성전자를 믿을 만한 기업이라고 하는 거군요!"

"맞아! 이렇게 숫자로 보면 기업의 건강 상태를 정확히 알 수 있어. 이제 우리가 본 재무제표를 가지고 기업의 건강 상태를 더 자세히 살펴볼까?"

"어떻게요?"

"마치 건강검진에서 혈압, 혈당, 콜레스테롤 같은 걸 보듯이, 기업도 중요한 숫자들이 있어. 크게 세 가지를 볼 거야."

제6장 부자 아빠의 대화: 아들과 함께하는 금융 경제 교육

1. 수익성 - 얼마나 돈을 잘 버는지

 "먼저 '영업이익률'이라는 게 있는데, 쉽게 말하면 매출 100만 원 중에 실제로 얼마나 남았나 하는 거야."

 "아, 그럼 2023년에는요?"

 "2.54%야. 즉, 100만 원어치를 팔아서 2만 5,400원이 남았다는 거지. 작년의 14.35%보다는 많이 떨어졌네. 그리고 'ROE'라는 것도 중요한데…."

 "ROE가 뭐예요?"

"주주들이 맡긴 돈으로 얼마나 수익을 냈는지 보는 거야. 2023년에는 4.15%네. 쉽게 말하면 주주들이 맡긴 100만 원으로 4만 1,500원을 벌었다는 뜻이야."

2. 성장성 - 얼마나 성장하고 있는지

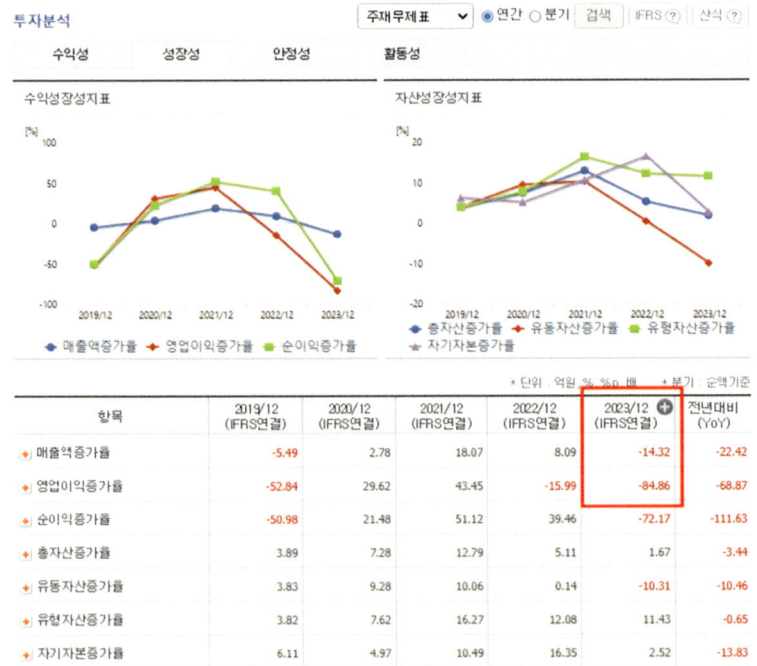

"그다음은 얼마나 커지고 있는지 보는 거야. '매출액증가율'을 보면…."

"어! 2023년에는 마이너스네요?"

제6장 부자 아빠의 대화: 아들과 함께하는 금융 경제 교육

"그렇지. -14.32%면 작년보다 매출이 줄었다는 뜻이야. '영업이익 증가율'도 -84.86%로 많이 떨어졌고."

"그럼 안 좋은 거죠?"

"반도체 시장이 어려워서 일시적으로 그런 것일 수도 있지. 이건 반도체 사이클이라는 것과 관련이 있기도 한데, 2021년만 해도 매출은 18.07%, 영업이익은 43.45% 증가했었거든."

3. 안정성 - 얼마나 튼튼한지

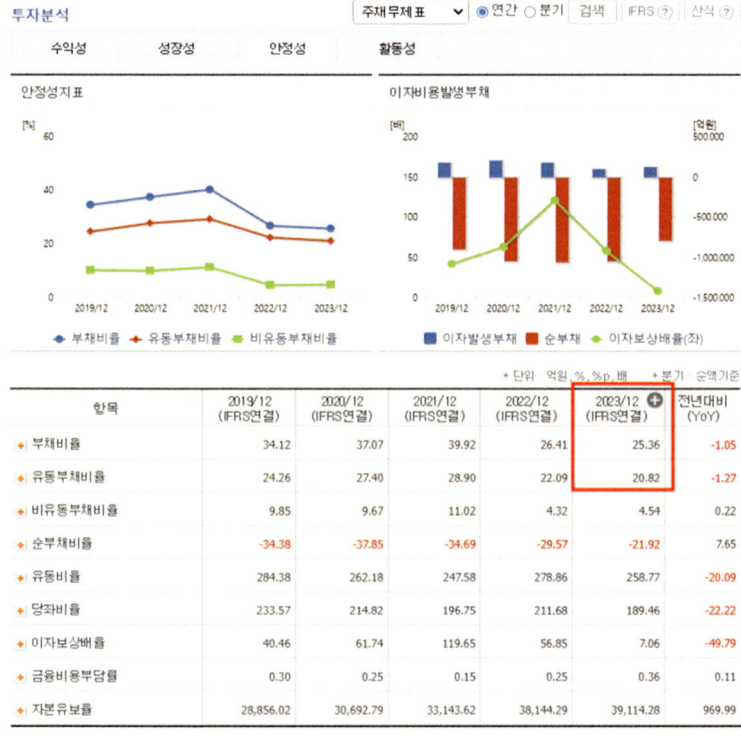

221

"마지막으로 중요한 게 '부채비율'이야. 빚이 얼마나 되는지 보는 거지."

"아까 본 그거요?"

"맞아! 2023년 부채비율이 25.36%야. 이건 정말 좋은 거야. 보통 100% 이하면 건강한 기업이라고 보거든."

"'유동부채비율'도 있네요?"

"그건 1년 안에 갚아야 하는 빚이 얼마나 되는지 보는 거야. 20.82%로 이것도 아주 건강해."

"아빠, 그런데 이런 숫자들이 다 떨어졌는데도 삼성전자는 괜찮은 거예요?"

"좋은 질문이야. 모든 기업이 힘든 시기를 겪을 수 있어. 하지만 삼성전자처럼 튼튼한 기업은…."

"지난번에 배운 것처럼 이겨낼 수 있다는 거죠?"

"정확해! 게다가 현금도 많이 가지고 있고, 부채도 적어서 어려운 시기를 잘 버틸 수 있어."

"와! 이제 진짜 기업을 보는 법을 조금 알 것 같아요!"

"그래서 우리가 ETF로 이렇게 좋은 기업들에 분산 투자하는 거란다."

6-6
가정에서의 예산 관리와 저축

"아빠, 오늘은 무슨 공부를 할 거예요?"

"오늘은 우리 가족의 예산과 저축에 대해 배워볼까? 네가 용돈 관리하는 것처럼, 우리 가족도 돈을 잘 관리해야 하거든."

"가족도 용돈 기입장 같은 걸 쓰나요?"

"우리 가족도 네 용돈 기입장처럼 가계부를 쓰고 있어. 아빠는 '네이버 가계부' 앱을 쓰는데, 모든 카드 사용 내역이 자동으로 입력되고 통계도 볼 수 있어서 정말 편하단다."

저는 종이를 꺼내 두 개의 동그라미를 그렸습니다.

"먼저 '고정 지출'이라는 게 있어. 매달 꼭 나가는 돈이지."

"아, 이자나 관리비 같은 거요?"

"맞아! 그리고 여기 다른 동그라미는 '변동 지출'. 달마다 금액이 달라지는 거야."

"장보기나 옷 사는 거요?"

"그렇지! 이제 우리 가족 예산표를 한번 만들어볼까?"

"우리 집에서 고정 지출에는 어떤 것들이 있나요?"

"먼저 가장 큰 금액인 집 대출 이자가 있어. 그리고…."

[고정 지출]

- 집 대출 이자

- 교육비(학원/학습지)

- 4대 보험료와 실손 보험료

- 통신비(휴대폰/인터넷)

- 교통비(자동차 할부금/기름값)

- 가족 정기 투자금

- 아빠: 매달 60만 원 연금 저축 및 IRP

- 엄마: 매달 35만 원 연금 저축

- 첫째 아이, 둘째 아이: 각각 매달 15만 원 연금 저축

[우리 가족의 저축 프로젝트]

1. 단기 목표 (6개월): 비상금 만들기

　- 목표금액: 500만 원 (월 생활비)

　- 실천 방법

　　- 절약한 생활비는 전액 비상금으로

　　- 비정기적 수입의 50%는 비상금으로

2. 온라인 쇼핑은 캐시백 최대한 활용
   - 중기 목표 (4년): 차량 교체 자금 마련
   - 목표금액: 5,000만 원
   - 실천 방법
     - 매달 70만 원씩 적립식 투자하기
     - 현재 차량 판매 대금도 포함
3. 장기 목표 (10년): 은퇴 준비 자금
   - 목표금액: 3억 원
   - 실천 방법
     - 가족 모두의 정기 투자 유지하기
     - 투자 금액 매년 10%씩 늘리기
     - 보너스나 추가 수입의 70%는 투자하기

"매달 정기적으로 투자하는 것 외에도 이런 특별한 목표가 있는 거구나!"

"그렇지! 목표가 있으면 저축하는 재미도 있고, 특히 온 가족이 함께 노력하면 꿈을 이루는 것도 더 쉬워진단다."

6-7
실전 투자 체험하기
: 모의투자 게임

"아빠, 제가 지금 ETF랑 해외주식은 투자하고 있는데, 다른 분들은 어떻게 시작하면 좋을까요?"

"좋은 질문이야. 처음부터 실제 돈으로 시작하긴 부담스럽지. 그래서 아빠가 재미있는 걸 소개해 줄게. 아빠가 만든 리밸런싱 시뮬레이션이란다."

"시뮬레이션이요? 재미있겠다!"

"그래, 여기 한번 볼까? 처음에는 40만 원으로 시작해서, 주식, 채권, 원자재, 현금에 각각 10만 원씩 나눠 투자하는 거야."

"아, 그럼 각각 25%씩 투자하는 거네요?"

"맞아! 한번 화면을 볼까?"

- 사이트 주소: '우동호 포트폴리오' 검색

  https://portfolio.ezinit.com/rebalancing

- 아래 QR코드로도 이동 가능

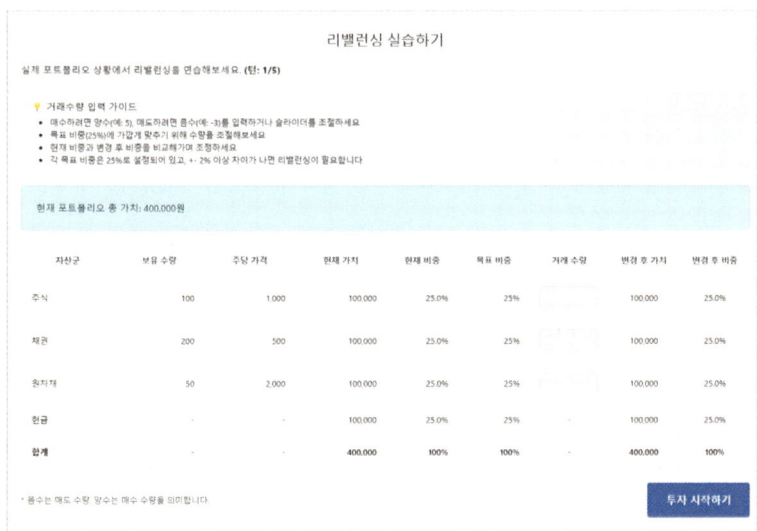

"와! 화면이 되게 깔끔하네요. 각 자산이 정확히 10만 원씩 25%로 되어 있어요!"

"그렇지! 이제 우리가 5번에 걸쳐서 자산 가격이 어떻게 변하는지 보고, 그때마다 25% 비중을 맞추도록 리밸런싱을 할 거야."

"아, ETF 투자할 때처럼요? 근데 여기서는 실제로 어떻게 하는 거에요?"

"보유 수량이랑 주당 가격이 있네? 주식은 100주에 1,000원, 채권은 200주에 500원, 원자재는 50주에 2,000원…."

"맞아! 실제 투자처럼 주식도 한 주씩 살 수 있고, 각각 가격도 다 다르지. 시간이 지나면 이 가격들이 변하면서 자산 비중도 달라질 거야."

"그럼, 우리가 리밸런싱할 때는 매수나 매도 수량을 입력하면 되는 건가요?"

"정확해! 매수할 때는 양수를, 매도할 때는 음수를 입력하면 돼. 그리고 그에 따라 현금은 자동으로 조정되지."

"아하! 그럼, 이제 실제로 한번 해볼까요?"

"그런데 한 가지 더 설명할 게 있어. 보이는 것처럼 각 자산의 현재 비중이 25%에서 2% 이상 벗어나면 리밸런싱이 필요하다는 걸 알려줘."

"아, 여기 목표 비중이 모두 25%로 되어있네요! 그럼, 실제로 리밸런싱을 시작해 볼까요?"

"그래! '투자 시작하기' 버튼을 누르면 첫 번째 턴이 시작될 거야. 자산 가격이 변하면서 우리가 배운 리밸런싱을 실전처럼 해볼 수 있어."

제6장 부자 아빠의 대화: 아들과 함께하는 금융 경제 교육

"아빠, 가격이 많이 변했네요! 주식이 28%까지 올라갔어요."

"그렇지! 첫 턴에서 주식 가격이 1,260원으로 많이 올랐어. 그래서 전체 포트폴리오에서 주식 비중이 커졌단다."

"아, 그래서 빨간색으로 경고가 뜨는 거군요? 주식이 28%고 현금이 22.2%라고."

"맞아. 우리가 정한 25% 목표에서 2% 이상 벗어났다는 걸 알려주는 거야."

리밸런싱 실습하기

실제 포트폴리오 상황에서 리밸런싱을 연습해보세요. (턴: 1/5)

💡 거래수량 입력 가이드
- 매수하려면 양수(예: 5), 매도하려면 음수(예: -3)를 입력하거나 슬라이더를 조절하세요
- 목표 비중(25%)에 가깝게 맞추기 위해 수량을 조절해보세요
- 현재 비중과 변경 후 비중을 비교해가며 조정하세요
- 각 목표 비중은 25%로 설정되어 있고, +-2% 이상 차이가 나면 리밸런싱이 필요합니다

현재 포트폴리오 총 가치: 449,500원

다음 자산의 비중이 목표치(25%)와 차이가 큽니다:
주식: 28.0%
현금: 22.2%

자산군	보유 수량	주당 가격	현재 가치	현재 비중	목표 비중	거래 수량	변경 후 가치	변경 후 비중
주식	100	1,260	126,000	28.0%	25%		126,000	28.0%
채권	200	560	112,000	24.9%	25%		112,000	24.9%
원자재	50	2,230	111,500	24.8%	25%		111,500	24.8%
현금	-	-	100,000	22.2%	25%	-	100,000	22.2%
합계			449,500	100%	100%		449,500	100%

* 음수는 매도 수량, 양수는 매수 수량을 의미합니다.

리밸런싱 실행하기

"그럼, 리밸런싱을 해야 하는데… 주식을 10주 정도 팔고 채권을 1주 사면 될 것 같아요."

"어떻게 그렇게 생각했니?"

"주식이 너무 많으니까 좀 팔고, 채권은 조금 부족하니까 살짝 사면 될 것 같아서요."

"잘 생각했어! 꼭 정확하게 25%를 맞출 필요는 없어. 대략 25% 근처로만 맞추면 돼. 한번 결과를 볼까?"

"네! 주식 10주를 팔고 채권 1주를 사니까…. 와, 다 25% 근처로 맞춰졌어요!"

"그렇지! 주식은 25.2%, 채권은 25%, 원자재는 24.8%, 현금은 24.9%가 되었네. 이 정도면 아주 좋은 리밸런싱이야."

"아빠, 근데 실제로 이렇게 하면 '고가에 팔고 저가에 사는' 거라고 하셨는데, 정말 그러네요? 주식이 많이 올랐을 때 팔았으니까요!"

"정확해! 이렇게 감정이 아닌 규칙에 따라 투자하면, 자연스럽게 좋은 투자 습관이 생기는 거야. 다음 턴도 한번 볼까?"

"아빠, 이번에도 포트폴리오 전체 가치가 늘었네요! 50만 원이 넘었어요."

"그렇지! 주식이 또 많이 올라서 27.5%가 되었고, 현금 비중은 22.3%로 낮아졌어."

"음. 이번에도 주식을 좀 팔아야겠죠? 근데 원자재도 25.4%로 좀 높네요."

"잘 봤어! 어떻게 리밸런싱하면 좋을까?"

"주식이 제일 많이 올라서 8주 정도 팔고, 채권은 좀 낮으니까 2주 사고, 원자재도 1주 정도 팔면 될 것 같아요!"

"와, 정확하게 판단했네! 한번 결과를 볼까?"

"네! 주식 8주 팔고 채권 2주 사고 원자재 1주 팔았더니 모든 자산이 거의 25% 근처로 맞춰졌어요!"

"맞아. 보이지? 주식은 25.1%, 채권은 25.0%, 원자재는 24.9%, 현금도 25.0%가 되었어. 이번에는 정말 완벽한 리밸런싱이었어!"

"아빠, 여기서 재미있는 걸 발견했어요. 주식이랑 원자재처럼 많이 오른 걸 팔아서 채권처럼 덜 오른 걸 사고, 나머지는 현금으로 보관하는 거네요?"

"맞아! 그게 바로 리밸런싱의 핵심이야. 너무 많이 오른 건 일부 팔아서 덜 오른 것을 사는 거지. 이렇게 하면 자연스럽게 '고가에 팔고 저가에 사는' 투자 원칙이 지켜지는 거란다."

제6장 부자 아빠의 대화: 아들과 함께하는 금융 경제 교육

[리밸런싱 실습하기 화면: 현재 포트폴리오 총 가치 555,540원. 주식 28.5%, 현금 22.6%가 목표치(25%)와 차이가 큼. 주식 82주 @1,930원 158,260원(28.5%) → -10 거래 → 138,960원(25.0%); 채권 203주 @650원 131,950원(23.8%) → +11 → 139,100원(25.0%); 원자재 49주 @2,850원 139,650원(25.1%) → 139,650원(25.1%); 현금 125,680원(22.6%) → 137,830원(24.8%); 합계 555,540원(100%)]

"와! 이번에도 포트폴리오 가치가 더 올랐네요. 55만 원이 넘었어요!"

"그렇지! 특히 보이지? 주식이 1,930원까지 올라서 비중이 28.5%가 되었어."

"네, 또 빨간색 경고가 떴어요. 현금 비중도 22.6%로 낮네요."

"그런데 이번엔 뭔가 달라졌어! 원자재는 25.1%로 거의 목표치에 맞춰져 있는데, 주식과 채권의 차이가 크지?"

"아, 그러네요! 주식은 너무 올라서 많이 팔아야 하고, 채권은

233

23.8%라서 좀 사야 할 것 같아요."

"정확해! 그래서 이번에는 주식 10주를 팔고, 채권을 11주 샀어. 원자재는 그대로 두었고."

"헤에. 근데 아빠, 궁금한 게 있어요. 주식이 계속 오르는데 자꾸 파는 게 좀 아깝지 않나요?"

"아주 좋은 질문이야! 실제로 많은 투자자들이 그런 생각 때문에 리밸런싱을 못 하곤 해. 하지만 생각해 보자. 주식이 계속 오를 거라는 보장이 있을까?"

"음. 없죠. 언제든 떨어질 수 있으니까요."

"그렇지! 그래서 우리가 정한 비율대로 투자하는 거야. 너무 많

리밸런싱 실습하기

실제 포트폴리오 상황에서 리밸런싱을 연습해보세요. (탄: 4/5)

💡 거래수량 입력 가이드
- 매수하려면 양수(예: 5), 매도하려면 음수(예: -3)를 입력하거나 슬라이더를 조절하세요
- 목표 비율(25%)에 가깝게 맞추기 위해 수량을 조절해보세요
- 현재 비율과 변경 후 비율을 비교해가며 조정하세요
- 각 종목 비율은 25%로 설정되어 있고, +-2% 이상 차이가 나면 리밸런싱이 필요합니다

현재 포트폴리오 총 가치: 561,980원

자산군	보유 수량	주당 가격	현재 가치	현재 비율	목표 비율	거래 수량	변경 후 가치	변경 후 비율
주식	72	1,960	141,120	25.1%	25%		141,120	25.1%
채권	214	670	143,380	25.5%	25%	-4	140,700	25.0%
원자재	49	2,850	139,650	24.8%	25%	0	139,650	24.8%
현금			137,830	24.5%	25%		140,510	25.0%
합계			561,980	100%	100%		561,980	100%

* 음수는 매도 수량, 양수는 매수 수량을 의미합니다.

리밸런싱 실행하기

이 올랐을 때 일부를 파는 건, 일종의 보험 같은 거란다."

"아하! 혹시 떨어질 때를 대비하는 거군요?"

"맞아! 실제로 이렇게 리밸런싱한 포트폴리오가 장기적으로 더 안정적인 수익을 낸다는 게 여러 연구를 통해 입증되었단다."

"이번에는 특이하네요? 빨간색 경고도 안 뜨고, 대부분 25% 근처에 있어요."

"잘 관찰했어! 이번에는 채권만 25.5%로 살짝 높아서 4주만 팔면 되겠다."

"아, 나머지는 다 괜찮으니까 그대로 두는 거죠?"

"맞아! 이것 봐. 채권 4주만 팔아도 모든 자산이 거의 25% 근처로 맞춰지잖아. 주식은 25.1%, 채권은 25.0%, 원자재는 24.8%, 현금은 25.0%가 되었어."

"와, 이제 리밸런싱하는 게 재미있어졌어요. 처음엔 계산하기 어려웠는데, 이제는 어떤 걸 사고팔아야 할지 감이 오네요!"

"그렇지! 실제 투자에서도 이런 연습이 중요해. 감정이 아닌 원칙에 따라 투자하는 걸 몸으로 익히는 거야."

"근데 아빠, 우리 포트폴리오 총금액이 벌써 56만 원이 넘었어요. 40만 원으로 시작했는데 많이 늘었네요?"

"그러게. 좋아 이제 끝났다."

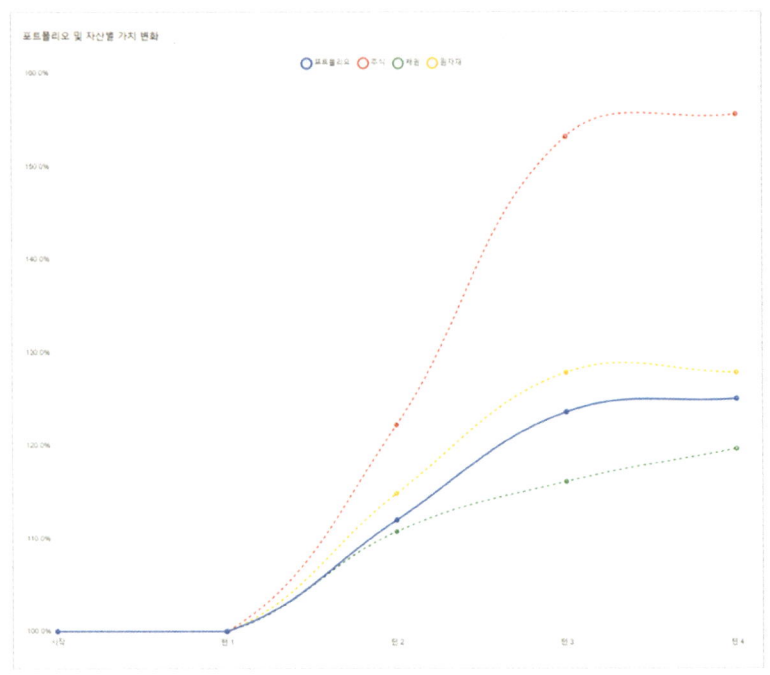

"와, 모두 끝났네요! 결과를 보니까 재미있는 게 보여요."

"그래? 어떤 점이 보이니?"

"자산별로 움직임이 다 달랐어요. 주식이 제일 많이 올라서 55.6% 수익을 냈고, 원자재는 27.8%, 채권은 19.6% 수익을 냈네요. 그리고 우리 포트폴리오 전체는 25%의 수익을 냈어요!"

"잘 관찰했어! 특히 중요한 게 뭔지 알아?"

"각 자산이 다른 속도로 움직였는데도, 우리는 계속 25%씩 맞추면서 안정적으로 투자했다는 거요?"

"그렇지! 그게 바로 자산 배분과 리밸런싱의 핵심이야. 하지만 한 가지 주의할 점이 있어."

"뭔데요?"

"이건 시뮬레이션이라 매번 다른 결과가 나올 수 있어. 우리는 운이 좋아서 모든 자산이 올랐지만, 실제로는 떨어질 수도 있지. 다른 사람이 같은 걸 해도 완전히 다른 결과가 나올 수 있단다."

"아하! 그래서 이 프로그램으로 여러 번 연습해 보는 게 좋겠네요?"

"맞아! 여러 상황을 경험해 보면서 리밸런싱하는 방법을 익히는 게 중요해. 오르는 상황에서도, 떨어지는 상황에서도 말이야."

"근데 아빠, 재미있는 걸 발견했어요. 우리가 계속 25%씩 맞추려고 노력했는데, 결과적으로 포트폴리오 전체 수익률도 25%가 됐네요!"

"그러네! 이렇게 각 자산의 비중을 일정하게 유지하면서 투자하면, 너무 위험하지도 않고 너무 안전하지도 않은 균형 잡힌 투자가 되는 거야."

"이제 진짜 투자할 때도 자신 있을 것 같아요. 계속 25% 맞추는 연습 했더니, 언제 사고팔아야 할지 감이 잡혀요!"

"그래, 이런 게 바로 진정한 투자 공부야. 투자는 머리로만 하는 게 아니라, 이렇게 직접 해보면서 경험을 쌓는 게 중요하단다."

[투자자를 위한 제언]

많은 투자자가 '저점매수, 고점매도'를 꿈꾸지만, 실제로 이를 실현하기는 거의 불가능합니다. 워런 버핏도 이렇게 말했죠.

"시장에 머무는 시간이 시장 타이밍을 이기는 것이다."[42]
(Time in the market beats timing the market.)

대신 정기적인 리밸런싱은:

1. 감정적 투자의 배제
    - 매수/매도 시점에 대한 고민 제거
    - 욕심과 두려움에서 자유로운 투자
    - 원칙에 따른 기계적 투자 가능

2. 자연스러운 '고가 매도, 저가 매수' 효과
    - 주가 상승 시 자동으로 일부 매도
    - 주가 하락 시 자동으로 추가 매수
    - 장기적으로 수익률 개선 효과

---

42 Buffett, Warren.

3. 리스크 관리
   - 포트폴리오 쏠림 현상 방지
   - 적정 비중 유지를 통한 위험 관리
   - 시장 상황과 관계없는 일관된 전략

위 모의투자 게임은 이러한 원칙을 연습할 수 있는 좋은 도구입니다. 실전 투자에서는 감정을 통제하기가 매우 어렵지만, 이런 게임을 통해 원칙적인 투자의 이점을 직접 경험해볼 수 있습니다. 실제 투자에서도 이런 원칙을 적용하면서, 점진적으로 자신만의 투자 철학을 만들어 가시기 바랍니다.

하지만 여기서 한 가지 매우 중요한 점을 짚고 넘어가야 합니다. 이러한 리밸런싱 전략은 '모든' 주식에 적용할 수 있는 것이 아닙니다. 투자와 투기의 가장 큰 차이는 철저한 분석에 있습니다. 개별 주식 투자에 있어서 진정한 투자는 충분히 공부하고 연구한 후에 하는 것입니다. 그렇지 않으면 그건 그저 도박일 뿐입니다.

실제로 많은 기업들이 시간이 지나면서 경쟁력을 잃거나 사라지기도 합니다.

따라서,

1. 기본은 지수 투자로
    - S&P500이나 KOSPI와 같은 검증된 지수 ETF 투자
    - 시장 전체의 상승세에 따른 안정적인 수익
    - 분산 투자 효과를 자연스럽게 얻을 수 있음

2. 추가 수익을 위한 단계별 접근
    - 충분한 공부와 경험을 쌓은 후
    - 제한된 비중으로 개별 주식 투자 시도
    - 재무제표 분석과 산업 이해가 선행되어야 함

워런 버핏은 이렇게 조언했습니다.

"자신이 이해할 수 없는 사업에는 절대 투자하지 마라."[43]

(Never invest in a business you cannot understand.)

또 피터 린치도 이와 비슷한 조언을 했습니다.

"당신이 무엇을 소유하고 있는지, 왜 그것을 소유하고 있는지 알아야 한다."[44]

(Know what you own, and know why you own it.)

---

[43] Buffett, Warren.
[44] Lynch, Peter (1989). One Up On Wall Street.

따라서 처음 시작하는 투자자라면,

1. 전체 포트폴리오의 70~80%는 지수 ETF로
2. 나머지 자금으로 충분히 공부한 후 개별 주식 접근
3. 정기적인 리밸런싱 원칙 준수

이런 단계별 접근이 바람직합니다. 투자는 마라톤과 같습니다. 천천히, 그러나 꾸준히 나아가는 것이 성공의 비결입니다.

제 7 장

유태인의 금융교육 비법

> "셉 타임(Sep Time)이 뭐예요?"

> "매주 금요일 저녁에 돈을 세고 각 항아리에 나눠 담는 시간이란다."

7-1. 유태인 성인식과 경제적 독립
7-2. 자산 형성과 관리 방법
7-3. 한국 가정에서의 실천 방법
7-4. 실전 연습: 우리 가족만의 금융 의식 만들기

"아빠, 궁금한 게 있어요."

주말 아침, 아들이 유튜브를 보다가 갑자기 물었습니다.

"뭔데?"
"여기 보니까 세계 억만장자 중에 유태인이 되게 많대요. 왜 그런 거예요?"
"음. 그들의 특별한 교육 방법 때문일 거야. 우리도 한번 알아볼까?"
"네!"

7-1
유태인 성인식과 경제적 독립

"유태인들은 13살이 되면 특별한 행사를 해. '바르 미츠바(Bar Mitzvah)'라고 하는데…."

"그게 뭐예요?"

"우리나라로 치면 성인식 같은 건데, 아주 특별해. 이 행사를 위해 아이들은 1년 이상을 준비한단다."

"1년이나요? 뭘 그렇게 오래 준비해요?"

"크게 세 가지를 준비해. 첫 번째는 '토라 낭독'이야."

"토라요?"

"유태인들의 성서인데, 히브리어로 쓰여 있어. 아이들은 이걸 랍비라고 하는 선생님들에게 1년 동안 배워서, 수백 명의 사람들 앞에서 발표한단다."

"우와. 저는 학교에서 발표만 해도 떨리는데, 외국어로 하는 건 더 어렵겠어요."

"맞아. 게다가 단순히 읽기만 하는 게 아니라, 그 내용에 대해 자기만의 해석과 생각도 발표해야 해."

"진짜요? 그건 더 어려울 것 같은데…."

"그래서 보통 11살부터 준비를 시작한대. 매주 랍비를 만나서 토라도 배우고, 발표 연습도 하고…. 쉽지 않지."

"두 번째는 '미츠바 프로젝트'라는 걸 해."

"그건 또 뭐예요?"

"1년 동안 자신이 선택한 사회 공헌 활동을 하는 거야. 예를 들어 노인복지관에서 봉사하거나, 환경 보호 활동을 하거나…."

"그걸 왜 하는 거예요?"

"유태인들은 '티쿤 올람'이라는 말을 중요하게 생각하는데, '세상을 더 나은 곳으로 만드는 것'이란 뜻이야. 어릴 때부터 돈을 버는 것뿐만 아니라, 그 돈으로 세상을 더 좋게 만드는 법을 배우는 거지."

"아빠한테는 세 번째가 제일 특별해. '머니 프로젝트'라는 것이지."

"머니 프로젝트요?"

"이건 정확한 통계가 없어서 정확하다고 할 순 없지만, 뉴욕 타임스 등의 기사를 보면 수천 달러에서 수만 달러의 선물을 받는대. 일종의 축의금이지."

"와! 그렇게 많이요?"

"근데 이 돈을 그냥 받는 게 아니야. 이 돈을 어떻게 투자하고 운영할지 계획을 세워서 발표해야 해."

"13살이 그걸 할 수 있어요?"

"우리 계산해 볼까? 네가 배운 72 법칙으로 2천만 원 정도를 받았다고 가정해 볼게. 연 8% 수익률이라면 13살의 2천만 원이 22살에는 얼마가 될까?"

"음. 72 나누기 8은 9니까, 9년 만에 두 배가 되니까 4천만 원이요!"

"그렇지! 그리고 31살에는?"

"8천만 원… 40살이면 1억 6천만 원이 되는 거네요!"

"그래서 유태인들은 이걸 평생의 종잣돈이라고 생각해. 그런데 중요한 건…."

"뭔데요?"

"이 돈과 함께 오는 '지혜'야. 모든 어른이 축하 선물과 함께 자신만의 조언을 해준단다. 이건 마치 네가 지금 ETF 투자하는 것처럼, 실제 경험을 통해 배우는 거지."

"아, 그래서 13살에 하는 거예요?"

"맞아. 여러 연구 결과를 보면, 7~13살이 금융 습관이 형성되는 결정적 시기래. 특히 13살은 추상적 사고가 발달하는 시기거든."

"추상적 사고요? 그게 뭐예요?"

"응, 예를 들어 '복리' 같은 개념을 이해할 수 있게 되는 거야. 방금 네가 72 법칙으로 계산한 것처럼 말이야."

7-2
자산 형성과 관리 방법

"아빠, 그런데 유태인들은 돈을 받으면 바로 투자해요?"

"아니, 여기서 재미있는 게 나와. 유태인들은 돈을 버는 방법보다, 돈을 지키고 굴리는 방법을 먼저 가르친대."

"지키고 굴리는 게 뭔가요?"

"음, 우리 동네 자장면 가게로 설명해 볼까?"

"네!"

"가게 주인아저씨가 하루에 100만 원을 번다고 해보자. 이게 '버는 방법'이야."

"그럼, 하루에 100만 원씩 모으는 거예요?"

"그렇지 않아. 재료비도 내야하고, 직원 월급도 줘야 하고, 세금도 내야 하지."

"아, 그럼 실제로 남는 건 얼마 안 되겠네요?"

"맞아. 그래서 유태인들은 이렇게 가르친대. '돈 버는 법을 배우기 전에, 돈이 새는 곳을 막는 법을 배워라'라고."

"어떻게 막는데요?"

"세 가지 원칙이 있어. 첫 번째는 '3-3-3 법칙'이야."
"3-3-3요?"
"응. 받은 돈을 세 부분으로 나눠.
첫 번째 3은 당장 쓸 수 있는 돈,
두 번째 3은 6개월 후를 위한 돈,
세 번째 3은 1년 이상 안 쓸 돈,
그리고 마지막 1은 나눔을 위한 돈으로."
"아, 그런데 왜 이렇게 나눠요?"
"갑자기 큰돈이 필요할 때를 대비하는 거야. 마치 우리가 우산을 햇빛이 좋을 때 준비하는 것처럼."

"두 번째 원칙은 뭐예요?"
"'1251 법칙'이라고 하지."

"그건 또 뭐예요?"
"1: 한 달 생활비는 반드시 현금으로 가지고 있어야 해.
2: 2~3개월치 생활비는 언제든 찾을 수 있는 예금으로,
5: 5~6개월치 생활비는 정기예금이나 국채로,
1: 나머지는 투자하는 돈으로."
"아. 그래서 우리도 주식 살 때 조금씩 사는 거예요?"

"맞아! 세 번째 원칙이 바로 그거야. '물방울의 법칙'이라고도 하지."

"물방울이요?"

"큰 돌이라도 물방울이 계속 떨어지면 구멍이 난다는 말 들어봤지? 투자도 마찬가지야. 한 번에 큰돈을 벌려고 하지 말고, 꾸준히 조금씩 하는 게 중요해."

"아! 그래서 제가 용돈에서 5만 원씩 투자하는 거네요?"

"정확해! 네가 벌써 물방울의 법칙을 실천하고 있는 거야. 꾸준히, 조금씩."

"그런데 아빠, 5만 원으로는 너무 적은 것 같아요."

"지금은 적게 느껴질 수 있지. 하지만 유태인들은 이렇게 말해. '금액의 크기보다 습관의 크기가 더 중요하다'고."

"습관이요?"

"그래. 지금 네가 매달 5만 원씩 투자하면서 배우는 이 습관이, 나중에 더 큰 돈을 관리할 때 도움이 될 거야."

"아빠, 그런데 그 원칙들을 어떻게 실천해요?"

"우리 하나씩 자세히 알아볼까? 먼저 3-3-3 법칙부터 시작해보자."

"네!"

"유태인 아이들은 이렇게 시작한대. 먼저 투명한 유리병 세 개를 준비해."

"왜 투명한 거예요?"

"돈이 쌓이는 걸 직접 볼 수 있잖아. 그게 동기부여가 된대."

"첫 번째 병은 '지금 쓸 수 있는 돈'이야. 네 용돈으로 치면 얼마 정도가 될까?"

"매달 9만 원 받으니까, 3만 원 정도요?"

"그렇지. 이건 간식도 사고, 친구들이랑 놀 때도 쓸 수 있어."

"두 번째 병은 '6개월 후를 위한 돈'이야."

"6개월 후요? 뭐 하려고요?"

"예를 들어, 네가 갖고 싶었던 책이나 게임이 있을 수 있잖아. 아니면 방학 때 하고 싶은 것들도 있을 테고."

"아! 그럼, 여기도 3만 원씩 넣는 거예요?"

"맞아. 6개월 동안 모으면 18만 원이 되겠지?"

"세 번째 병은 '절대 쓰지 않는 돈'이야."

"한 번도 안 써요?"

"그래. 이건 나중에 정말 중요한 일이 있을 때를 위한 거야. 마지막 1만 원은 다른 사람을 돕는 데 쓰고."

"근데 아빠, 세 번째 병에 있는 돈은 계속 안 쓰면 어떡해요?"

"아, 여기서 두 번째 원칙이 나오지. 1251 법칙! 세 번째 병에 돈이 어느 정도 모이면, 은행에 예금을 하는 거야."

"어느 정도 모이면요?"

"보통 50만 원 정도가 모이면 은행에 예금하고, 새로 모으기 시작하는 거지. 이렇게 하면 이자도 받을 수 있고."

"아. 그래서 물방울의 법칙이랑 연결되는 거예요?"

"맞았어! 조금씩 모아서 조금씩 불리고…. 마치 물방울이 모여서 강이 되는 것처럼."

"그런데 이걸 어떻게 기억해요?"

"유태인들은 재미있는 방법을 써. 매주 금요일 저녁에 가족들이 모여서 돈을 세고, 각 병에 나눠 담는 시간을 가진대. '셉 타임(Sep Time)'이라고 하지."

"셉 타임이요?"

"'분리하는 시간'이라는 뜻이야. 이때 중요한 건, 돈을 나누면서 각각의 목적에 관해 이야기를 나누는 거래."

"우리도 그렇게 해요!"

"그래! 이번 주말부터 시작해 볼까? 네 용돈도 이렇게 나누고, 각각 어디에 쓸지 계획도 세워 보고…."

7-3
한국 가정에서의 실천 방법

"아빠, 저는 궁금한 게 있어요. 우리도 유태인처럼 할 수 있을까요?"

"물론이지! 사실 우리 가족은 이미 실천하고 있단다."

"네? 어떻게요?"

"너희가 태어났을 때부터 시작했어. 네가 돌잔치 때 받은 축하금, 매년 받은 세뱃돈까지 엄마가 전부 기록하고 모아뒀단다."

"정말요? 저는 몰랐어요."

"그래. 우리는 그 돈으로 네가 8살 때, 동생이 6살 때부터 각자의 이름으로 투자를 시작했어."

"근데 아빠, 전 왜 이제야 알았어요?"

"이제 네가 돈의 가치를 이해할 수 있는 나이가 됐다고 생각했거든. 매달 용돈 기입장도 잘 쓰고, ETF가 뭔지도 배우고 있잖아."

"아, 그래서 아빠가 매달 투자 계좌를 보여주시는 거예요?"

"맞아. 네 이름으로 된 계좌인데, 우리가 4년 전부터 투자해 온

거야. 처음에는 5백만 원으로 시작했는데…."

"지금은요?"

"이제 2천만 원이 넘었어. 네가 생일 선물로 받은 해외주식 계좌까지 하면 2천5백만 원 정도지."

"와! 그런데 그렇게 많이 늘어난 이유가 뭐에요?"

"첫째는 우리가 매달 15만 원씩 연금 저축 계좌에 투자해 주고 있어. 나중에 이게 얼마나 중요한지 더 자세히 설명해 줄게."

"둘째는?"

"너희가 어른들한테 받은 용돈을 투자하고 있잖아. 네가 요즘 용돈을 받으면 어떻게 하지?"

"음. 꼭 필요한 거 아니면 아빠한테 드려서 투자해달라고 하죠."

"그래. 다른 아이들은 받은 용돈을 다 쓰는 경우가 많은데, 너희는 벌써 투자의 중요성을 알고 있는 거야."

"그런데 아빠, 이 돈은 제가 언제부터 직접 관리할 수 있어요?"

"대학생이 되면 네가 직접 관리할 수 있게 해줄 생각이야. 지금은 적은 금액의 해외주식 계좌로 연습하면서, 투자가 뭔지 배우는 거고."

"아빠, 그리고 또 궁금한 게 있어요."

"뭐니?"

"유태인들은 13살 때 성인식을 한다고 했잖아요. 우리도 해요?"

"그래서 아빠는 네가 13살이 되는 날, 우리 가족만의 특별한 성인식을 계획하고 있어."

"어떤 거예요?"

"먼저, 우리 가족이 다 모일 거야. 할아버지, 할머니, 이모, 삼촌들까지. 그동안 너한테 용돈도 주시고, 응원도 해주신 분들이지."

"네!"

"그리고 그날, 네가 특별한 발표를 하게 될 거야."

"발표요?"

"응. 세 가지를 발표하는데, 첫 번째는 '나는 어떤 사람이 되고 싶은지'야."

"꿈같은 거요?"

"꿈도 포함되지만, 그것보다 더 큰 거야. 어떤 가치관을 가진 사람이 되고 싶은지, 우리 사회에 어떤 도움이 되고 싶은지…."

"… 좀 어려울 것 같아요."

"그래서 우리가 지금부터 조금씩 준비하는 거야. 네가 ETF 공부하면서 세상의 여러 기업에 대해 배우고 있잖아. 그런 것처럼 말이야."

"두 번째는 뭐예요?"

"그동안 우리가 투자해 온 돈이랑, 그날 받게 될 시드머니를 어떻게 투자하고 불릴 건지 계획을 발표하는 거야."

"아, 제가 배운 자산 배분이랑 ETF 투자요?"

"그렇지! 네가 왜 그런 선택을 했는지, 어떤 원칙을 가지고 투자할 건지."

"세 번째는요?"

"세 번째가 제일 특별한데, '나눔 프로젝트'를 발표하는 거야."

"나눔 프로젝트요?"

"응, 네가 번 돈의 일부를 어떻게 의미 있게 쓸 것인지 계획하는 거야. 유태인들은 이걸 '티쿤 올람'이라고 하잖아. 더 나은 세상을 만드는 것."

"아빠, 근데 저 혼자 이걸 다 할 수 있을까요?"

"물론 처음부터 혼자 하는 건 아니야. 1년 동안 우리가 함께 준비할 거야. 매주 토요일 가족회의 할 때 조금씩 이야기도 나누고, 책도 읽고, 연습도 하고…."

"와! 그럼, 진짜 특별한 날이겠네요!"

"그렇지! 이건 단순한 생일파티가 아니라, 네가 경제적인 책임감을 가진 어른으로 성장하는 첫걸음이 될 거야. 돈을 버는 것보다 더 중요한 건, 그 돈으로 가치 있는 일을 하는 거란다."

7-4
실전 연습
: 우리 가족만의 금융 의식 만들기

"아빠, 성인식까지 1년이나 남았는데 지금부터 뭘 준비해야 할까요?"

"좋아! 우리 한번 구체적으로 계획을 세워 볼까?"

저는 종이를 꺼내어 세 개의 칸을 그렸습니다.

"먼저 '발표 준비 계획'을 세워보자."

[1. 발표 준비 계획]

- 매주 토요일: 가족회의에서 10분씩 연습 발표
- 매월 마지막 주: 한 달 동안 배운 것 정리하기
- 분기별로: 엄마, 아빠, 동생 앞에서 중간발표

"음… 부담스러울 것 같아요."

"걱정하지 마. 처음에는 아주 쉬운 것부터 시작할 거야. 예를 들어, 이번 주는 네가 좋아하는 회사 하나만 골라서 이야기해 보는 거야."

"그럼, 제가 투자하고 있는 엔비디아요!"

"좋아! 왜 그 회사를 골랐는지, 앞으로 어떻게 성장할 것 같은지."

[2. 투자 학습 계획]

- 매일: 경제 뉴스 하나씩 읽기
- 매주: 투자한 기업들의 실적 확인하기
- 매월: 포트폴리오 점검과 리밸런싱 배우기

"특히 중요한 게 '나눔 프로젝트'야. 이건 우리가 매달 이렇게 해 볼까?"

[3. 나눔 프로젝트 준비]

- 첫째 주: 우리 주변에서 도움이 필요한 곳 찾아보기
- 둘째 주: 내가 가진 것으로 어떻게 도울 수 있을지 고민하기

- 셋째 주: 작은 실천하기
- 넷째 주: 실천 결과 가족들과 공유하기

"아빠, 근데 제가 이걸 다 할 수 있을까요?"

"천천히 해보자. 지금 네가 매달 용돈 관리하는 것도, 투자하는 것도 처음에는 어려웠지만 이제는 잘하고 있잖아."

"실전 체크리스트도 만들어 볼까?"

[우리 가족의 금융 의식 체크리스트]

1. 매일 하는 일
    - 경제 뉴스 하나 읽고 생각 정리하기
    - 용돈 기입장 쓰기
    - 투자 일지 작성하기

2. 매주 하는 일
    - 토요일 가족회의 참여하기
    - 그 주의 경제 이슈 발표하기
    - 용돈 관리 결과 공유하기
    - 나눔 실천하기

3. 매월 하는 일
- 투자 성과 분석하기
- 포트폴리오 점검하기
- 한 달 동안의 나눔 활동 정리하기
- 다음 달 목표 세우기

"이렇게 하면 1년 후에는 네가 충분히 멋진 발표를 할 수 있을 거야."

"아빠, 그런데 이런 걸 기록으로 남겨도 될까요?"

"좋은 생각이야! 우리만의 '성장 노트'를 만들어볼까?"

[성장 노트 구성]

1. 배움 일지
- 새로 배운 경제 용어
- 인상 깊었던 경제 뉴스
- 나만의 투자 원칙

2. 도전 일지
- 실패한 투자와 교훈
- 성공한 용돈 관리 방법

- 새로 시도해 본 나눔 활동

3. 꿈 일지
- 미래의 내 모습
- 이루고 싶은 경제적 목표
- 나누고 싶은 가치

"이렇게 1년 동안 기록하면, 네 성인식 날 멋진 책 한 권이 완성될 거야."

"와! 진짜 특별한 선물이 되겠네요."

"그래. 이게 바로 유태인들이 말하는 진정한 부의 시작이야. 단순히 돈을 모으는 게 아니라, 그 과정에서 배우고 성장하는 거지."

제 8 장

미래를 위한 구체적인 계획

> " 와! 이렇게 자산 배분만 잘해도 안정적인 수익을 낼 수 있군요! "

> " 그래, 어떤 시장 환경에서도 **견딜 수 있는 포트폴리오가 중요해** "

8-1. 투자자금 계산기 활용법

8-2. 목표 설정과 계획 수립

8-3. 리스크 관리와 포트폴리오 구성

8-4. 정적 자산 배분 전략의 실제

8-5. 동적 자산 배분 전략의 활용

8-6. 디지털 자산과 새로운 투자 환경 이해하기

8-7. 실전 연습: 나만의 포트폴리오 만들기

"아빠, 오늘은 뭘 배워요?"

주말 아침, 아들이 컴퓨터를 켜며 물었습니다.

"오늘은 특별한 걸 보여줄게. 내가 만든 '투자자금 계산기'야."
"계산기요?"
"응, QR코드로 연결되는 웹사이트인데, 네가 앞으로 얼마나 자산을 모을 수 있을지, 또 목표 금액을 모으려면 얼마씩 투자해야 하는지 계산해 주는 거야."
"와, 직접 만드신 거예요?"
"그래, 많은 사람이 미래에 대해 막연한 두려움을 가지고 있더라고. '얼마나 모아야 할까?', '지금 이 정도 투자해서 충분할까?' 이런 걱정들. 그래서 누구나 쉽게 계산해 볼 수 있는 도구를 만들었어."

- 사이트 주소: '은퇴자금 계산기'로 검색
  https://retire.ezinit.com/
- 아래 QR코드로도 이동 가능

제8장 미래를 위한 구체적인 계획

∽ 8-1 ∽
투자자금 계산기 활용법

은퇴 자금 계산기

은퇴 후 매월 필요 금액 (원)

현재의 구매력 기준, 매월 필요한 금액을 입력하세요.

현재 나이

현재 나이를 입력하세요.

예상 은퇴 나이

예상 은퇴 나이를 입력하세요.

연간 물가 상승률 (%)

연간 물가 상승률을 입력하세요. (예: 2%).

은퇴 후 목표 투자 수익률 (%)

목표로 하는 연간 투자 수익률을 입력하세요.

[계산하기]

저는 휴대폰으로 제가 만든 사이트에 접속했습니다.

"먼저 우리가 왜 이걸 계산해 봐야 하는지 알아볼까?"

"네!"

"네가 커서 결혼을 하고 아이를 낳으면, 그 아이의 미래도 준비해 줘야 할 거야. 많은

265

젊은 부부들이 이런 걱정 때문에 힘들어해. '내 미래도 불확실한데, 아이의 미래까지 어떻게 책임지지?'"

"아. 그래서 요즘 아이를 적게 낳는 거예요?"

"그렇지. 하지만 사실 이런 걱정은 하지 않아도 돼. 우리가 지금부터 배울 투자 방법으로 충분히 준비할 수 있거든."

"정말이요?"

"응. 한번 계산해 볼까? 지금부터 매달 얼마씩 투자하면 네가 은퇴할 때 얼마를 모을 수 있는지, 또 그 돈으로 편안한 노후를 보낼 수 있는지."

저는 화면의 입력창을 가리켰습니다.

"여기 '은퇴 후 매월 필요 금액'에는 네가 나중에 편하게 살고 싶은 만큼의 금액을 넣으면 돼."

"음. 한 달에 500만 원 정도면 충분할까요?"

"그래, 현재 가치로 생각하면 돼. 물가가 오르는 건 계산기가 알아서 계산해 줄 거니까."

"현재 나이는 12살. 은퇴는 언제 하고 싶어?"

"음… 65살?"

"좋아. 그리고 지수 평균 목표 수익률인 8% 정도를 목표로 하고, 여기 물가상승률은 2%를 넣을 거야. 이건 중앙은행에서 목표로 하는 수치거든."

"아빠, 근데 이걸 미리 계산해 보면 뭐가 좋아요?"
"아주 좋은 질문이야. 지금 많은 젊은 부모들이 자녀의 미래를 걱정하느라 힘들어하는데, 이렇게 미리 계산해 보고 준비하면 그런 걱정을 많이 덜 수 있어. 우리가 ETF 투자하는 것처럼, 계획을 세우고 차근차근 준비하면 생각보다 훨씬 더 큰 자산을 만들 수 있거든."

기존 입력 데이터 및 계산 결과

항목	값
은퇴 후 매월 필요 금액(현재가치)	5,000,000 원
현재 나이	12 살
은퇴 나이	65 살
물가 상승률	2 %
목표 투자 수익률	8 %

은퇴 자금 계산 결과

항목	금액
은퇴시점 매년 추가 필요금액(현재가치)	60,000,000 원
예상 은퇴 시 필요 자금(미래가치)	171,380,084 원
필요 은퇴자금 원금	2,856,334,733 원

"'계산하기' 버튼을 누르면, 자 결과가 나왔네! 한번 보자."

"아빠, 이게 무슨 뜻이에요?"

"하나씩 살펴볼까? 네가 은퇴할 때 매월 500만 원이 필요하다고 했으니, 1년이면 6천만 원이 필요한 거야.

그런데 이 금액이 '예상 은퇴 시 필요 자금'에서는 28억 5천만 원이 넘네?"

"아빠, 근데 이 금액이 너무 큰 것 같아요. 28억이나 필요하다니…."

"그래, 이 숫자를 처음 보면 다들 놀라. 이 숫자가 어떻게 나왔는지 설명해 줄게."

"네!"

"먼저, 우리가 목표한 건 원금은 전혀 쓰지 않고, 투자 수익으로만 살아가는 거야. 마치 큰 나무를 심어두고 열매만 따 먹는 것처럼. 왜냐하면 사람들의 수명은 점점 늘어나고, 네가 어른이 되고 노인이 될 때는 더 늘어날 테니까."

"아, 그래서 우리가 배운 것처럼 물가상승률을 뺀 거예요?"

"맞아! 은퇴 후 투자수익률 8%에서 물가상승률 2%를 빼면 6%잖아. 이 28억의 6%가 우리가 1년 동안 쓸 수 있는 돈이 되는 거지."

"계산해 볼까요?"

"그래! 28억 원의 6%는 약 1억 7천만 원이야. 이걸 12개월로 나누면…"

"한 달에 1,430만 원 정도네요. 어, 근데 우리가 목표한 건 500만 원이었는데요?"

"좋은 관찰이야! 이게 바로 물가상승률 때문이야. 네가 65살이 되는 53년 후에는 지금의 500만 원이 1,430만 원의 가치가 된다는 뜻이지. 마치 옛날 자장면이 3천 원이었다가 지금은 8천 원이 된 것처럼."

"아. 이제 이해가 되어요. 근데 정말 이렇게 큰돈이 필요한 거에요?"

"많은 사람이 이 숫자를 보고 좌절하지. 하지만 걱정하지 마. 우리가 다음으로 볼 건 이 돈을 어떻게 모을 수 있는지야."

은퇴 자금 계산기 - 투자 계산

초기 자본 (원):

23,000,000 원

초기 자본: 현재 투자 가능하신 금액입니다.

연간 복리 수익률 (%):

8 %

연간 복리 수익률: 투자기간 동안 연간 목표 수익률입니다.

매년 불입액 (원):

2,600,000 원

매년 불입액: 연간 투자하셔야 하는 금액입니다.

계산하기

"자, 이제 정말 중요한 부분을 보자. 이 큰 금액을 어떻게 모을 수 있는지."

"네가 지금 가지고 있는 투자금이 얼마지?"
"아빠가 투자해 주시는 계좌에 2,300만 원 정도요."
"그래, 그리고 우리가 매달 얼마씩 투자하고 있었지?"
"260만 원이요. 아빠가 매달 연금 저축 계좌에 15만 원씩 넣어주시고, 제가 용돈에서 5~6만 원 정도 투자하고, 세뱃돈이나 용돈 받을 때마다 조금씩 더 하고…."

"바로 그거야. 이렇게 꾸준히 투자하면서 연 8% 정도의 수익률만 달성해도…."
"연 8%면 우리가 배운 ETF로도 충분히 할 수 있는 거죠?"
"그렇지! 너무 욕심내지 않고, 안정적으로 가는 거야. 게다가 네가 12살부터 시작한다는 게 얼마나 큰 장점인지 알아?"

"복리의 마법 때문인가요?"
"정확해! 이제 한번 계산해 볼까?"

제8장 미래를 위한 구체적인 계획

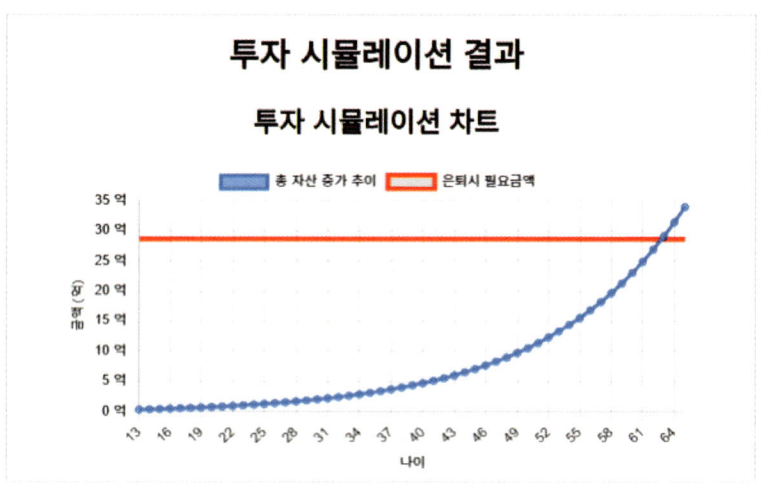

투자 시뮬레이션 결과 정리

항목	값
현재 나이	12 살
은퇴 나이	65 살
초기 자본	23,000,000 원
매년 불입액	2,600,000 원
물가 상승률	2.0 %
은퇴 전 목표 수익률	8.0 %
은퇴 후 목표 수익률	8.0 %
불입 원금 합계액	160,800,000 원
총 수익 금액	3,236,794,650 원
원금 대비 누적 수익률	2,012.9 %
최종 금액	3,397,594,650 원
은퇴시 필요금액	2,856,334,733 원
차이 금액 총액	541,259,917 원
월 필요금액	5,000,000 원
월 수령 가능액	5,947,472 원
월 차이 금액	947,472 원
결론	**풍족**

"와! 파란 선이 점점 더 가파르게 올라가요!"
"그래, 이게 바로 복리의 마법이야. 자세히 살펴볼까?"

"네가 지금 가진 투자금 2,300만 원으로 시작해서, 매달 22만 원씩 투자하면 총 불입 원금이 얼마일지 계산해 볼까?"
"매달 22만 원이면 1년에 264만 원이니까… 260만 원이라고 하고, 53년 동안이니까…."
"그래! 총 1억 6,080만 원을 투자하게 되는 거야."

"그런데 최종 금액이 33억이 넘네요?"
"이게 바로 복리의 힘이야. 원금은 1억 6천만 원 정도인데, 투자 수익이 32억이나 되는 거지. 원금의 20배가 넘는 수익이 생기는 거야."

"아빠, 근데 이게 정말 가능한 거예요?"
"물론이야. 우리가 목표로 하는 연 8%는 주식 시장의 장기 평균 수익률이야. 무리하게 높은 수익률을 노리지 않고, 안정적으로 투자하면 충분히 달성할 수 있어."

"그리고 여기 보면 재미있는 게 있어. 목표로 했던 월 500만 원보다 더 많은 돈을 쓸 수 있대. 매달 약 95만 원의 여유 자금이 생긴다는 거지."

"그럼, 그 돈으로 뭘 할 수 있어요?"

"여러 가지로 활용할 수 있어. 가족을 돕거나, 여행을 가거나, 또는 다른 사람들을 위해 기부를 할 수도 있지. 중요한 건 원금은 전혀 안 써도 된다는 거야."

"아빠, 이제 진짜 이해가 돼요. 젊은 부부들이 왜 미래를 걱정하는지도 알겠고, 근데 이렇게 계획을 세우고 준비하면 그런 걱정을 안 해도 되는 거죠?"

"정확해! 특히 네 나이에 시작하면 더더욱 그래. 보통 사람들은 30대나 40대가 되어서야 이런 준비를 시작하는데, 너는 12살부터 시작하니까 얼마나 큰 이점이 있겠어?"

"근데 아빠, 이렇게 준비하면 진짜 다른 사람들도 도와줄 수 있나요?"

"물론이지. 네가 65살이 됐을 때는 네 자녀들도 도와줄 수 있고, 어려운 사람들도 도와줄 수 있어. 돈을 버는 것도 중요하지만, 그 돈으로 좋은 일을 할 수 있다는 게 더 중요하단다."

"자, 이제 마지막으로 중요한 이야기를 해볼까?"

"아빠, 뭔데요?"

"이 계산기로 알게 된 가장 중요한 교훈이 뭔지 알아?"

"일찍 시작하면 더 큰 돈을 모을 수 있다는 거요?"

"그것도 맞지만, 더 중요한 건 '정확한 숫자를 아는 것'이야. 세무사로 일하면서 많은 부자를 만났는데, 그들의 공통점이 뭔지 알아?"

"뭔데요?"

"그들은 항상 숫자를 정확히 알고, 더 나은 방법을 찾아. 예를 들어, 일반 직장인들은 돈이 부족하면 '어떻게 하면 돈을 덜 쓸까?' 고민하는데, 진짜 부자들은 '어떻게 하면 돈을 더 벌까?' 고민해."

"아. 그럼, 저도 그렇게 해야 해요?"

"그렇지. 요즘은 기회가 정말 많아. 단순히 월급만 받는 게 아니라, 투자도 하고, 자기 계발도 하고. 이렇게 여러 가지 방법으로 수입을 늘릴 수 있어."

"우리가 이 계산기로 본 것처럼, 목표 금액이 크게 보일 수도 있어. 하지만 중요한 건 포기하지 않는 거야. 수익률을 1%라도 높이려고 공부하고, 매달 조금이라도 더 투자하려고 노력하는 거지."

"사실 진정한 부자들은 투자 수익으로만 부자가 된 게 아니야. 그들은 실제 사업을 하면서 많은 위험을 감수하고, 그걸 이겨내면서 성공한 거야. 하지만 그 과정에서도 항상 정확한 숫자를 보면서 판단했다는 걸 기억해야 해."

이 계산기를 쓰는 모든 분께 말씀드리고 싶습니다. 여러분의 미래는 지금 여러분이 하는 선택에 달려있습니다. 단순히 돈을 아끼는 것을 넘어서, 여러분의 가치를 높이고 수입을 늘리는 방법을 찾아보세요. 그게 바로 진정한 부자가 되는 길이니까요.

8-2
목표 설정과 계획 수립

"아빠, 아까 '은퇴자금 계산기'로 본 결과를 다시 한번 정리해 볼까요?"

"좋아. 먼저 우리가 입력한 숫자들을 보자."

"매월 필요한 금액이 500만 원이었고."

"그래, 이걸 1년으로 계산하면 6천만 원이지. 그리고 물가상승률은?"

"2%로 계산했어요."

"맞아. 그리고 은퇴 후 목표 투자수익률은 8%였지."

"보통 사람들은 '매월 500만 원'이라는 숫자만 보고 판단하는데, 실제로는 물가 상승을 고려해야 해. 계산기가 보여주는 것처럼, 53년 후에는 그 금액이 1억 7천만 원이 넘는 가치가 된다고 했지? 그만큼 우리는 더 많은 돈을 모아야 하고?"

"정말 큰 금액이긴 해요."

"그래서 우리가 체계적으로 계획을 세워야 해. 한번 단계별로 정리해 볼까?"

[단계별 준비 계획]

1. 초기 자금 준비 (현재~20살)
    - 용돈 관리와 투자 습관 만들기
    - 매월 정기 투자 시작하기
    - 리밸런싱 연습하기

2. 자산 성장기 (20살~40살)
    - 수입의 일정 비율 의무 투자
    - 포트폴리오 다각화
    - 투자 역량 강화

3. 자산 안정기 (40살~65살)
    - 리스크 관리 강화
    - 포트폴리오 보수적 조정
    - 은퇴 준비 최종 점검

"먼저 각 단계를 자세히 살펴볼까?"

[1. 초기 자금 준비 (현재~20살)]

"지금이 가장 중요한 시기야. 큰돈을 버는 게 목표가 아니라, 올바른 습관을 만드는 게 중요하지."

"어떤 습관이요?"

"첫째, 용돈 관리야. 네가 지금 하는 것처럼 매달 용돈의 일부는 반드시 투자하는 거지. 그리고 특별히 받은 돈의 절반 이상은 투자하고."

"둘째는 투자 공부야. 주식이 뭔지, ETF가 뭔지, 채권이 뭔지, 금리가 뭔지, 환율이 뭔지, 복리가 왜 중요한지, 물가상승률은 왜 고려해야 하는지… 이런 것들을 배우는 거지."

"마지막으로 실전 연습이야. 네가 지금 하는 것처럼 적은 금액으로 시작해서, 리밸런싱도 해보고, 수익률도 계산해 보는 거야."

[2. 자산 성장기 (20살~40살)]

"이때는 본격적으로 자산을 늘리는 시기야."
"어떻게요?"

"첫째, '페이 유어셀프 퍼스트(Pay Yourself First)'라는 원칙을 지켜야 해."
"그게 뭔데요?"
"월급이나 수입이 생기면, 제일 먼저 정해진 금액을 투자하는 거야. 써야 할 돈을 먼저 쓰고 남은 걸 투자하는 게 아니라, 투자를 먼저 하는 거지."

"둘째, 포트폴리오를 다양하게 만들어야 해. 주식에만 투자할 게 아니라 채권, 금리, 달러 등, 필요하다면 부동산 투자나 비트코인 등도 고려해 볼 수 있지."

"셋째, 계속 공부하는 거야. 새로운 투자 방법도 배우고, 경제 흐름도 이해하고…"

[3. 자산 안정기 (40살~65살)]

"이 시기에는 지금까지 모은 자산을 잘 지키는 게 중요해."
"왜요?"
"나이가 들수록 위험을 줄여야 하거든. 예를 들어 주식의 비중을 조금씩 줄이고 채권의 비중을 늘린다든지…."
"아빠도 그렇게 하고 있어요?"
"그래, 아빠도 그렇게 하려고 노력하고 있어. 다만 아빠는 너처럼 어릴 때부터 준비하지 못해서 아직은 좀 더 공격적인 투자를 하고 있지. 대신 아빠는 프로그램을 직접 만들어서 로봇이 자동으로 투자해 주고 있기 때문에, 감정적으로 잘못된 선택을 할 가능성을 줄이고 있어."

"근데 아빠, 이렇게 계획대로 다 할 수 있을까요?"
"물론 계획대로 딱딱 맞출 순 없어. 하지만 방향은 정해두는 게 중요해. 마치 지도를 보고 여행하는 것처럼, 목적지가 어딘지 알면 거기에 맞춰서 조금씩 수정해 나갈 수 있거든."

8-3
리스크 관리와 포트폴리오 구성

"아빠, 방금 말씀하신 것처럼 계획대로 안 될 수도 있잖아요. 그럼 어떻게 해야 해요?"

"그래서 오늘은 '리스크 관리'에 대해 배워 볼 거야."

"리스크요?"

"그래, 우리말로 하면 '위험 관리'겠지. 투자에서 가장 중요한 게 바로 이거야."

"투자할 때 어떤 위험이 있는데요?"

"우리 자장면 가게로 다시 설명해 볼까?"

"네!"

"만약에 네가 자장면 가게 하나에만 투자했다고 해보자. 그런데 그 가게 주변에 갑자기 큰 공사가 시작됐어."

"아… 손님이 줄어들겠네요."

"그렇지. 이런 걸 '개별 위험'이라고 해."

"그럼 어떻게 해야 해요?"

"여러 가게에 나눠서 투자하면 되지. 자장면 가게도 있고, 피자 가게도 있고, 치킨 가게도 있고."

"아! 그래서 우리가 ETF를 사는 거예요?"

"정확해! ETF는 여러 회사에 분산 투자하는 거니까, 한 회사에 문제가 생겨도 크게 걱정하지 않아도 돼."

"그럼, ETF만 사면되나요?"

"아니, 여기서 더 중요한 게 있어. 우리가 배웠던 '자산 배분'이라는 거 기억나니?"

"네! 주식만 가지고 있는 게 아니라 채권도 가지고 있어야 한다는 거요."

"맞아. 자, 이제 실제로 포트폴리오를 어떻게 구성하는지 볼까?"

[포트폴리오 구성 예시]

1. 성장형 자산 (70%)
    - 글로벌 주식 ETF: 40%
    - 국내 주식 ETF: 30%

2. 안정형 자산 (30%)
    - 채권 ETF: 20%
    - 현금성 자산: 10%

"아빠, 근데 이 비율은 어떻게 정하는 거예요?"
"좋은 질문이야. 크게 세 가지를 고려해야 해."
"뭔데요?"

"첫째는 '나이'야. 젊을수록 성장형 자산의 비중을 높게 가져갈 수 있지."
"아, 그래서 아까 40살 넘어가면 채권을 늘린다고 하신 거예요?"
"그렇지! 둘째는 '투자 목적'이야. 우리는 은퇴 자금을 모으는 게 목적이니까 너무 위험한 투자는 하지 않는 거야."

"셋째는 뭐예요?"
"'마음의 평화'야. 아무리 좋은 투자라도 너무 불안하면 오래 못해. 그래서 밤에 잠을 잘 수 있을 정도의 위험만 감수하는 거야.
아빠가 재미있는 실험 하나 보여 줄게. 이건 노벨 경제학상을 받은 카너먼 교수가 했던 건데…"
"어떤 실험이요?"
"두 가지 선택을 하는 거야. 첫 번째 상황을 보자. 네가 100만 원을 받았어. 여기서 두 가지 선택지가 있어."

"네?"

"하나는 동전 던지기를 해서 이기면 200만 원을 받고, 지면 100만 원을 그대로 가지는 거야. 다른 하나는 그냥 50만 원을 더 받는 거고."

"음. 저는 그냥 50만 원 더 받을래요. 확실하잖아요!"

"그래, 대부분의 사람이 그렇게 선택해. 이번엔 두 번째 상황을 보자."

"이번에는 200만 원을 가지고 있어. 동전 던지기를 해서 이기면 200만 원 그대로 가지고, 지면 반인 100만 원만 가지게 돼. 아니면 그냥 50만 원을 무조건 내놓거나."

"어. 그럼, 동전 던지기 할래요! 50만 원을 그냥 잃는 것보단 나을 것 같아요."

"재미있지 않니? 두 경우 모두 결과는 똑같아. 이기면 200만 원, 지면 100만 원, 아무것도 안 하면 150만 원인데…."

"어? 그러네요! 근데 왜 다르게 선택했지요?"

"바로 이거야! 사람들은 뭔가를 '얻을 수 있는 기회'보다 '잃을 수 있다는 위험'에 훨씬 더 민감하게 반응한대. 첫 번째는 '더 얻을 수 있는 기회'라고 생각하니까 안전한 쪽을 택하고, 두 번째는 '잃을 수 있는 상황'이라고 생각하니까 위험한 선택을 하는 거지."

"아… 그래서 투자할 때도 마음이 중요하다고 하신 거예요?"

"그렇지! 투자할 때도 마찬가지야. 사람들은 주식이 10% 떨어질 때 느끼는 스트레스가, 20% 올랐을 때 느끼는 기쁨보다 더 크대. 그래서 불안한 마음에 자꾸 잘못된 결정을 하게 되는 거야."

"그럼 어떻게 해야 해요?"

"그래서 우리가 감당할 수 있는 만큼만 투자하고, 정기적으로 리밸런싱을 하는 거야. 우리 감정에 휘둘리지 않게 미리 원칙을 정해두는 거지."

[리밸런싱 예시]

"우리가 주식 70%, 채권 30%로 시작했다고 하자. 그런데 주식이 많이 올라서 80:20이 됐어."

"그럼 너무 위험해진 거예요?"

"그렇지! 그래서 주식을 일부 팔아서 다시 70:30으로 맞추는 거야. 이렇게 하면 '높은 가격에 팔고, 낮은 가격에 사는' 원칙도 자연스럽게 지킬 수 있어."

"정기 점검은 어떻게 하는 건데요?"

"우리가 매달 용돈 관리하듯이, 투자도 정기적으로 점검해야 해. 보통 3개월이나 6개월에 한 번씩 이렇게 체크하지."

[정기 점검 항목]

1. 자산 비중 확인
   - 목표한 비율에서 많이 벗어났는지
   - 리밸런싱이 필요한지

2. 수익률 점검
   - 목표 수익률과 비교
   - 너무 욕심을 부리고 있진 않은지

3. 투자 원칙 점검
   - 처음에 세운 원칙을 잘 지키고 있는지
   - 불안감 없이 투자하고 있는지

"결국 중요한 건 '지속 가능한 투자'야. 단기간에 큰돈을 벌려고 하다가 오히려 더 큰 손실을 보는 경우가 많거든."

8-4
정적 자산 배분 전략의 실제

"아빠, 방금 말씀하신 것처럼 정기적으로 자산 비중을 맞춘다고 하셨잖아요. 어떻게 하는 거예요?"

"그래, 이제 구체적인 전략을 알아볼까? 투자 전문가들이 오랜 연구 끝에 만든 세 가지 유명한 전략이 있어."

"어떤 거예요?"

"첫 번째가 바로 '전통적인 6:4 포트폴리오'야. 주식 60%, 채권 40%로 투자하는 거지."

"아까 우리가 본 70:30이랑 비슷하네요?"

"맞아. 제레미 시겔 교수의 연구에 따르면, 20년 이상 장기 투자할 때 주식과 채권의 가장 효율적인 비율이 바로 58:42였대. 그래서 60:40이 표준이 된 거야."[45]

"그럼 이렇게 하면 계속 돈을 벌 수 있는 거예요?"

45　Siegel, Jeremy (2014). Stocks for the Long Run.

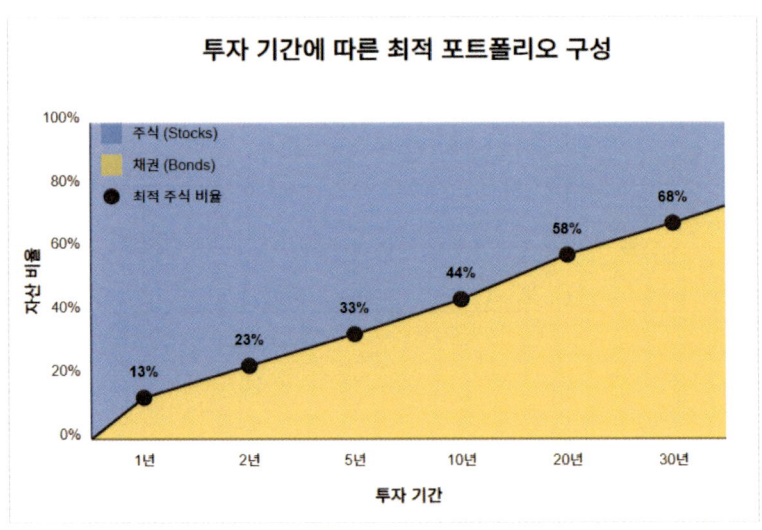

출처: 제레미 시겔, 『주식에 장기 투자하라』

"하하, 제레미 시겔 교수의 유명한 그래프를 쉽게 보여 줄게."
"와, 무슨 그래프예요?"
"이건 투자 기간에 따라 주식과 채권의 최적 비율을 보여주는 거야. 가로축은 '투자기간'이고, 세로축은 '자산비율'이야."

저는 제레미 시겔의 『주식에 장기 투자하라(Stocks for the Long Run)』 책에 나오는 그래프를 쉽게 수정한 그래프를 보여 줬습니다.

"음… 좀 복잡해 보이는데요?"
"하나씩 설명해 줄게. 보면 파란색 영역은 주식 비중이고, 노란색 영역은 채권 비중이야. 그리고 중간의 점(●)과 굵은 선이 각 투자 기간별 최적의 주식 비율을 나타내는 거지. 이 선을 따라가면 투자 기간이 길어질수록 최적의 주식 비율이 어떻게 변하는지 한 눈에 볼 수 있어."

"아! 근데 왜 1년, 2년, 5년… 이렇게 여러 개가 있나요?"

"그게 중요한 포인트야. 예를 들어, 1년만 투자할 때 주식을 13%만 가지고 있는 게 가장 안전하대. 하지만 투자 기간이 길어질수록 어떻게 되는지 봐."

"어… 주식 비율이 점점 높아지네요!"

"맞아! 20년 투자할 때는 주식 비율이 58%로 올라가고, 30년이면 68%까지 높아져. 이게 바로 우리가 배운 6:4 포트폴리오의 과학적 근거야. 장기 투자를 할 때는 주식 비중을 높여도 된다는 거지."

"아하, 그래서 제가 12살부터 시작하니까 주식 비중을 좀 더 높게 가져가도 된다고 하신 거군요!"

"그렇지! 이런 연구 결과들이 우리의 투자 전략에 과학적인 근거를 제공해 주는 거야. 대신 여기서 주식이라는 것이 아무 주식이나 20년 소유하면 된다는 뜻이 아니라는 것은 명심해야 해. 여기서 말하는 주식은 바로 우리가 투자하는 S&P500 같은 인덱스 펀드야. 지금은 ETF라고 생각하면 좋지."

"실제 이러한 방식으로 투자하면 어느 정도의 수익률을 얻을 수 있는지 테스트해 볼까?"

"어떻게요?"

"아빠가 너를 위해 직접 만든 포트폴리오 테스트 사이트를 알려줄게. 이 사이트를 알아두면, 정적 자산 배분 전략을 자유롭게 시험해 볼 수 있어."

- 사이트 주소: '우동호 자산 배분' 또는 '우동호 포트폴리오'로 검색

  https://portfolio.ezinit.com/

- 아래 QR코드로도 이동 가능

"이 사이트인데, 아빠가 실제 데이터들로 교육용으로 만든 사이트라 로그인도 필요 없어. 같이 해보자."

"상단의 '정적 자산 배분' 버튼을 누르고 '정적 자산 배분 백테스트'를 고르면 이런 화면이 나와. 뭔가 복잡하지? 몇 가지 버튼만 알면 쉽게 다룰 수 있어."

부자아빠 부자아이

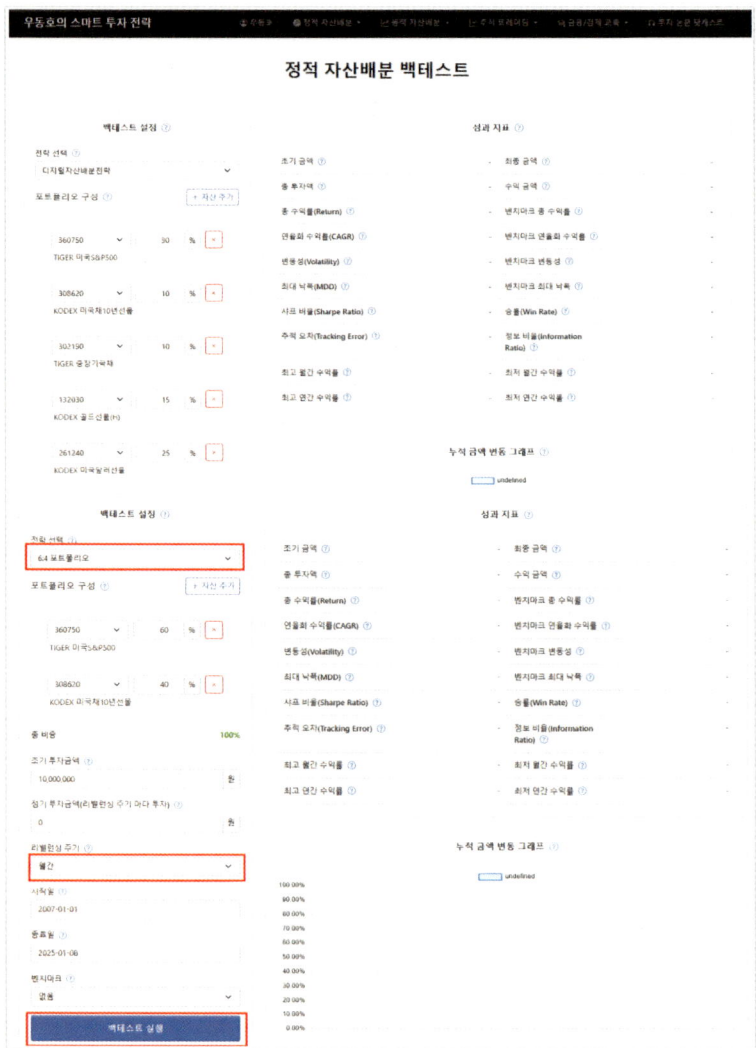

"이렇게 좌측 상단의 '전략 선택' 버튼을 누르면, 실제 내가 투자할 포트폴리오를 직접 만들거나 고를 수 있어."

제8장 미래를 위한 구체적인 계획

"그 아래 '포트폴리오 구성'에서는 자유롭게 투자자산을 더하거나 뺄 수 있어. 물론 이때 총 비중이 100%여야 해. 먼저 다른 건 그냥 다 기본값으로 두자. 우리가 배운 리밸런싱의 주기가 '월간'으로 되어 있는 걸 볼 수 있지? 이것은 매달 리밸런싱을 한다는 뜻이야."

"투자 전략은 몇 가지 해볼 건데, 먼저 첫 번째로 아까 배운 6:4 전략을 테스트해 보자. 6:4 전략에서 주식은 미국 S&P 500을 사용할 거야. 그리고 미국 채권은 미국 10년 만기 국채에 투자하는 ETF가 선택되어 있지? 이 상태에서 '백테스트 실행' 버튼을 누르면 바로 결과를 확인할 수 있어."

성과 지표
(2020-08-07 ~ 2025-01-07)

초기 금액	10,000,000원	최종 금액	16,244,551원
총 투자액	10,000,000원	수익 금액	6,244,551원
총 수익률(Return)	62.45%	벤치마크 총 수익률	-
연율화 수익률(CAGR)	11.61%	벤치마크 연율화 수익률	-
변동성(Volatility)	2.09%	벤치마크 변동성	-
최대 낙폭(MDD)	-13.25%	벤치마크 최대 낙폭	-
샤프 비율(Sharpe Ratio)	4.59	승률(Win Rate)	54.75%
추적 오차(Tracking Error)	-	정보 비율(Information Ratio)	-
최고 월간 수익률	6.25% (2022-07)	최저 월간 수익률	-7.15% (2022-12)
최고 연간 수익률	28.17% (2024)	최저 연간 수익률	-12.41% (2022)

293

"와, 결과가 나왔네요! 이게 뭘 의미하는 거예요?"

"하나씩 설명해 줄게. 2020년부터 지금까지 약 4년 동안 만약 천만 원으로 6:4 포트폴리오로 투자를 시작했다면 16,240,000원 정도가 됐어."

"얼마나 수익을 낸 거예요?"

"수익률로 치면 62.45%인데, 원금 대비 총 62.45%만큼 이익이 났다는 의미야. 그리고 연율화 수익률, 즉 CAGR(Compound Annual Growth Rate)이 11.61%라고 되어있지? 이건 매년 평균적으로 11.61%씩 돈이 불어났다는 뜻이지."

"그런데 아빠, 여기 MDD 라고 쓰여 있는 건 뭐에요?"

"MDD(Maximum Drawdown)는 '최대 낙폭'이라고 해. 투자하는 동안 중간에 가장 많이 떨어진 폭이 -13.25%였다는 거야. 이건 2022년에 미국이 금리를 크게 올렸을 때 있었던 일이야. 금리가 오르니까 주식도, 채권도 모두 떨어졌거든."

"으…. 13%나 떨어지면 무섭지 않았을까요?"

"그래서 여기 '변동성'이라는 게 있어. 2.09%인데, 이건 수익률이 얼마나 불안정한지 보여주는 거야. 낮을수록 안정적이라고 보면 돼. 즉 사실 이 정도의 변동성은 충분히 안정적이라는 뜻이지"

"아하! 그럼, 여기 샤프비율은요?"

"이건 투자의 효율성을 보여주는 거야. 얼마나 위험을 감수하고 수익을 냈는지 알려주는 숫자인데, 높을수록 좋아. 보통 1이 넘으면 괜찮은 전략이라고 봐. 샤프비율이 4.59 나왔네?"

"그럼, 이 전략은 괜찮은 거에요?"

"그렇지! 물론 요즘 미국 주식이 무섭게 올라서 일반적인 상황보다 더 많이 오른 측면이 있지만 장기적으로 봤을 때 꾸준히 돈이 불어나고, 위험 대비 수익도 나쁘지 않아. 중요한 건 중간에 떨어질 때 겁먹고 팔지 않는 거야."

"그럼, 두 번째 전략은 뭔가요?"

"'영구 포트폴리오'라는 건데, 이건 해리 브라운이라는 투자자가 만든 거야. 어떤 상황에서도 안정적인 수익을 내기 위해 자산을 네 가지로 똑같이 나누는 거지."

백테스트 설정

전략 선택
영구 포트폴리오

포트폴리오 구성   + 자산 추가

360750   25 % ×
TIGER 미국S&P500

308620   25 % ×
KODEX 미국채10년선물

132030   25 % ×
KODEX 골드선물(H)

153130   25 % ×
KODEX 단기채권

총 비중   100%

"네 가지요? 주식이랑 채권만 있는 게 아니에요?"
"그렇지. 주식 25%, 장기 채권 25%, 현금 25%, 금 25%. 각각 네

가지 자산에 똑같이 투자하는 거야."

"어, 근데 왜 하필 이 네 가지로 25%씩이에요?"

"좋은 질문이야! 이 네 가지 자산이 서로 다른 경제 상황에서 강점을 보인다고 지난번에 공부했었지? 예를 들어볼까?"

"네!"

"경제가 성장할 때는 주식이 잘 되고, 불황일 때는 채권이 안전하지. 인플레이션이 오면 금이 가치를 지켜주고, 디플레이션이 오면 현금이 힘을 발휘해. 마치 사계절에 맞는 옷을 골고루 준비해 두는 것처럼 말이야."

"아하! 그래서 똑같이 25%씩 하는 거군요?"

"맞아! 1970년부터 2020년까지 50년간 이 전략으로 투자했다면, 연평균 8.4% 수익률을 기록했어. 특히 최대 손실률이 -12.3%밖에 안 됐다는 게 중요하지."[46]

"와, 손실이 그렇게 적어요?"

"그렇지. 하지만, 이 전략에도 단점은 있어. 뭘까?"

"음. 주식이 25%밖에 없으니까, 수익률이 좀 낮나요?"

"좋아. 실제 어떨지 결과를 확인해 볼까?"

---

46 Butler, Craig L. (2020). "The Permanent Portfolio: Theory and Implementation"

성과 지표
(2020-08-07 ~ 2025-01-07)

초기 금액	10,000,000원	최종 금액	12,988,156원
총 투자액	10,000,000원	수익 금액	2,988,156원
총 수익률(Return)	29.88%	벤치마크 총 수익률	-
연율화 수익률(CAGR)	6.10%	벤치마크 연율화 수익률	-
변동성(Volatility)	1.22%	벤치마크 변동성	-
최대 낙폭(MDD)	-6.45%	벤치마크 최대 낙폭	-
샤프 비율(Sharpe Ratio)	3.37	승률(Win Rate)	54.01%
추적 오차(Tracking Error)	-	정보 비율(Information Ratio)	-
최고 월간 수익률	3.28% (2024-03)	최저 월간 수익률	-2.84% (2022-12)
최고 연간 수익률	18.45% (2024)	최저 연간 수익률	-5.87% (2022)

누적 금액 변동 그래프
(2020-08-07 ~ 2025-01-07)

손실 그래프
(2020-08-07 ~ 2025-01-07)

제8장 미래를 위한 구체적인 계획

"자. 결과가 어떻지?"

"음, 연율화 수익률이 6.1%네요? 아까 6:4 포트폴리오보다는 낮네요. 수익이 너무 낮은 거 같아요."

"대신 손실도 적지, 여기 최대 낙폭이 -6.45%밖에 안 되지? 변동성도 훨씬 적고."

"아 그러네요."

"즉 이 전략은 아까 6:4 포트폴리오보다 더 안전하게 자산을 지키고 싶을 때 사용할 수 있는 포트폴리오야."

"음 그런데 6:4 포트폴리오와 영구 포트폴리오의 연율화 수익률 차이가 4.5% 정도 나는데, 우리가 전에 배웠던 복리수익률로 따져보면 큰 차이 아닌가요?"

"똑똑하구나! 맞아. 사실 20~30년 혹은 그보다 더 길게 보면, 1년에 4.5%씩 차이 나면 어마어마한 차이가 되지. 그래서 나온 게 세 번째 전략인 '올웨더 포트폴리오'야. 이건 주식 비중을 좀 더 늘린 거지. 원래는 좀 더 복잡한데, 아빠가 쉽게 만들었어."

"'올웨더 포트폴리오'는 레이 달리오라는 세계 최대 헤지펀드 브릿지워터의 설립자가 만든 전략이야. 그는 '어떤 날씨에서도 견딜 수 있는 포트폴리오'를 만들고 싶었대."

"레이 달리오요? 어떤 사람이에요?"

"음, 그는 12살 때 신문 배달로 번 300달러로 주식 투자를 시작해서, 지금은 세계에서 가장 성공한 투자자 중 한 명이 됐어. 특히

제8장 미래를 위한 구체적인 계획

그는 '경제는 기계처럼 작동한다'라며 경제의 기본 원리를 이해하는 것의 중요성을 강조했지."

"와, 저랑 비슷한 나이에 시작했네요! 근데 올웨더 포트폴리오는 어떻게 구성하는 거에요?"

"기본적으로 주식 30%, 중기 국채 15%, 장기 국채 40%, 원자재 7.5%, 금 7.5%로 구성돼. 영구 포트폴리오보다 주식과 채권 비중이 높아. 하지만 아빠는 금리 상황을 고려하되, 원래의 의도를 반영해서 이렇게 주식 30%, 중기 국채 40%, 원자재 15%, 금 15%로 구성했지."

"그런데 아빠, 왜 하필 이런 비율로 나눈 거에요?"

"레이 달리오는 경제에 영향을 미치는 주요 요인을 경제성장과 인플레이션이라고 봤어. 그래서 이 두 가지 요인이 좋을 때와 나쁠 때, 총 네 가지 환경에서 모두 수익을 낼 수 있도록 설계한 거야."

"아, 영구 포트폴리오처럼요?"

"맞아! 하지만 좀 더 공격적이지. 실제로 한번 테스트해 볼까? 여기 결과를 보자."

부자아빠 부자아이

성과 지표
(2020-08-07 ~ 2025-01-07)

초기 금액	10,000,000원	최종 금액	15,100,273원
총 투자액	10,000,000원	수익 금액	5,100,273원
총 수익률(Return)	51.00%	벤치마크 총 수익률	-
연율화 수익률(CAGR)	9.78%	벤치마크 연율화 수익률	-
변동성(Volatility)	1.83%	벤치마크 변동성	-
최대 낙폭(MDD)	-11.95%	벤치마크 최대 낙폭	-
샤프 비율(Sharpe Ratio)	4.25	승률(Win Rate)	55.76%
추적 오차(Tracking Error)	-	정보 비율(Information Ratio)	-
최고 월간 수익률	4.51% (2020-11)	최저 월간 수익률	-4.48% (2022-12)
최고 연간 수익률	20.60% (2021)	최저 연간 수익률	-4.60% (2022)

"연율화 수익률이 9.78%네요! 6:4 포트폴리오보다는 낮지만, 영구 포트폴리오보다는 높아요."

"그리고 최대 낙폭을 봐. -11.95%로 6:4 포트폴리오보다 안정적이지? 변동성도 1.83%로 낮고."

"아하! 그럼 이건 6:4 포트폴리오와 영구 포트폴리오의 중간 정도라고 보면 되나요?"

"잘 봤는데? 꽤 괜찮은 수익을 내면서도 위험은 적절히 통제하는 거지. 레이 달리오는 '성공적인 포트폴리오의 비결은 위험 분산에 있다'고 했어."

"자, 이렇게 세 가지 전략을 살펴봤는데, 각각의 특징을 정리해 볼까?"

"네! 하나씩 장단점이 있었잖아요."

"맞아. 먼저 전통적인 6:4 포트폴리오는 수익률이 가장 높았지만, 그만큼 변동성도 컸어. 연율화 수익률이 11.61%로 가장 높았지만, 최대 낙폭도 -13.25%로 가장 컸지."

"영구 포트폴리오는 반대였죠?"

"그래, 연율화 수익률은 6.1%로 낮았지만, 최대 낙폭이 -6.45%로 가장 안정적이었어. 마지막으로 올웨더 포트폴리오는 9.78%의 수익률과 -11.95%의 최대 낙폭으로 중간 정도의 특성을 보였지."

"그럼 어떤 전략을 써야 할까요?"

"이게 바로 중요한 질문이야. 워런 버핏이 '투자에서 가장 중요한 것은 자신의 위험 감내 수준을 아는 것'이라고 했어. 즉, 자신에게 맞는 전략을 고르는 게 중요하다는 거지."

"어떻게 고르는 게 좋을까요?"

"세 가지를 고려하면 돼. 첫째, 투자 기간이 얼마나 되는지. 둘째, 중간에 얼마나 큰 손실을 견딜 수 있는지. 셋째, 목표 수익률이 얼마인지."

"아빠가 예를 들어 주실래요?"

"그래. 예를 들어 젊고 투자 기간이 긴 사람이라면, 6:4 포트폴리오가 적합할 수 있어. 워런 버핏도 '시장의 단기 변동성을 두려워하지 말고 장기적 관점을 가져야 한다.'고 했지. 반면에 은퇴를 앞두고 있거나 안정성을 중요하게 생각하는 사람이라면 영구 포트폴리오가 좋을 거야."

"그럼, 저같이 어린 나이에 시작하는 경우는요?"

"네가 12살이니까, 투자 기간이 매우 길지. 벤저민 그레이엄은 '젊은 투자자의 가장 큰 자산은 시간'이라고 했어. 그러니까 처음에는 6:4나 좀 더 공격적으로 7:3으로 조정한 포트폴리오로 시작하고, 나중에 상황에 따라 조절하는 것도 좋은 방법이야."

"아하! 그리고 나중에 나이가 들면 더 안전한 전략으로 바꾸면 되는 거죠?"

"정확해! 이걸 '글라이드 패스(Glide Path)'라고 하는데, 나이가 들수록 점진적으로 안전 자산의 비중을 높여가는 거야. 실제로 많은 은퇴 연금 펀드들이 이런 방식을 사용한단다."

"아빠, 근데 궁금한 게 있어요. 꼭 이 비율을 계속 똑같이 유지해야 하나요?"

"아빠도 처음 공부할 때 같은 생각을 했었어. 사실 우리가 지금까지 배운 전략들은 '정적' 자산 배분이라고 해서, 정해진 비율을 계속 유지하는 거였어. 하지만 실제 시장은 계속 변하잖아?"

"맞아요. 지난번에 뉴스에서 금리가 올랐다고 했을 때 주식 시장이 많이 떨어졌잖아요."

"그래, 똑똑하구나! 실제로 레이 달리오는 '경제 환경은 계속 변하기 때문에, 포트폴리오도 이에 맞춰 변해야 한다.'고 했어. 이걸 '동적 자산 배분'이라고 하는데, 다음번에 자세히 배워볼 거야."

"오, 그럼 상황에 따라서 자산 비율을 바꾸는 건가요?"

"맞아. 예를 들어볼까? 네가 좋아하는 축구로 설명해 보자. 축구팀이 경기 내내 같은 전술을 쓰지는 않지? 전반전에는 공격적으로 가다가, 점수를 얻으면 수비를 강화하기도 하잖아."

"아! 그것처럼 시장 상황에 따라 전략을 바꾸는 거군요?"

"그래. 투자에서는 '성공적인 투자는 리스크 관리에서 시작된다'는 유명한 말이 있어. 시장 상황이 위험해 보일 때는 좀 더 안전한 자산의 비중을 높이고, 기회가 보일 때는 공격적으로 간다는 거지."

"근데 어떻게 알 수 있어요? 시장이 위험한지 아닌지를?"

"하하. 이것도 다음번에 공부하자. 경제 지표들을 보는 방법, 그리고 그에 따라 어떻게 포트폴리오를 조정하는지. 특히 요즘은 AI를 활용해서 이런 판단을 도와주는 도구들도 많이 있어."

"와, 그럼 AI가 알아서 다 해주는 거예요?"

"AI는 도구일 뿐이야. 우리가 자신의 투자를 이해하지 못하면 성공할 수 없어. 그래서 우리는 기본 원리부터 차근차근 배우고 있는 거지."

"아하, 그럼, 다음에는 동적 자산 배분에 대해 배우는 거군요?"

"그래! 벌써부터 기대되지 않니?"

우리는 지금까지 세 가지 대표적인 정적 자산 배분 전략을 살펴보았습니다. 전통적인 6:4 포트폴리오의 높은 수익성, 영구 포트폴리오의 안정성, 그리고 올웨더 포트폴리오의 균형 잡힌 접근법까지. 각각의 전략은 저마다의 특징과 장단점을 가지고 있습니다.

유명한 투자 격언 중에 "투자자의 성공은 자신의 본성을 얼마나 잘 이해하느냐에 달려 있다"라는 말이 있습니다. 여러분에게 맞는 전략을 선택할 때는 다음 세 가지를 고려하시기를 바랍니다.

1. 투자 기간: 은퇴까지 얼마나 남았는지

2. 위험 감내도: 중간의 손실을 얼마나 견딜 수 있는지

3. 목표 수익률: 어느 정도의 수익을 기대하는지

특히 자녀와 함께 시작하는 경우, 긴 투자 기간을 활용할 수 있다는 큰 장점이 있습니다. 시작이 절반이라는 말처럼, 어떤 전략을 선택하든 일관성 있게 실천하는 것이 무엇보다 중요합니다. 다음 장에서는 이러한 정적 자산 배분의 한계를 보완하는 동적 자산 배분 전략에 대해 알아보겠습니다.

더 나은 미래를 위한 첫걸음을 시작하셨다면, 이제 그 걸음을 꾸준히 이어가는 일만 남았습니다. 시장의 변동성에 흔들리지 않고, 선택한 전략을 끝까지 지켜나가는 것. 그것이 바로 성공적인 투자의 비결입니다.

8-5
동적 자산 배분 전략의 활용

"아빠, 오늘은 새로운 걸 배울 거라고 하셨죠?"

"그래, 오늘은 정말 재미있는 걸 알려줄 거야. '모멘텀'이라는 걸 들어본 적 있니?"

"모멘텀이요? 그게 뭔데요?"

"간단한 예를 들어볼게. 네가 자전거를 탈 때 내리막길을 내려가면 어떻게 되지?"

"점점 더 빨라져요!"

"맞아! 그리고 한번 빨라지기 시작하면 쉽게 멈추지 않지? 주식 시장도 비슷해. 한번 오르기 시작한 주식은 계속 오르는 경향이 있고, 한번 떨어지기 시작한 주식은 계속 떨어지는 경향이 있어. 이걸 '모멘텀'이라고 해."

"와! 그럼 오르는 주식만 사면 되겠네요?"

"하하, 그렇게 생각할 수 있지. 실제로 1993년 Jegadeesh와 Titman이라는 학자들이 재미있는 연구 결과를 발표했어.[47] 지난

3~12개월 동안 잘 나갔던 주식들이 그 이후에도 계속 좋은 성과를 낼 가능성이 높다는 '모멘텀 효과'를 발견한 거야. 이건 마치 자전거가 한번 속도를 내면 계속 그 속도를 유지하려는 것과 비슷하지."

"근데 아빠, 그러면 위험하지 않아요? 갑자기 방향이 바뀌면 어떡해요?"

"예리한데? 그래서 우리에게 '카나리아'가 필요한 거야."

"카나리아요? 그거 새 아니에요?"

"응! 옛날 광부들은 갱도에 들어갈 때 카나리아를 데리고 갔대. 카나리아는 공기에 민감해서 유독가스가 새어 나오면 카나리아가 먼저 반응하니까, 광부들은 카나리아를 보고 위험을 피할 수 있었지."

"아, 그럼 투자할 때도 그런 게 있다는 거예요?"

"그렇지! 우리가 '카나리아 자산'이라고 부르는 것들이 있어. 이 자산들이 먼저 위험 신호를 보내주면, 우리는 공격적인 투자에서 방어적인 투자로 바꿀 수 있는 거지."

"와, 그렇게 하면 정말 안전하겠어요! 그럼 어떤 전략들이 있나요?"

"멋진 전략들이 많지만, 그중에 3가지를 알려줄게. BAA, VAA, WAA 전략이야.

자, BAA, VAA, 그리고 WAA 전략이 무엇이 다른지 자세히 알아보자. 먼저 BAA부터 설명해 줄게."

---

47 Jegadeesh, N. & Titman, S. (1993). Returns to Buying Winners and Selling Losers: Implications for Stock Market Efficiency. The Journal of Finance, 48(1), 65-91.

"아빠가 제일 좋아하는 게 뭐예요?"

"글쎄. 다 장단점이 있지만, BAA는 정말 과감한(Bold) 전략이야. 모든 자산을 한쪽으로 몰아넣을 수 있거든."

"어떻게요?"

"BAA는 크게 세 가지 자산군을 봐. 공격자산, 방어자산, 그리고 아까 말한 카나리아 자산이지."

"공격자산이랑 방어자산이 뭐예요?"

"공격자산은 경제가 잘될 때 수익이 좋은 자산들이야. 예를 들면 주식이나 부동산 같은 것들이지. 방어자산은 경제가 어려울 때 안전한 자산들, 예를 들면 채권이나 금 같은 거고."

"아, 그럼 카나리아 자산은요?"

"카나리아 자산은 위험을 미리 알려주는 자산이야. 예를 들어 미국 S&P500 지수가 카나리아 자산이 될 수 있어. 이 지수가 떨어지기 시작하면, 전 세계 주식 시장이 어려워질 수 있다는 신호가 되는 거지."

"그럼 어떻게 투자해요?"

"매달 한 번씩 카나리아 자산을 확인해. 만약 카나리아가 건강하다면, 즉 지난 12개월 동안 수익률이 높았다면, 우리는 공격자산 중에서 가장 좋은 성과를 보인 자산에 투자하는 거야."

"근데 카나리아가 안 좋으면요?"

"그때는 바로 방어자산으로 옮기는 거야. 방어자산 중에서도 가장 성과가 좋은 것을 골라서. 그래서 이름이 'Bold'야. 과감하게

100% 한쪽으로 움직이거든."

"아, BAA는 가장 잘나가는 자산에 투자하는 전략인 거군요. 그럼 VAA는요?"

"VAA는 조금 더 신중해. 'Vigilant'라는 말은 '경계하는, 조심스러운'이라는 뜻이거든. BAA와 비슷하지만, 카나리아 자산을 따로 보지 않고, 대신 모든 자산의 모멘텀을 더 자주, 더 세밀하게 체크해."

"어떻게 체크하는데요?"

"1개월, 3개월, 6개월, 12개월의 수익률을 모두 보고, 각각에 다른 가중치를 줘서 계산해. 최근 수익률에 더 높은 가중치를 주는 거지. 그리고 공격자산과 방어자산 모두의 점수를 매겨서, 더 좋은 쪽에 투자해."

"음. 말만 들어서는 잘 모르겠어요. 너무 어려워요. 어쨌든 VAA도 모멘텀에 따라 투자한다는 거죠? 그럼, WAA는요?"

"WAA는 아빠가 만든 전략이야. 'Woo-ho Asset Allocation'이라고 하지. 기존에 존재하는 모든 동적 자산 배분 전략들의 장점을 모두 가져오려고 했어."

"와, 어떤 장점들이요?"

"BAA의 카나리아 시스템도 쓰고, VAA처럼 세밀한 모멘텀 계산도 해. 거기에 더해서 시장 상태도 분석하지. 예를 들어 지금 시장이 상승장인지, 하락장인지, 아니면 박스권인지를 보는 거야."

"앗, 그걸 어떻게 알 수 있어요?"

"여러 가지 지표들을 봐. 이동평균선이라든지, RSI 같은 기술적 지표들…. 음, 좀 어려운 얘기는 나중에 하고, 중요한 건 이 세 가지 전략 모두 우리가 투자할 때 정말 도움이 된다는 거야."

"근데 아빠, 이런 전략들을 직접 하려면 되게 어려울 거 같은데요? 들어 봐도 잘 모르겠어요."

"맞아. 매일 이런 계산을 하고 추적하는 건 쉽지 않지. 그래서 아빠가 웹사이트도 만들고, 자동으로 계산해 주는 프로그램도 만든 거야. 실제로 이런 전략들이 어떻게 작동하는지 한번 볼까? 지난번에 알려준 아빠가 만든 사이트를 보자."

- 사이트 주소: '우동호 자산 배분' 또는 '우동호 포트폴리오'로 검색

https://portfolio.ezinit.com/

- 아래 QR코드로도 이동 가능

"아까 말해 준 순서대로 성과를 볼까? 먼저 BAA 전략의 성과를 보자. 아까 BAA가 어떤 전략이라고 했지?"

제8장 미래를 위한 구체적인 계획

313

"아! 카나리아 자산을 보고, 공격자산이랑 방어자산 중에 하나를 선택하는 거요!"

"정확해! 여기 화면을 보면, 1천만 원으로 시작했을 때 지금 얼마가 됐는지 보여."

"와! 1천만 원이 1천219만 원이 됐네요!"

"응, 총수익률이 21.96%야. 연평균으로 하면 6.14% 정도의 수익을 냈지. 여기서 재미있는 점이 뭔지 알아?"

"뭔데요?"

"변동성이 1.04%밖에 안 돼. 이건 정말 낮은 거야. 주식 시장의 변동성이 보통 15~20% 정도인 걸 생각하면 엄청 안정적이지."

"아, 그래서 그래프가 이렇게 완만하게 올라가나요?"

"맞아! 여기 손실 그래프를 봐. 최대 낙폭이 -7.04%밖에 안 돼. 이건 정말 대단한 거야. 보통 주식 투자하면 -30%, -40%까지도 떨어질 수 있거든."

"그럼 이게 제일 좋은 전략이에요?"

"꼭 그렇진 않아. 승률이 38.03%라는 건 10번 중 4번 정도만 수익을 본다는 뜻이야. 하지만 이익을 볼 때는 크게 보고, 손실을 볼 때는 작게 봐서 전체적으로는 좋은 성과를 내는 거지."

"아, 그래서 '과감한' 전략이라고 했던 거예요?"

"그렇지! 카나리아 자산이 건강할 때는 과감하게 공격자산에 투자하고, 위험 신호가 오면 빠르게 방어자산으로 옮기니까."

제8장 미래를 위한 구체적인 계획

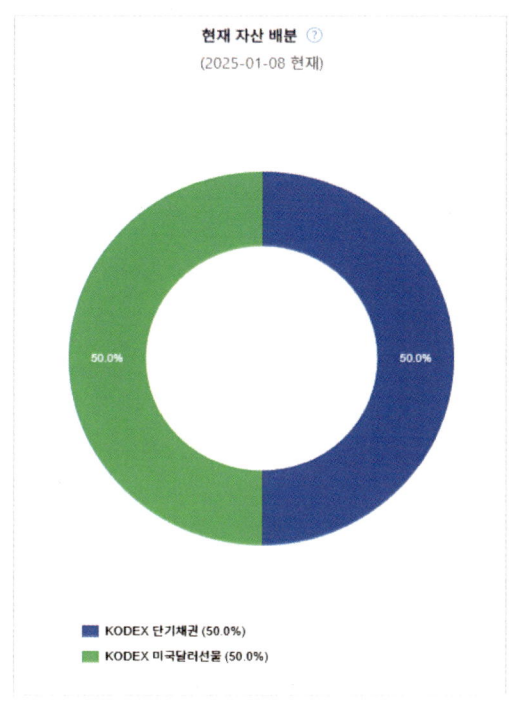

"여기 더 재미있는 걸 보여 줄게. 이 원형 그래프는 현재 우리가 가지고 있어야 하는 자산 비중을 보여 주는 거야."

"아, 지금은 KODEX 단기채권과 KODEX 미국달러선물을 반반 씩 가지고 있네요?"

"맞아! 이건 카나리아 자산이 위험 신호를 보내서 방어자산으로 전환한 상태야. 재미있는 건 밑에 있는 그래프인데…"

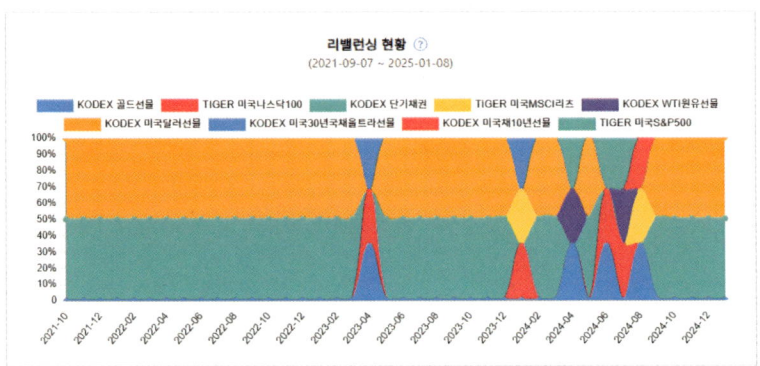

"와, 이 그래프는 뭐예요? 색깔이 계속 바뀌어요!"

"이건 '리밸런싱 현황'이라고 해서, 우리가 시간이 지나면서 어떤 자산들을 가지고 있었는지 보여주는 거야. 보면 재미있는 패턴이 보이지 않니?"

"음, 처음에는 초록색(KODEX 단기채권)이랑 주황색(KODEX 미국달러선물)만 있다가, 중간중간 다른 색깔들이 나타났다 사라졌어요!"

"맞아! 이게 바로 BAA 전략의 특징이야. 카나리아 자산이 안전하다고 신호를 보내면 공격 자산들(TIGER 미국나스닥100, TIGER 미국S&P500 같은)에 투자했다가, 위험 신호가 오면 다시 방어자산으로 돌아오는 걸 보여주는 거야."

"아하! 그래서 중간중간 분홍색(TIGER 미국나스닥100)이나 하늘색(TIGER 미국 S&P500) 같은 게 나타났다가 사라진 거군요?"

"맞았어! 이런 식으로 시장 상황에 따라 과감하게 자산을 바꾸는 게 BAA 전략의 핵심이야. 지금처럼 시장이 불안할 때는 방어자산으로 피해 있다가, 시장이 좋아지면 다시 공격자산으로 돌아가는 거지."

"근데 아빠, 어떻게 이렇게 자주 바꿀 수 있어요?"

"그래서 우리가 ETF를 쓰는 거야. ETF는 주식처럼 쉽게 사고팔 수 있거든. 매달 한 번씩 이렇게 자산을 체크하고 필요하면 바꾸는 거야."

"자, 이번에는 VAA 전략을 볼까? 이건 조금 다른 패턴을 보여줘."

"무엇이 다른데요?"

"먼저 성과를 보면, 1천만 원으로 시작해서 1천250만 원이 됐네. 연평균 수익률이 6.95%인데, 이건 BAA보다는 조금 낮아. 그런데 MDD는 -10.92%고, 변동성도 더 크지."

"왜 더 낮은 거에요?"

"좋은 질문이야! 2022년에 특별한 일이 있었거든. 전 세계적으로 금리가 급격하게 올랐어. 이런 상황에서는 주식도, 채권도 모두 어려움을 겪었어."

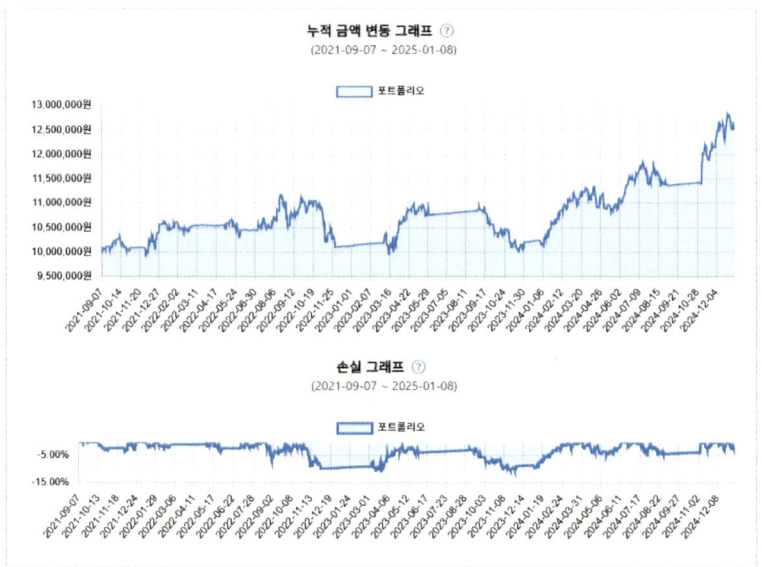

"아, 근데 여기 리밸런싱 그래프를 보니까 색깔이 더 자주 바뀌네요?"

"맞아! VAA는 BAA보다 더 민감하게 반응해. 보면 TIGER 미국

제8장 미래를 위한 구체적인 계획

S&P500, KODEX 단기채권, PLUS 미국 단기채권세 같은 자산들 사이를 더 자주 움직이는 게 보이지?"

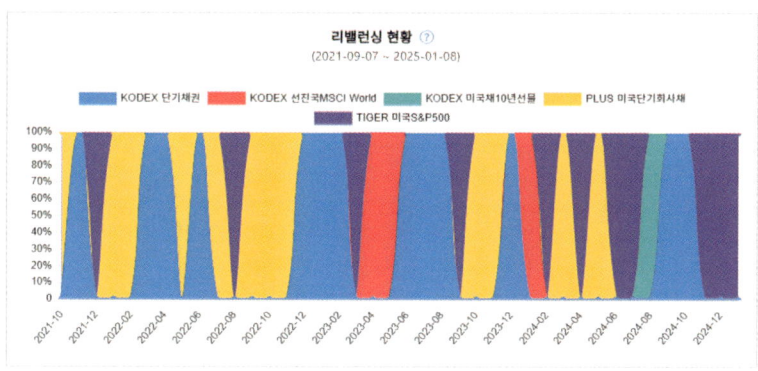

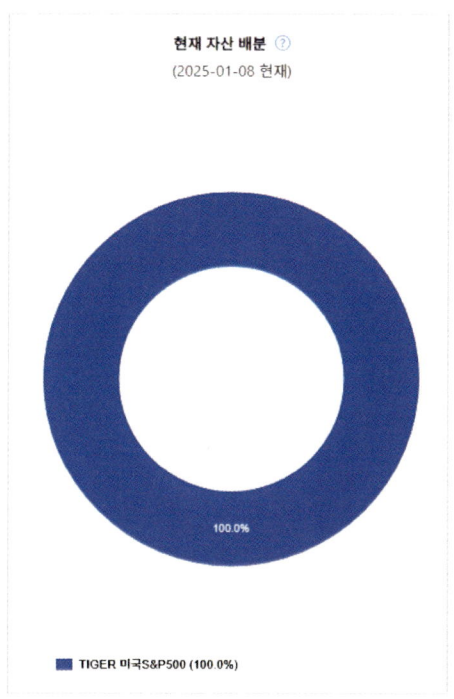

"네! 지금은 TIGER 미국 S&P500에 100% 투자하고 있네요?"

"그렇지. 근데 여기서 우리가 중요한 걸 배울 수 있어. 아무리 좋은 전략이라도 한계가 있을 수 있다는 거야. VAA는 주식과 채권 두 가지만 번갈아 가며 투자하는데…."

"그게 왜 문제예요?"

"때로는 주식도, 채권도 모두 떨어질 수 있거든. 그럴 때는 현금으로 도망갈 곳이 있어야 해. 마치 비 올 때 들어갈 수 있는 지붕이 필요한 것처럼."

"아하! 그러면 아빠가 만든 WAA 전략에는 현금도 포함했어요?"

"맞아! 안정적인 포트폴리오를 만들려면 주식, 채권뿐만 아니라 현금까지, 세 가지 자산을 모두 활용하는 게 좋아. 특히 지금처럼 불확실성이 큰 시기에는 더욱 그렇지."

"음, 이제 WAA도 볼까요?"

"그래 WAA 전략을 보자. 이건 아빠가 직접 만든 전략이야."

제8장 미래를 위한 구체적인 계획

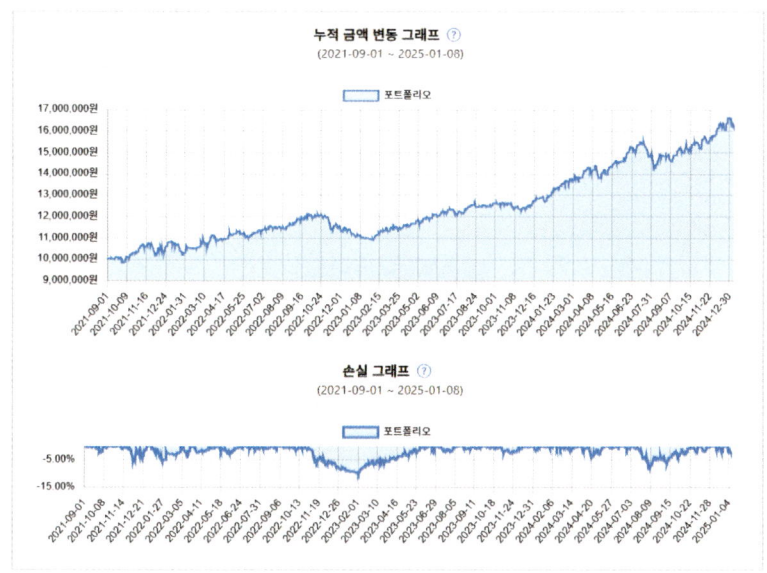

"오! 근데 성과가 되게 좋네요! 1천만 원이 1천616만 원이 됐어요!"

"응, 연평균 수익률이 15.40%로 BAA나 VAA보다 높아. 더 재미있는 건 변동성이 1.78%밖에 안 된다는 거야. 이건 정말 안정적이라는 뜻이지."

"아빠, 근데 이 원형 그래프가 되게 복잡해요. 여러 가지 색깔이 있네요?"

"그게 바로 WAA 전략의 특징이야. 보면 TIGER 미국 S&P500이 40%, TIGER 미국나스닥100이 15%, KODEX 차이나 CSI300이 15% 이렇게 여러 자산에 분산투자하고 있지? 거기다 단기채권도 5% 정도 가지고 있고."

"아, 다른 전략들은 하나의 자산에 100% 투자했는데, 이건 여러 개로 나눴네요!"

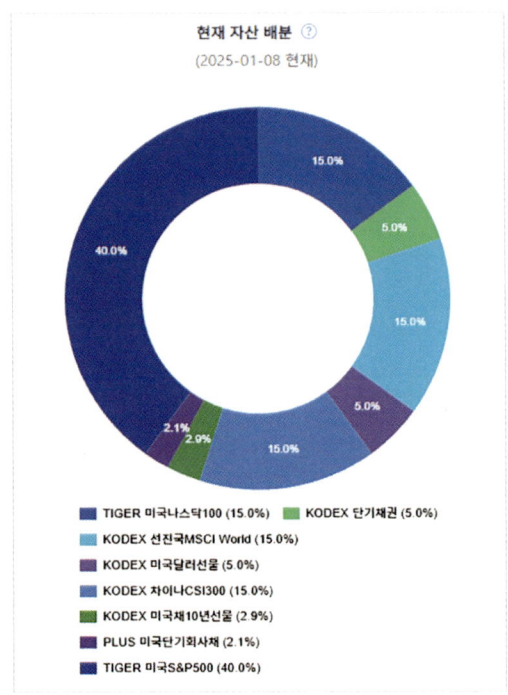

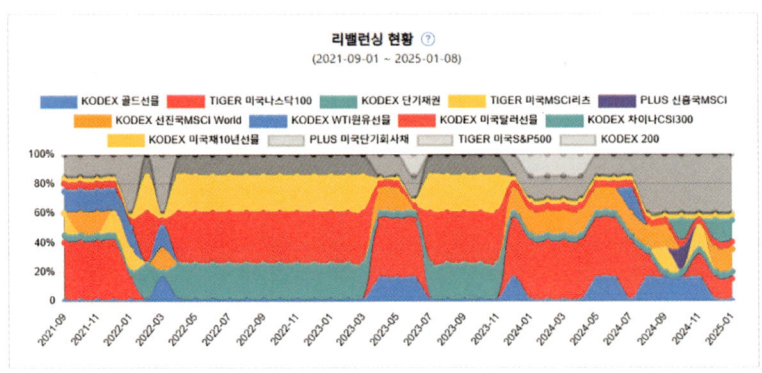

"맞아! 리밸런싱 그래프를 보면 더 재미있어. 시간이 지나면서 자산 비중이 계속 조금씩 바뀌는 게 보이지? 이건 마치 요리사가 여러 가지 재료를 상황에 따라 조절하는 것처럼, 시장 상황에 맞춰 자산 비중을 조절하는 거야."

"그래서 손실도 더 적은 거예요?"

"그렇지! 최대 낙폭이 -10.07%인데, 이건 다른 전략들보다 안정적이야. 게다가 샤프 비율이 7.53이라는 건, 리스크 대비 수익률이 정말 좋다는 뜻이야."

"아빠, WAA가 제일 좋은 것 같아요!"

"하하, 그렇게 보일 수 있지. 하지만 중요한 건 이런 전략들이 각자 장단점이 있다는 거야. WAA는 더 많은 자산을 관리해야 하니까 더 복잡하고, 거래 비용도 더 들 수 있어. 그래서 처음 시작하는 사람한테는 BAA나 VAA가 더 좋을 수도 있지."

"아, 그럼 어떤 전략을 써야 할까요?"

"그건 투자자의 상황과 성향에 따라 달라져. 우리가 배운 것처럼, 투자는 한 가지 정답만 있는 게 아니야. 중요한 건 자기한테 맞는 전략을 찾아서 꾸준히 실천하는 거지."

"자, 이제 우리가 배운 걸 실제로 어떻게 적용할 수 있는지 알려줄게."

"너무 복잡하지 않을까요? 매달 이런 계산을 다 해야 하나요?"

"그래서 아빠가 이런 걸 만든 거야. 여기 보면 이번 달에 어떤 자산을 얼마나 가지고 있어야 하는지 바로 확인할 수 있어. 매달 한 번만 들어가서 현재 자산 비중을 확인하고 그대로 따라 하면 돼."

"와, 그럼 진짜 쉽겠네요! 근데 아빠가 보여준 ETF들만 사야 해요?"

"아니, 그건 그냥 예시야. 실제로는 네가 원하는 ETF를 찾아볼 수 있는 좋은 사이트가 있어. 'ETF 체크'라고, 우리나라에 상장된 모든 ETF를 한눈에 볼 수 있는 곳이야."

- 사이트 주소: 'etf체크' 또는 'etf check'로 검색
  https://www.etfcheck.co.kr/mobile/main
- 아래 QR코드로도 이동 가능

"어떻게 찾을 수 있어요?"

"예를 들어, '미국 나스닥'이라고 검색하면, 그와 관련된 모든 ETF가 나와. ETF마다 거래가 얼마나 활발한지, 수수료는 얼마나 드는지 다 비교해 볼 수 있지. 그중에서 네가 마음에 드는 걸 고르면 돼."

"아하! 그러면 제가 원하는 ETF로 투자할 수 있겠네요?"

"그렇지! 중요한 건 전략이야. 어떤 ETF를 선택하든, 우리가 배운 동적 자산 배분 전략의 원칙만 잘 지키면 돼. 매달 한 번씩 체크하고, 필요하면 자산 비중을 조정하는 거야."

"생각보다 되게 쉽네요!"

"그래도 처음에는 조심스럽게 시작하는 게 좋아. 적은 금액으로 시작해서 천천히 늘려가면서, 이 전략이 네게 잘 맞는지 확인해 보는 거야. 투자는 마라톤이지 단거리 경주가 아니니까."

8-6
디지털 자산과
새로운 투자 환경 이해하기

디지털 자산 시장은 현대 금융의 새로운 패러다임을 제시하고 있습니다. 특히 블록체인 기술의 발전과 함께, 이 시장은 단순한 투기의 장이 아닌 새로운 금융 혁신의 중심지로 진화하고 있습니다.

디지털 자산 시장의 현실과 경고

최근 20~30대의 개인회생 신청이 역대 최대치를 기록했습니다. 강남의 한 유명 변호사의 증언에 따르면, 신청자의 대부분이 무분별한 레버리지 투자와 코인 선물거래로 인한 피해자들이라고 합니다. 이들 중 상당수는 "천만 원으로 1억을 만들었다"라는 SNS의 성공 사례에 현혹되어 무리한 투자를 시작했다고 합니다.

투기와 투자의 명확한 구분

제가 블록체인 공학석사 과정을 공부하면서 경험한 가장 큰 깨달음은, 많은 사람이 '투자'라는 이름으로, 실제로는 '도박'을 하고 있다는 것이었습니다. 특히 세무사로서 실제 시세조종 작업장과 가짜 찌라시를 만드는 언론을 목격하면서, 이 시장의 어두운 면을 직접 보았습니다.

현명한 디지털 자산 투자 전략

그럼에도 불구하고, 디지털 자산은 포트폴리오의 중요한 구성 요소가 될 수 있습니다. 첨부된 성과 그래프를 보시면, 비트코인과 이더리움을 각각 5%씩, 총 10% 비중으로 포함한 포트폴리오가 어떤 성과를 보여 주는지 알 수 있습니다. 이는 여러분이 앞서 함께 살펴본 '정적 자산 배분 백테스트'에서 전략 선택에 보시면 '디지털 자산 배분 전략'으로 만들어놨습니다.

부자아빠 부자아이

성과 지표
(2020-08-07 ~ 2025-01-08)

초기 금액	10,000,000원	최종 금액	19,862,909원
총 투자액	10,000,000원	수익 금액	9,862,909원
총 수익률(Return)	98.63%	벤치마크 총 수익률	-
연율화 수익률(CAGR)	16.80%	벤치마크 연율화 수익률	-
변동성(Volatility)	1.94%	벤치마크 변동성	-
최대 낙폭(MDD)	-13.70%	벤치마크 최대 낙폭	-
샤프 비율(Sharpe Ratio)	7.62	승률(Win Rate)	56.81%
추적 오차(Tracking Error)	-	정보 비율(Information Ratio)	-
최고 월간 수익률	6.21% (2024-11)	최저 월간 수익률	-4.86% (2022-11)
최고 연간 수익률	32.98% (2024)	최저 연간 수익률	-12.14% (2022)

누적 금액 변동 그래프 (2020-08-07 ~ 2025-01-08)

손실 그래프 (2020-08-07 ~ 2025-01-08)

제8장 미래를 위한 구체적인 계획

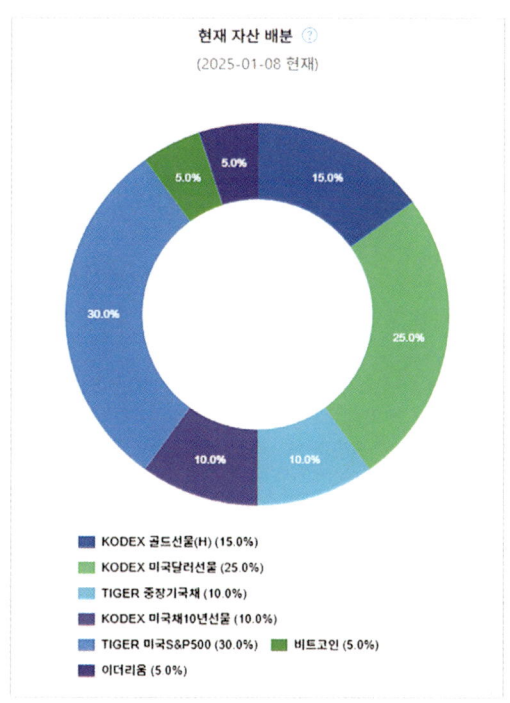

- 총 수익률: 98.63%
- 연평균 수익률(CAGR): 16.80%
- 변동성: 1.94%
- 최대 낙폭: -13.70%
- 승률: 56.81%

이러한 성과는 무분별한 투기가 아닌, 체계적인 자산 배분 전략의 결과입니다. 특히 주목할 점은 변동성이 1.94%에 불과하다는 것입니다. 이는 적절한 자산 배분을 통해 디지털 자산의 높은 변동성을 효과적으로 통제할 수 있다는 것을 보여줍니다.

👍 가상화폐 실전 투자 조언

1. 검증된 자산 선택
    - 비트코인과 이더리움에 한정된 투자
    - 시가총액 상위 자산 위주의 접근
    - 투기성 알트코인 제외

2. 철저한 자산 배분
    - 전체 포트폴리오의 10% 이내로 제한
    - 정기적인 리밸런싱 실시
    - 현금 보유 비중 유지

3. 위험 관리
    - 레버리지 투자 절대 금지
    - 선물거래 회피
    - 정기적인 포트폴리오 점검

사기 예방을 위한 체크리스트

- 허위 정보를 퍼뜨리는 텔레그램 채널 주의
- 고수익 보장 투자 권유 경계
- 검증되지 않은 거래소 이용 금지
- 출처 불분명한 정보 무시

미래를 위한 제언

디지털 자산은 분명 금융의 미래입니다. 하지만 이는 신중한 접근이 필요한 분야입니다. 특히 자녀들에게는 어릴 때부터 올바른 금융교육이 필요합니다. 복권을 사듯 무작정 투자하는 것이 아닌, 체계적인 자산 배분과 위험 관리의 중요성을 가르쳐야 합니다.

첨부된 포트폴리오 성과 그래프는 체계적인 접근이 얼마나 중요한지 잘 보여줍니다. 변동성이 큰 디지털 자산도 적절한 비중과 전략으로 관리된다면, 오히려 포트폴리오의 수익률을 높이는 도구가 될 수 있습니다.

현재 많은 젊은이가 빚투와 코인 투기로 고통받고 있습니다. 하지만 이는 투자가 아닌 도박의 결과입니다. 진정한 투자자는 체계적인 전략과 철저한 위험 관리로 장기적인 성과를 추구해야 합니다. 그것이 바로 우리가 다음 세대에게 가르쳐야 할 진정한 투자의 자세일 것입니다.

8-7
실전 연습
: 나만의 포트폴리오 만들기

투자에서 가장 중요한 것은 자신만의 전략을 수립하고 이를 일관되게 실행하는 것입니다. 제가 만든 '정적 자산 배분 백테스트' 도구는 이러한 전략 수립에 도움을 주기 위해 설계되었습니다.

백테스트 도구의 활용

이 도구에서는 다음과 같은 요소들을 자유롭게 설정할 수 있습니다.

- 포트폴리오 구성: 원하는 자산과 비중 선택
- 초기 투자 금액 설정
- 정기 투자 금액 설정
- 리밸런싱 주기 선택 (월간/분기/연간)
- 벤치마크 선택 (KODEX200 또는 TIGER 미국 S&P500)

디지털 자산 배분 전략의 실제 성과 분석

총 비중	100%

초기 투자금액 ⓘ
10,000,000 원

정기 투자금액(리밸런싱 주기 마다 투자) ⓘ
300,000 원

리밸런싱 주기 ⓘ
월간

시작일 ⓘ
2007-01-01

종료일 ⓘ
2025-01-09

벤치마크 ⓘ
TIGER 미국S&P500

[백테스트 실행]

성과 지표 ⓘ
(2020-08-07 ~ 2025-01-08)

초기 금액 ⓘ	10,000,000원	최종 금액 ⓘ	43,326,423원
총 투자액 ⓘ	25,900,000원	수익 금액 ⓘ	17,426,423원
총 수익률(Return) ⓘ	67.28%	벤치마크 총 수익률 ⓘ	86.47%
연율화 수익률(CAGR) ⓘ	16.98%	벤치마크 연율화 수익률 ⓘ	18.50%
변동성(Volatility) ⓘ	1.96%	벤치마크 변동성 ⓘ	3.50%
최대 낙폭(MDD) ⓘ	-13.48%	벤치마크 최대 낙폭 ⓘ	-11.92%
샤프 비율(Sharpe Ratio) ⓘ	7.64	승률(Win Rate) ⓘ	56.63%
추적 오차(Tracking Error) ⓘ	2.88%	정보 비율(Information Ratio) ⓘ	-8.97
최고 월간 수익률 ⓘ	6.20% (2024-11)	최저 월간 수익률 ⓘ	-5.02% (2022-01)
최고 연간 수익률 ⓘ	34.59% (2024)	최저 연간 수익률 ⓘ	-13.16% (2022)

제8장 미래를 위한 구체적인 계획

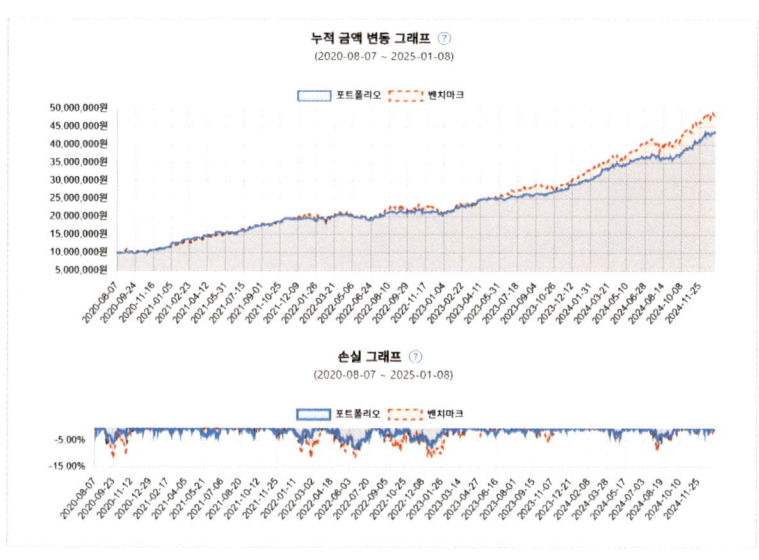

첨부된 백테스트 결과를 살펴보면,

- 초기 투자금 1,000만 원에 매월 30만 원 추가 투자

- 총 투자 금액: 2,590만 원

- 최종 금액: 4,332만 원

- 총 수익률: 67.28%

- 연평균 수익률(CAGR): 16.98%

- 변동성: 1.96%

- 최대 낙폭(MDD): -13.48%

- 승률: 56.63%

특히 주목할 만한 점은 벤치마크(미국 S&P500) 대비:

- 낮은 변동성 (1.96% vs 3.50%)
- 안정적인 상승 곡선

정기 적립식 투자의 힘

매월 30만 원씩 추가 투자를 진행한 결과, 전체적인 포트폴리오의 안정성이 크게 향상되었습니다. 이는 '달러코스트 평균화(DCA)' 효과로, 시장의 고점과 저점을 모두 매수함으로써 전체적인 변동성을 낮추는 결과를 가져옵니다.

시장 환경에 대한 이해

2023년 하반기 이후 2024년까지 미국 주식 시장의 강세로 인해 S&P500이 매우 높은 수익률을 기록했습니다. 하지만 이는 일시적 현상일 수 있으며, 한국 시장도 과거 여러 차례 글로벌 최고의 수익률을 기록한 바 있습니다. 따라서 지역적 분산투자의 중요성을 간과해서는 안 됩니다.

현대 투자 환경의 변화

ETF의 발달로 인한 패시브 투자의 대중화로, 모멘텀의 중요성이 더욱 커지고 있습니다. 전통적인 가치투자는 점차 전문가의 영역이 되어가고 있으며, 일반 투자자들은 체계적인 자산 배분 전략에 집중하는 것이 현명할 수 있습니다.

실전 투자 전략 수립 시 고려 사항

1. 본업 우선
   - 투자는 부업일 뿐, 본업에 방해되지 않는 선에서 진행
   - 과도한 트레이딩 지양

2. 정기적 투자 계획
   - 매월 일정 금액 투자로 변동성 관리
   - 시장 타이밍에 덜 의존하는 투자 습관 형성

3. 분산투자 원칙
   - 지역별 분산
   - 자산군별 분산
   - 리밸런싱을 통한 위험 관리

4. 시장수익률 대비 초과수익 추구
- 기본적인 시장수익률(베타) 확보
- 일부 자금으로 초과수익(알파) 추구
- 가상자산이나 개별주식 투자는 전체 포트폴리오의 일부로 제한

이러한 전략적 접근을 통해, 투자자는 시장의 변동성을 관리하면서도 장기적인 자산 증식을 도모할 수 있습니다. 특히 정기적인 투자와 체계적인 자산 배분은 전체 포트폴리오의 안정성을 높이는 핵심 요소가 될 것입니다.

제 9 장

부모와 자녀의 동반 성장

> "이번 달엔 제가 용돈의 30%를 ETF에 투자했어요!"

> "대단한데! 우리 가족 모두 함께 성장하고 있구나"

9-1. 부모의 금융교육과 자기 계발
9-2. 자녀와 함께하는 금융 학습
9-3. 함께 성장하는 가정 만들기
9-4. 실전 연습: 가족 금융 회의 진행하기

"아빠, 오늘은 특별한 날이에요!"

토요일 아침, 아들이 들뜬 목소리로 말했습니다.

"응? 무슨 일인데?"
"오늘이 우리가 처음 시작한 가족 금융 회의 시작한 지 반년이 됐어요. 달력에 표시해 뒀었거든요!"
"와, 네가 그걸 기억하고 있었구나!"
"당연하죠! 전에는 ETF가 뭔지도 몰랐는데, 이제는 포트폴리오도 만들 수 있게 됐잖아요."

저는 잠시 생각에 잠겼습니다. 반년 전, 12살 아들에게 투자를 가르치기 시작했을 때가 떠올랐습니다.

"그런데 아빠, 한 가지 궁금한 게 있어요."

"뭔데?"

"아빠는 이런 걸 어떻게 알게 되신 거예요? 아빠도 어른이 되어서야 배우신 거잖아요."

"좋은 질문이야. 사실 아빠가 세무사로 일하면서 많은 부자를 만났거든. 그들 중 대부분은 자신들의 부모님에게서 금융교육을 받았더라고."

"정말요?"

"응. 그래서 아빠는 결심했어. 나는 늦게 배웠지만, 너희에게는 더 일찍, 더 체계적으로 가르쳐 주자고. 워런 버핏도 부모가 자녀에게 줄 수 있는 가장 큰 유산은 돈이 아니라 돈을 관리하는 능력이라고 했거든."

9-1
부모의 금융교육과 자기 계발

"아빠, 그런데 궁금한 게 있어요. 다른 부모님들도 우리처럼 하고 싶어 하시는 것 같은데, 어떻게 시작해야 할지 모르시는 것 같아요."

"맞아. 아빠가 가족과 함께하는 투자에 대해 강의할 때도 가장 많이 받는 질문이 그거야. '어떻게 시작해야 하나요?'"

"그럼 어떻게 알려 주세요?"

"… 우리가 6개월 동안 해 온 걸 돌아보면서 설명해 볼까?"

[부모의 금융교육 준비 단계]

1. 기초 지식 쌓기

"처음에 아빠는 매일 아침 30분씩 경제 신문을 읽었어. 기사 하나를 골라서 네가 이해할 수 있을 정도로 설명하려고 연습했지. 기억나니? 네가 초등학교 3학년 때 아빠가 주식에 관해 이야기해 줬던 거? 유튜브로도 찍어놨지."

"아, 그래서 아빠가 그때 신문에 형광펜으로 줄 긋고 메모하시던 거였어요?"

"그렇지! 가르치려면 먼저 내가 200% 이해하고 있어야 해."

2. 실전 연습하기

"그다음에는 실제로 주식과 ETF에 투자하면서 기록을 남겼지."

"네! 아빠 투자 일지요. 거기 적혀있는 걸 보고 저도 따라 썼어요."

"맞아. 부모가 먼저 실천하면서 겪는 어려움이나 실수를 기록해 두면, 자녀를 가르칠 때 도움이 돼."

3. 교육 방법 연구

"아빠는 유태인 교육 방법도 많이 찾아봤어. 그들의 교육 철학에서 특히 인상 깊었던 건, 금융교육이 단순한 돈 관리를 넘어서 삶의 지혜를 전달하는 과정이라는 거였지."

"그게 무슨 뜻이에요?"

"예를 들어, 용돈을 모으는 걸 가르칠 때도 단순히 저축하는 방법만 알려주는 게 아니라, 인내심과 장기적인 안목을 함께 배우게 되는 거야. 이런 방식으로 금융교육이 인생의 다른 영역에도 도움이 되는 거지."

4. 지속적인 자기 계발

"아빠가 왜 계속 공부하고 자격증을 따는지 알아?"

"음, 더 많이 알고 싶어서요?"

"그것도 있지만, 더 중요한 건 너희에게 '평생 학습'의 모범을 보여주고 싶어서야. 우리가 계속 배우고 성장할 때, 다른 사람들에게도 더 가치 있는 것들을 나눌 수 있거든."

[실제 부모들을 위한 시작 가이드]

1. 하루 30분 투자하기
- 아침: 경제 뉴스 15분 읽기
- 저녁: 배운 내용 정리 15분
- 주말: 자녀와 함께 복습하기

2. 실천 먼저 하기
- 소액으로 주식과 ETF 투자 시작
- 투자 일지 작성
- 성공과 실패 경험 기록

3. 함께 배우기
- 다른 학부모들과 스터디 그룹 만들기

- 온라인 커뮤니티 활용
        - 전문가 강의 수강

"아빠, 근데 이걸 어디서부터 시작하면 좋을까요?"
"아빠 생각에는 세 가지가 가장 중요해."

[부모가 반드시 알아야 할 3가지]

1. 복리의 힘

"우리가 제일 처음 배웠던 거 기억나? 72 법칙이랑 복리 말이야."
"네! 이자에 이자가 붙는다는 거요. 근데 이게 왜 제일 중요한데요?"
"이걸 진짜 이해하면, 조급해하지 않고 장기 투자할 수 있거든."

2. 자산 배분의 원칙

"그리고 또 주식, 채권, 현금을 어떻게 나누는지, 또 왜 나눠서 투자해야 하는지도 배웠지?"
"맞아요. 저희가 ETF로 실천하고 있잖아요!"
"그리고 이건 투자뿐만 아니라 가정 경제 전체에도 적용되는 원칙이야."

3. 감정 관리

"그리고 네가 미국 주식을 직접 사고팔 때 가장 어려웠던 때가 언제였지?"

"잠자고 일어났는데, 주식이 하룻밤에 8%나 떨어졌었어요."

"아빠는 주식 투자를 할 때는 매일 투자 일지를 쓰면서 감정을 기록했지. 이것은 주식뿐만 아니라 많은 사람이 하는 가상자산들에도 적용되는 건데, 이성적으로는 그러면 안 된다는 걸 알아도 계속 지켜보고 있다 보면 잘못된 선택을 하게 되는 경우가 많지. 그래서 한 발 물러서서 지켜보는 훈련을 위해 투자일지를 쓰는 거야."

"네. 처음에는 어색했는데, 이제는 습관이 됐어요."

"아빠, 우리는 운이 좋았네요. 아빠가 이런 걸 다 알고 계셔서."

"아니야. 아빠도 너랑 같이 배우면서, 그리고 너를 가르치기 위해서 성장했어. 사실 누구나 시작할 수 있어. 중요한 건 꾸준히 하는 거야."

9-2
자녀와 함께하는 금융 학습

"아빠, 오늘 친구랑 투자 얘기를 했어요."

주말 아침 식사 시간, 아들이 말을 꺼냈습니다.

"아, 지난번에 채권 얘기했던 친구랑?"
"아니요, 다른 친구예요. 제가 매달 투자하고 있다고 했더니, 너무 부럽대요. 자기도 하고 싶은데 부모님이 반대하신대요."
"왜 반대하시는지 이유는 말하던?"
"네. 아직 어리니까 공부에만 집중하라고 하신대요."
"음. 많은 부모님이 그렇게 생각하시지. 하지만 공부만큼 금융교육도 중요한데 말이야."
"실제로, 우리 반에서 투자하는 친구는 저랑 민수 빼고는 없어요."
"그래. 사실 너희 나이에 투자를 배우는 건 특별한 거야. 아빠가 일부러 어릴 때부터 가르치고 싶었던 이유가 있어."

"왜요?"

"음. 우리가 지금까지 6개월 동안 배운 걸 한번 정리해 볼까? 그러면 이해할 수 있을 거야."

[자녀와 함께하는 금융 학습의 단계]

1. 용돈 관리부터 시작하기

"기억나니? 6개월 전에 우리가 처음 뭐부터 시작했지?"

"네! 용돈 기입장이요. 아직도 매일 쓰고 있어요."

"그래. 처음에는 힘들었잖아. 용돈을 어떻게 나누기로 했었지?"

"용돈의 30%는 꼭 투자하기로 했었어요. 처음엔 투자 비율이 너무 높은 것 같았는데, 이제는 익숙해졌어요."

2. 복리의 마법 이해하기

"그다음에 배운 게 뭐였지?"

"72 법칙이요! 처음엔 이해가 안 됐는데, 아빠가 계산기로 보여주시니까 신기했어요."

"맞아. 그때부터 네가 본격적으로 관심을 보이기 시작했지."

"네. 제 용돈으로 투자하면 나중에 얼마가 되는지 계산해 보는 게 재미있었거든요."

3. ETF로 시작하기

"그리고 네 생일 선물로 준 미국 주식계좌 외에는 모두 어떻게 투자하고 있지?"

"아빠가 한 달에 한 번씩 보여주시죠? 거기에는 여러 종류의 ETF가 있었어요."

"왜 아빠가 ETF로 투자하는 게 좋다고 했지?"

"한 회사의 주식만 사면 위험하니까, 여러 좋은 회사들에 나눠서 투자하는 거였죠."

"그렇지. 그리고 또?"

"주식처럼 가격이 막 오르내리지도 않아서 덜 불안하고요."

[효과적인 자녀 금융교육 방법]

1. 단계별 접근
- 용돈 관리부터 시작
- 저축과 투자의 개념 이해
- 실전 투자는 ETF로 시작

2. 함께 공부하기
- 매일 경제 뉴스 한 개씩 읽기
- 모르는 용어는 바로 찾아보기

- 투자 일지 같이 쓰기

3. 성취감 주기
- 작은 성공 경험 만들기
- 장기 투자의 즐거움 알게 하기
- 스스로 결정하는 기회 주기

"근데 아빠, 제 친구 부모님처럼 많은 분들이 투자는 어른이 되어서 해도 된다고 생각하시는 것 같아요."

"맞아. 하지만 아빠 생각은 달라. 왜 그런지 설명해 줄까?"

"네!"

"어른이 되어서야 금융을 배우면 두 가지 큰 단점이 있어. 첫째는 뭘까?"

"음, 복리의 시간이 짧아져서요?"

"그렇지! 아인슈타인이 복리를 '세상에서 가장 강력한 힘'이라고 했던 거 기억나지? 어릴 때 시작하는 것과 어른이 되어 시작하는 건 하늘과 땅 차이야."

"둘째는, 어른이 되면 감정 조절이 더 어려워."

"감정 조절이요?"

"그래. 우리가 6개월 동안 ETF 투자하면서 한 달에 한 번씩 리밸런싱하는 거 있잖아. 처음에는 어려웠지만 이제는 자연스럽게 하지?"

"네! 이제는 그냥 규칙이라고 생각하고 해요."

"그게 바로 좋은 습관이 된 거야. 어른이 되어서야 시작하면 이런 습관을 만들기가 정말 어려워."

벤저민 그레이엄은 이렇게 말했습니다.

"투자의 가장 큰 문제는 투자자 자기 자신이다."[48]

(The investor's chief problem – and even his worst enemy – is likely to be himself.)

[자녀 금융교육의 핵심 포인트]

1. 감정 조절 훈련
   - 규칙적인 리밸런싱 습관
   - 투자 일지 작성
   - 장기 투자의 원칙 이해

---

48 Benjamin Graham, The Intelligent Investor (1949)

2. 실수를 통한 학습
   - 소액으로 시작해서 실수해도 괜찮아요.
   - 실수의 원인 분석하기
   - 더 나은 방법 찾아보기

3. 꾸준함의 가치
   - 매월 정기 투자의 중요성
   - 복리의 효과 체험하기
   - 투자 원칙 지키기

"아빠, 우리 반 애들한테도 이런 걸 알려 주고 싶어요."

"그래? 어떤 걸 제일 먼저 알려 주고 싶어?"

"음, 복리요! 72 법칙이랑 ETF요. 애들이 용돈 다 써버리는 게 너무 아까워요."

"와, 네가 그런 생각을 한다니 기특하구나. 그런데 한 가지 기억해야 할 게 있어."

"뭔데요?"

"모든 걸 한꺼번에 가르치려고 하면 안 돼. 우리도 6개월 동안 천천히 하나씩 배워 온 것처럼, 다른 사람들도 자기만의 속도가 필요해."

"네가 친구들한테 투자를 알려주고 싶은 마음은 정말 훌륭해.

하지만 더 중요한 건 네가 모범을 보이는 거야. 꾸준히 투자하고, 좋은 습관을 만들어 가는 모습을 보여 주는 것. 그게 가장 좋은 가르침이 될 거야."

"아, 그렇구나. 제가 모범이 될게요!"

9-3
함께 성장하는 가정 만들기

"아빠, 우리 가족이 조금 특별한 것 같아요."

토요일 가족 금융 회의가 끝난 후, 아들이 말했습니다.

"어떤 면에서?"
"다른 친구들은 부모님이랑 돈 얘기는 거의 안 한대요. 용돈 받을 때 빼고는요."
"그런데 우리는?"
"우리는 매주 이렇게 모여서 투자 얘기도 하고, ETF도 같이 공부하고, 동생은 기부도 하고…. 다 같이 뭔가를 배우는 것 같아요."

[가정에서의 금융교육 시스템 만들기]

1. 가족만의 금융 철학 세우기
    - 돈의 가치에 대한 공통된 이해
    - 투자의 원칙 함께 정하기
    - 나눔의 가치 공유하기

2. 역할 분담과 책임
    - 부모: 금융교육의 방향 설정
    - 자녀: 실천하고 기록하기
    - 함께: 정기적인 점검과 토론

3. 성과 관리와 피드백
    - 월간 투자 성과 리뷰
    - 분기별 목표 달성도 점검
    - 연간 가족 재무 계획 수립

"아빠, 근데 이런 시스템을 만드는 게 어렵지 않나요?"

"물론 처음은 어려워. 하지만 한 번 자리가 잡히면, 마치 자전거 타는 것처럼 자연스러워져."

[실전 가이드: 우리 가족만의 금융 시스템 만들기]

1. 가족 금융 달력 만들기
    - 주간: 용돈 관리 체크
    - 월간: 투자 성과 리뷰
    - 분기: 포트폴리오 조정

2. 가족별 특화 영역 개발
    - 아들: ETF 투자 연구
    - 딸: 기부와 사회 공헌
    - 부모: 장기 재무 계획

3. 지속 가능한 규칙 정하기
    - 회의 시간은 30분 이내
    - 자녀의 의견 존중하기
    - 실수를 통한 학습 격려

"우리 가족의 특별한 점이 뭘까?"

"음. 우리는 돈 얘기를 부끄러워하지 않는 것 같아요."

"맞아. 많은 가정에서 돈 얘기는 터부시되곤 하지. 하지만 건강한 돈의 흐름을 만드는 건 가족 모두의 책임이야."

[가족 금융교육의 핵심]

- 정직한 대화
- 일관된 실천
- 함께하는 성장

"아빠, 그런데 왜 다른 가정에서는 이런 얘기를 안 할까요?"
"글쎄. 아마도 부모님들도 배우지 못했기 때문일 거야. 그래서 가르치는 게 어렵게 느껴지시나 봐."
"아. 근데 아빠도 어른이 돼서야 배우신 거잖아요?"
"그래서 아빠는 더더욱 너희에게 일찍 가르쳐주고 싶었던 거야. 내가 늦게 배워서 겪은 어려움을 너희는 겪지 않았으면 해서."

[가족이 함께 성장하기 위한 구체적인 방법]

1. 가족만의 투자 원칙 만들기
    - 투자는 투기가 아닌 장기적 관점
    - ETF로 시작해서 천천히 배우기
    - 가족 모두가 이해할 수 있는 투자만 하기

2. 역할 나누기
   - 아빠: 전체적인 방향 설정과 교육
   - 엄마: 가계 지출 관리와 절약 노하우
   - 자녀: 각자의 용돈 관리와 투자 실습
   - 가족 모두: 서로 격려하고 응원하기

3. 가족 금융 문화 만들기
   - 돈에 대해 터놓고 이야기하기
   - 실수해도 괜찮아요 문화
   - 작은 성공 축하하기

"생각해 보니 처음에는 저도 어려웠는데, 지금은 자연스러워졌어요."

"그렇지! 무엇이 가장 도움이 됐을까?"

"음. 아빠가 계속 설명해 주신 것? 그리고 제가 궁금한 걸 물어볼 때마다 친절하게 답해주신 거요."

"그래, 그게 바로 핵심이야. 함께 성장한다는 건 서로를 믿고 기다려 주는 거란다."

[우리 가족의 다음 목표]

1. 더 깊이 있는 학습
   - 경제 뉴스 함께 분석하기
   - 투자 포트폴리오 다각화
   - 새로운 투자 기회 연구

2. 나눔의 실천
   - 투자 수익의 일부 기부하기
   - 배운 것을 다른 가정과 나누기
   - 사회적 책임 투자 고려하기

3. 장기적인 가족 재무 계획
   - 대학 학자금 준비
   - 주택 자금 계획
   - 은퇴 자금 설계

"어떤 가정이 진정한 부자 가정일까?"

"돈이 많은 가정?"

"아니야. 함께 배우고 성장하는 가정이 진정한 부자 가정이야. 돈은 그저 우리 가족이 더 행복해지기 위한 도구일 뿐이니까."

자녀와 함께하는 금융교육, 많은 부모님이 그 필요성은 알지만 어디서부터 시작해야 할지 모르는 경우가 많습니다. 특히 본인도 제대로 된 금융교육을 받아본 적이 없기에 더욱 어렵게 느껴질 수 있습니다.

하지만 앞서 살펴본 것처럼, 금융교육은 부모와 자녀가 함께 성장하는 훌륭한 기회가 됩니다. 용돈 관리부터 시작해서, 복리의 개념을 이해하고, ETF 투자를 실천하기까지, 모든 과정이 가족이 함께 배우고 성장하는 여정이 될 수 있습니다.

특히 12살부터 시작하는 금융교육은 평생의 자산이 됩니다. 이 시기의 아이들은 추상적 사고가 가능해지면서 복리나 투자의 개념을 이해할 수 있게 되고, 동시에 좋은 습관을 형성하기에도 가장 적절한 시기이기 때문입니다.

이제 다음 섹션에서는 실제 가족 금융 회의를 어떻게 진행하는지, 구체적인 예시를 통해 살펴보도록 하겠습니다.

9-4
실전 연습
: 가족 금융 회의 진행하기

아래의 내용은 실제 우리 가족 금융 회의 내용을 각색한 것입니다. 누구의 발언인지 알기 쉽게 발언 대상까지 표기했습니다.

[가족 금융 회의: 실제 진행 예시]

- 시간: 토요일 아침 10시 (아침 식사 후)
- 장소: 거실 테이블
- 준비물: 각자의 용돈 기입장, 투자 일지, 계산기, 포트폴리오 현황표

아빠: 자, 먼저 이번 달 용돈 관리 현황부터 살펴볼까요?

1. 첫째(12살)

- 수입 내역
  - 월 용돈: 4만 원
  - 할아버지 용돈: 5만 원
  - 총 수입: 9만 원

- 관리 현황
  - ETF 투자: 3만 원
  - 미국 주식 계좌: 2만 원
  - 기부: 1만 원
  - 생활비: 3만 원

- 투자 현황
  - ETF (5년차)
    - 누적 수익률: 102%
    - 매월 정기 적립 및 분기별 리밸런싱 실행 중
    - 현재 자산 배분: 주식형 70%, 채권형 30%
    - 다음 주 분기 리밸런싱 예정
  - 미국주식 계좌 (6개월차)
    - 현재 수익률: 28%
    - 보유종목: 마이크로소프트, 엔비디아
    - 매달 리밸런싱 진행 중

- 이번 달 리밸런싱 필요 (엔비디아 비중 초과)

[가족 금융 회의 안건 진행]

아빠: 투자 현황을 살펴봤으니, 이번 달 특별히 논의할 사항이 있을까요?

첫째: 네, ETF 포트폴리오에서 리밸런싱을 해야 할 것 같아요. 주식형 비중이 76%까지 올라갔거든요. 엔비디아 주식도 전체 포트폴리오의 55%가 넘어가서 비중 조절이 필요해요.

아빠: 좋은 지적이야. 리밸런싱 계획을 구체적으로 세워볼까?

[리밸런싱 계획 수립]

1. ETF 포트폴리오

    - 목표 비중: 주식형 70%, 채권형 30%
    - 조정 방안: 주식형 ETF 일부를 채권형으로 이전

2. 실행 시기: 다음 주 수요일 장 시작 직후

    - 미국 주식 계좌
    - 목표: 단일 종목 45% 이하 유지, 10%는 현금

- 조정 방안: 엔비디아 일부 매도 후 마이크로소프트 추가 매수
- 실행 시기: 이번 주 금요일 미국 장 시작 30분 후

2. 둘째(10살)

- 수입 내역
  - 월 용돈: 4만 원
  - 할아버지 용돈: 5만 원
  - 총 수입: 9만 원

- 관리 현황
  - 저축: 2.7만 원 (30%)
  - 유기견 보호소 기부: 1만 원
  - 생활비: 5.3만 원

- 특이 사항: 6개월 연속 용돈 기입장 작성 중

3. 부모님

- 이번 달 가계 현황
  - 생활비 절약: 30만 원 달성

- 투자금 준비: 150만 원
   - 예정 지출: 400만 원(겨울옷, 가전제품 교체)

 - 가족 투자 계획
   - ETF 정기 투자: 60만 원
   - 연금 저축: 35만 원
   - 비상금 적립: 25만 원

[다음 달 가족 재무 목표]

1. 첫째: 리밸런싱 완료 및 투자 일지 작성
2. 둘째: 용돈 관리 습관 유지, 투자 교육 시작 검토
3. 부모님: 생활비 10% 추가 절약 도전

[가족회의 주요 논의 사항]

아빠: 자, 이제 각자의 성과와 고민을 나눠볼까요?

둘째: 저는 유기견 보호소에 기부하면서 궁금한 게 생겼어요. 기부금 영수증을 받았는데, 이게 나중에 세금이랑 관계가 있다고 하

던데요.

아빠: 그래, 우리나라는 기부금에 대해 세금 혜택을 준단다. 지금은 네가 세금을 내지 않으니까 상관없지만, 나중에 도움이 될 거야. 그 영수증은 아빠가 쓸게. 아빠 세금을 줄이는 데는 도움이 되거든.

엄마: 저는 이번에 생활비를 더 아낄 수 있는 방법을 찾았어요. 식재료 구매를 대형마트 할인 일에 맞추니까 한 달에 20만 원 정도 절약됐어요.

아빠: 와, 대단한데요? 그럼 절약된 20만 원은 어떻게 할까요?

엄마: 가족 여행 자금으로 따로 모아두는 건 어떨까요?

첫째: 아빠, 제가 투자한 ETF 수익률이 많이 올랐는데, 이렇게 계속 오를까요?

아빠: 글쎄. 알 수 없지. 투자는 항상 오르지만은 않아. 그래서 우리가 리밸런싱도 하고, 분산투자도 하는 거지.

[다음 달 실천 계획]

1. 투자 관련
    - 첫째: ETF/주식 리밸런싱 진행

- 부모님: 월 정기 투자금 조정 검토
- 가족 공통: 포트폴리오 점검 주기 재설정

2. 지출 관리
- 엄마: 생활비 절약 노하우 공유
- 첫째/둘째: 용돈 기입장 계속 기록
- 가족 공통: 겨울철 전기료 절약 방안 연구

3. 교육 계획
- 첫째: 동생에게 ETF 기초 설명해 주기
- 둘째: 투자 시작 전 기초 공부하기
- 부모님: 매주 경제 신문 한 개씩 선정해서 가족과 공유

[다음 회의 일정]

- 날짜: 다음 달 첫째 주 토요일
- 특별 안건: 연말 결산 및 새해 재무 계획 수립
- 준비 사항: 각자의 연간 수입/지출 분석자료

[가족회의 마무리 격려사]

아빠: 모두 수고했어요. 특히 둘째가 기부에 대해 깊이 생각해 본 게 인상적이었고, 첫째는 리밸런싱의 필요성을 스스로 발견한 게 대단해요.
엄마: 저도 다음 달에는 장보기 노하우를 자세히 공유해볼게요.

[회의 종료]

- 소요 시간: 30분
- 다음 할 일 정리
- 가족별 미션 카드 작성

이런 가족 금융 회의가 처음에는 어색하고 부담스러울 수 있습니다. 하지만 위 예시처럼 30분 정도의 짧은 시간으로 시작해서, 각자의 현황을 공유하고 다음 계획을 세우는 정도로 진행한다면 충분합니다.
중요한 것은 회의의 형식이 아닌 내용입니다. 자녀들이 스스로 자신의 재무 상황을 정리하고 발표하면서 책임감을 배우고, 부모는 자녀의 재무 관리를 도와주는 멘토가 되는 것입니다. 특히 첫째와 둘째가 서로 다른 방식으로 돈을 관리하는 모습(투자와 기부)은 매우 바람직한 사례입니다.

실제로 많은 유태인 가정에서는 이러한 정기적인 가족 금융 회의를 통해 자녀들의 금융교육을 진행합니다. 이들은 단순히 돈을 버는 방법만 가르치는 것이 아니라, 돈을 관리하고 나누는 방법까지 자연스럽게 배우게 됩니다.

★ 가족 금융 회의를 시작할 때 주의할 점

1. 시간은 30분을 넘기지 않기
2. 자녀의 의견을 존중하고 경청하기
3. 실수를 비난하지 않고 배움의 기회로 삼기
4. 각자의 재무 목표를 존중하되 조언해 주기
5. 회의 내용을 반드시 기록으로 남기기

이러한 정기적인 가족 금융 회의는 단순한 돈 관리를 넘어 가족 간의 소통을 강화하고, 서로를 이해하는 시간이 될 것입니다. 무엇보다 자녀들이 어릴 때부터 돈에 대해 건강한 가치관을 형성하고, 책임감 있는 경제 주체로 성장하는 데 큰 도움이 될 것입니다.

제 10 장

실천 가능한 구체적인 방법

> " 이렇게 매달 15만 원씩 투자하면서 연금 저축 계좌도 활용하면 세금 효과까지 볼 수 있어 "

> " 와! 부자가 되는 길이 **이렇게 체계적이군요!** "

10-1. 연령별 맞춤 실천 플랜
10-2. 연금 저축 계좌 활용하기
10-3. 유기정기금으로 증여세 관리하기
10-4. 홈택스 신고 실전 가이드
10-5. ISA와 연금 저축 계좌의 효과적 활용
10-6. 부모를 위한 체크리스트
10-7. 실전 연습: 월별 실천 계획 세우기

지금까지 우리는 자녀와 함께하는 금융교육의 중요성과 방법에 대해 알아보았습니다. 이제 부모의 관점에서 실제로 어떻게 준비하고 실천해야 하는지, 그리고 법적, 세무적으로 고려해야 할 사항들을 살펴보겠습니다.

특히 자녀의 투자를 돕는 과정에서 많은 부모들이 간과하기 쉬운 세금 문제에 대해 자세히 다루려고 합니다. 수익률이 아무리 높아도 나중에 큰 세금을 내야 한다면, 그것은 현명한 투자라고 할 수 없기 때문입니다.

실제로 제가 세무사로 일하면서 만난 많은 고객들이 자녀를 위한 투자를 하면서 발생할 수 있는 증여세 문제를 미처 생각하지 못했습니다. 복리의 마법으로 크게 불어난 자산이 나중에 과도한 세금 부담으로 이어지는 경우가 적지 않았죠.

제10장 실천 가능한 구체적인 방법

이번 장에서는 연령대별로 적합한 투자 방법과 함께, 연금 저축 계좌와 ISA를 활용한 절세 전략, 그리고 유기정기금을 통한 증여세 관리 방법까지 구체적으로 살펴보겠습니다. 특히 실제 홈택스를 통한 신고 방법까지 단계별로 설명하여, 누구나 쉽게 따라 할 수 있도록 했습니다.

이것은 단순한 절세 전략이 아닙니다. 자녀의 미래를 위한 투자가 중간에 문제가 생기지 않도록, 그리고 최대한의 효과를 낼 수 있도록 하는 종합적인 자산 관리 전략입니다.

10-1
연령별 맞춤 실천 플랜

자녀의 금융교육과 자산 형성, 언제 시작하는 것이 좋을까요? 결론부터 말씀드리면 '최대한 빨리' 입니다. 하지만 연령대별로 적합한 교육 방법과 실천 전략이 다르므로, 체계적인 접근이 필요합니다. 연령대별 특징과 그에 맞는 실천 방안을 자세히 살펴보겠습니다.

[0~7세: 용돈 관리와 기본 개념]

이 시기는 돈의 기본 개념을 이해하고, 부모 주도로 자산을 형성해 주는 것이 중요합니다.

1. 교육적 접근
   - 동전과 지폐의 개념 이해하기

        - 실물 화폐를 보여주며 설명
        - 장보기 놀이로 돈의 흐름 체험
    - 물건의 가격 개념 인지하기
        - 마트에서 가격표 읽어보기
        - 용돈으로 직접 물건 구매해 보기
    - 저금통 활용한 저축 습관
        - 투명한 저금통으로 돈이 쌓이는 모습 보여주기
        - 주간 단위로 저금 현황 체크하기

  2. 자산 형성
    - 장기 투자 계좌 개설
        - 연금 저축 계좌 조기 개설
        - 글로벌 ETF 위주 포트폴리오 구성
    - 정기 투자 시작
        - 매월 일정 금액 자동 이체
        - 분기별 포트폴리오 점검

[8~13세: 저축과 투자 시작]

이 시기는 추상적 사고가 가능해지면서 복리의 개념을 이해할 수 있게 됩니다.

부자아빠 부자아이

1. 금융교육
   - 용돈 기입장 작성
     - 수입과 지출 기록하기
     - 주간 단위로 정산하기
   - 복리 개념 이해
     - 72 법칙 배우기
     - 복리 계산기로 실습하기
   - 투자 기초 학습
     - ETF의 개념 이해
     - 분산투자의 중요성 학습

2. 실전 투자
   - ETF 투자 시작
     - 소액으로 시작하기
     - 정기적인 투자 습관 형성
   - 포트폴리오 관리
     - 자산 배분 원칙 이해
     - 정기적인 리밸런싱 실습

3. 실천 도구
   - 금융 관리 앱 활용
   - 가족 금융 회의 참여

- 투자 일지 작성

👍 [14~19세: 본격적인 재무 관리]

이 시기는 실질적인 투자자로 성장하는 단계입니다.

1. 심화 교육
- 경제 뉴스 읽기
  - 매일 경제 기사 한 개 이상 읽기
  - 주요 경제 지표 이해하기
- 포트폴리오 관리
  - 자산 배분 전략 수립
  - 리밸런싱 원칙 설정
- 투자 전략 수립
  - 중장기 재무 목표 설정
  - 위험 관리 방안 학습

2. 실전 투자
- 체계적 자산 관리
  - 정기적 포트폴리오 점검
  - 투자 성과 분석

- 다양한 투자 경험
     - 글로벌 자산 배분
     - 새로운 투자 기회 연구

3. 미래 준비
   - ISA 계좌 개설 준비 (19세 이후)
   - 독립적인 투자자로 성장
   - 장기 재무 계획 수립

연령대별 실천 플랜은 단순한 가이드라인일 뿐, 자녀의 성장 속도와 이해도에 따라 유연하게 조정될 수 있습니다. 중요한 것은 어릴 때부터 체계적으로 시작하여, 돈에 대한 건강한 가치관과 현명한 투자 습관을 기르는 것입니다. 참고로 현재 고교생들이 국어, 영어 비문학에서 가장 어려워하는 파트가 과학과 경제입니다.

10-2
연금 저축 계좌 활용하기

　자녀의 자산 형성을 위한 가장 효과적인 도구는 연금 저축 계좌입니다. 특히 출생 직후부터 개설이 가능하다는 점이 가장 큰 장점입니다. IRP(개인형퇴직연금)가 소득이 있는 사람만 가입할 수 있는 것과 달리, 연금 저축 계좌는 나이 제한 없이 누구나 가입할 수 있습니다.

[연금 저축 계좌의 주요 특징]

1. 장기 투자에 최적화
    - 출생 직후부터 개설 가능
    - 다양한 ETF 투자를 통한 글로벌 분산투자
    - 매월 자동 이체로 정기 투자 가능
    - 복리 효과 극대화를 위한 최적의 도구

2. 뛰어난 투자 유연성
- 해외 ETF를 포함한 다양한 상품 투자 가능
- IRP 계좌가 최소 30%의 안전 자산 보유 의무가 있는 것에 비해 최소 안전 자산의 조건이 없으며 주식형부터 채권형까지 자유로운 자산 배분
- 수시 입출금 및 자산 조정 가능
- 필요시 담보대출을 통한 유동성 확보

3. 수수료 혜택
- 펀드 환매수수료 면제
- 환전수수료 우대
- ETF 거래 시 수수료 우대

4. 세제 혜택
- 연금 수령 시 저율 과세(3.3~5.5%)
- 중도해지 시에도 기타 소득세 16.5% 적용
- 연 600만 원까지 세액공제 한도

[개인연금 저축 및 IRP 비교표 (2025년 기준)]

구분	개인연금저축	IRP
연금수령요건	만 55세이상, 가입 5년이상, 10년 이상 수령	
연금 수령시 세금	연금소득세 (3.3% ~5.5%)	
중도해지시 세금	기타소득세 16.5%, 세액공제 받지 않은 금액 비과세	
납입한도	두 계좌 합산 연간 1,800만원	
세액공제 혜택	개인연금저축 연간 600만원, IRP단독은 900만원, 단 둘 합쳐서 연간 900만원까지 세액공제 혜택	
세액공제액	연소득 5500만원 이하 : 불입액 * 16.5% (최대공제세액 148.5만원) 연소득 5500만원 초과 : 불입액*13.2% (최대공제세액 118.8만원) 최대 세액공제 혜택을 받기 위해서는 연금저축에 600만원, IRP에 300만원을 불입하면 됨.	
가입자격	누구나	소득이 있는자(근로자, 자영업자, 직역연금가입자)
운용가능 상품	해당 금융사 펀드, ETF(* 위험자산 100%투자가능)	여러 금융사 펀드, ETF, Wrap, 리츠 (*위험자산70%투자제한) 여러 금융사 원리금보장상품가능(예금, ELB,GIC)
중도 인출	인출가능	근로자퇴직급여보장법 상 중도인출 사유에 해당되어야 인출가능
담보 대출 가능 여부	가능	불가
수수료	펀드별 보수 ETF거래수수료 있음	펀드별보수 ETF거래수수료 면제 운용관리+자산관리수수료(비대면 계좌 개설시 가입자 부담금에 대한 수수료 면제)

연금 저축 계좌가 특히 자녀의 자산 형성에 적합한 이유는 다음과 같습니다.

1. 조기 시작의 이점
    - 시작이 빠를수록 복리 효과가 커짐
    - 장기 투자를 통한 위험 분산
    - 투자 습관 형성의 최적 도구
    - 안전 자산 비중 의무가 없어 주식형 상품들을 더 많이 구성 가능

2. 자금 활용의 유연성

   - 교육 자금 등 목적자금으로 활용 가능

   - 담보대출을 통한 긴급자금 확보

   - 필요시 중도 인출 가능

3. 투자 교육의 도구

   - 실전 포트폴리오 관리 경험

   - 정기적인 투자 성과 확인

   - 장기 투자의 중요성 체득

[연금 저축 계좌 활용 전략]

1. 연령대별 포트폴리오 전략

   - 0~10세: 글로벌 주식형 ETF 80~90%

      • 장기 투자 기간을 활용한 공격적 포트폴리오

      • S&P500, NASDAQ 등 글로벌 대표 지수 중심

   - 11~20세: 주식형 70~80%, 채권형 20~30%

      • 점진적인 안정 자산 비중 확대

      • 정기적인 리밸런싱 시작

2. 실전 운용 방안
　　- 매월 정기 투자 설정
　　　　• 부모의 여유 자금으로 시작
　　　　• 자녀의 용돈 중 일부를 투자금으로 활용
　　　　• 세뱃돈, 특별 용돈 등 추가 자금 투자
　　- 분기별 포트폴리오 점검
　　　　• 자산 비중 확인
　　　　• 필요시 리밸런싱 실행
　　　　• 투자 성과 분석

3. 장기적 활용 계획
　　- 대학 자금
　　　　• 필요한 시점에 일부 인출 가능
　　　　• 담보대출을 통한 자금 조달
　　　　• 남은 금액은 계속 투자 유지
　　- 사회 초년기 자금
　　　　• 취업 준비 자금으로 활용
　　　　• 목돈 필요시 담보대출 활용
　　　　• 가능한 한 중도해지는 피함

　이러한 연금 저축 계좌의 장점들을 최대한 활용하면서, 동시에 자녀에게 실전 투자 경험을 제공할 수 있습니다. 특히 어린 시절부터 시작하면 복리 효과를 극대화할 수 있으며, 평생 건전한 투자 습관을 형성하는 데 큰 도움이 될 것입니다.

제10장 실천 가능한 구체적인 방법

10-3
유기정기금으로 증여세 관리하기

우리는 앞서 매월 15만 원씩 투자하면서 복리의 마법을 경험했습니다. 하지만 여기서 중요한 문제가 하나 있습니다. 바로 '증여세' 문제입니다.

[증여세의 기본 이해]

증여세는 생전에 무상으로 재산을 이전할 때 부과되는 세금입니다. 특히 부모와 자녀 사이의 증여는 과세당국의 주요 관심 대상이므로, 정확히 이해하고 관리할 필요가 있습니다.

1. 증여재산 공제 한도
   - 미성년 자녀: 2,000만 원 (10년간)
   - 성년 자녀: 5,000만 원 (10년간)

- 혼인/출산 시: 1억 원 (별도)

2. 주의해야 할 사항
- 10년간 증여재산 합산(자녀, 즉 직계비속의 경우 부모, 조부모 등 모든 직계존속이 증여한 금액 합산하기 때문에 주의를 요함)
- 현금 증여뿐만 아니라 부동산, 주식 등 모든 재산 포함
- 투자 수익도 증여에 해당할 수 있음

특히 투자 수익의 증여 간주는 매우 중요한 부분입니다. 예를 들어, 부모가 자녀 명의의 계좌로 주식 투자를 하고 수익이 발생했다면, 그 수익 부분도 증여로 볼 수 있습니다. 이는 많은 부모님들이 간과하는 부분입니다.

[유기정기금의 활용]

이러한 상황에서 '유기정기금'은 매우 효과적인 해결책이 될 수 있습니다.

1. 유기정기금이란?

유기정기금은 일정 기간 정기적으로 일정액을 지급하기로 하는 계약입니다. 이때 중요한 것은 미래에 지급할 금액을 '현재 가치'로

할인해서 평가한다는 점입니다.

2. 실제 사례로 이해하기

매월 15만 원씩 10년간 증여하는 경우를 살펴보겠습니다.

유기정기금 평가명세서

증여자	홍길동	수증자 나이	만 12세
수증자	홍영수	수증자 태어난 해	2012
증여자와의 관계	자	수증자 만 19세 되는 해	2031
정기금 시작일	2025-01-12	할인율	3%
정기금 마지막일	2034-12-12	지급 시기	매월 12일
지급 시기별 금액			₩150,000

년도	불입년도	불입횟수(월)	불입원금	할인평가액
2025	1	12	₩1,800,000	₩1,800,000
2026	2	12	₩1,800,000	₩1,747,573
2027	3	12	₩1,800,000	₩1,696,673
2028	4	12	₩1,800,000	₩1,647,255
2029	5	12	₩1,800,000	₩1,599,277
2030	6	12	₩1,800,000	₩1,552,696
2031	7	12	₩1,800,000	₩1,507,472
2032	8	12	₩1,800,000	₩1,463,565
2033	9	12	₩1,800,000	₩1,420,937
2034	10	12	₩1,800,000	₩1,379,550
합계			₩18,000,000	₩15,814,996

위 표에서 보듯이, 현재 가치 할인으로 인해 총 지급액 1,800만 원이 1,581만 원으로 평가됩니다. 이는 미성년자 증여 재산 공제 한도인 2,000만 원에 여유가 있다는 의미입니다.

더 구체적으로 설명하면, 매월 15만 원씩 투자할 때:

- 연간 지급액: 1,800,000원
- 10년 총액: 18,000,000원
- 현재 가치 평가액: 15,814,996원
- 한도 여유분: 4,185,004원

이러한 여유분이 있기 때문에, 실제로는 매월 19만 원까지도 증여할 수 있습니다.

유기정기금 평가명세서

증여자	홍길동	수증자 나이	만 12세
수증자	홍영수	수증자 태어난 해	2012
증여자와의 관계	자	수증자 만 19세 되는 해	2031
정기금 시작일	2025-01-12	할인율	3%
정기금 마지막일	2034-12-12	지급 시기	매월 12일
지급 시기별 금액			₩190,000

년도	불입년도	불입횟수(월)	불입원금	할인평가액
2025	1	12	₩2,280,000	₩2,280,000
2026	2	12	₩2,280,000	₩2,213,592
2027	3	12	₩2,280,000	₩2,149,119
2028	4	12	₩2,280,000	₩2,086,523
2029	5	12	₩2,280,000	₩2,025,750
2030	6	12	₩2,280,000	₩1,966,748
2031	7	12	₩2,280,000	₩1,909,464
2032	8	12	₩2,280,000	₩1,853,849
2033	9	12	₩2,280,000	₩1,799,853
2034	10	12	₩2,280,000	₩1,747,430
합계			₩22,800,000	₩20,032,328

[투자 수익에 대한 증여세 관리]

그런데 특히 중요한 것은 부모의 적극적인 투자 관리로 인한 수익 부분입니다. 자녀가 어릴 때나 성인이 될 때까지 부모가 계좌를 적극적으로 매매하는 경우, 그 수익에 대해서는 일정 시점에 증여세 신고를 한 번 더 해주는 것이 안전합니다. 그래야만 자녀에게 남은 긴 삶 속에서의 수익이 온전히 자녀의 수익으로서 세금 걱정 없기 때문입니다.

예를 들어,
- 초기 증여금: 1,500만 원
- 5년간 투자 수익: 500만 원
- 자녀 성년 도달 시: 수익 부분 증여세 신고

일반적인 적립식 투자의 경우 수익이 크지 않기 때문에, 자녀가 직접 계좌를 운용할 수 있을 때까지의 수익은 한 번에 정리하여 신고하는 것이 바람직합니다.

TDF(Target Date Fund)를 통한 대안
다만 이러한 번거로움을 피하고 싶다면, 최근에 주목받고 있는 TDF(Target Date Fund) 상품을 활용하는 것도 좋은 방법입니다.

1. TDF 상품의 이해

TDF는 목표 은퇴 시점에 따라 자산 배분이 자동으로 조정되는 펀드입니다. 상품명 뒤의 숫자가 바로 목표 은퇴 연도를 의미합니다.

- TDF 2030: 은퇴가 가까워 안전 자산 비중이 높음
- TDF 2040: 중간 정도의 위험-수익 프로파일
- TDF 2050/2060: 은퇴가 멀어 성장 자산 비중이 높음

2024년 TDF 수익률 현황

실제로 2024년 미국 주식 시장의 강세로 인해 일부 TDF는 약 30%에 가까운 놀라운 수익률을 기록했습니다.

출처: fnguide, https://www.fundguide.net/Fund/TDFCompare

2. TDF 선택 시 고려 사항

그런데 단순히 수익률만으로 TDF를 선택해서는 안 됩니다. 다음 요소들을 종합적으로 고려해야 합니다.

- 자녀 또는 가입자의 실제 은퇴 시점
- 펀드의 자산 배분 전략
- 운용사의 Track Record
- 보수 및 수수료 구조
- 리밸런싱 정책

3. 최신 투자 수단과의 연계

최근에는 연금 저축 계좌나 IRP에서 로보어드바이저가 운용하는 상품들도 선택할 수 있습니다. 이러한 상품들은

- AI 기반 자산 배분
- 자동 리밸런싱
- 세금 효과 최적화
- 비용 효율성

등의 장점이 있습니다. 하지만 이러한 새로운 투자 상품들을 제대로 활용하기 위해서는 부모의 금융 이해도가 매우 중요합니다.

[유기정기금 계약과 평가의 실제]

이제 실무적인 부분을 살펴보겠습니다.

1. 평가명세서 작성

여러분이 직접 평가명세서와 증여계약서를 작성할 수 있는 제가 만든 무료 웹사이트를 제공합니다.

- 사이트 주소: '우동호 포트폴리오'로 검색 → 첫 페이지 팝업 버튼 '자녀 현금 증여 계약서'

  https://portfolio.ezinit.com/giftofcash

- 아래 QR코드로도 이동 가능

제10장 실천 가능한 구체적인 방법

2. 웹사이트 기능

기본사항 입력

1. 증여자(돈 주는 사람) 인적사항

성명
홍길동

주민등록번호
800505-1111111

주소
서울 홍길동구

연락처
010-7777-7777

2. 수증자(돈 받는 사람) 인적사항

증여자와의 관계
자

성명
홍영수

주민등록번호
120505-3111111

주소
서울 홍길동구

연락처
010-7777-7777

3. 증여내용

증여시작일
2025-01-12

증여종료일
2034-12-12

증여방법
자동이체

증여시기
매월 12월 월

매월 증여액
₩ 190,000

입금 계좌
미래에셋증권   10151-15156-15156

부자아빠 부자아이

아래의 간단한 정보 입력만으로도 자녀에게 적립식 현금 증여를 한 번에 신고할 수 있는 복잡한 계산이 필요한 '유기정기금 평가명세서'와 '증여계약서'를 출력할 수 있습니다. 또한 회원가입이 필요 없으므로 개인정보 유출에 대한 걱정도 안 하셔도 됩니다. 기존에 유튜브와 개인 블로그를 통해 많은 분이 제가 만든 엑셀 서식으로 도움받으셨는데, 기존 엑셀 서식은 출력한 후에 도장을 찍고 다시 스캔해서 홈택스 신고할 때 첨부해야 하는 불편함이 있었습니다. 이번 웹 버전에서는 이러한 불편을 해소하고자, 입력 후 '엑셀 출력'할 경우 도장 이미지까지 자동 생성됩니다. 그러므로 특이 사항이 없는 분들은 이 엑셀 서식으로 바로 신고하셔도 되고, 개별 수정이 필요하신 분들은 엑셀 내용을 수정하시면 됩니다.

- 증여자/수증자 정보 입력
- 증여 기간 및 금액 설정
- 평가명세서 자동 계산
- 증여계약서 자동 생성
- 도장 이미지 자동 생성
- 엑셀 파일 다운로드

[세법상 유의 사항]

1. 법적 근거
상속세 및 증여세법 시행령 제62조는 유기정기금의 평가 방법을 다음과 같이 규정합니다.

- 잔존 기간의 정기 금액 기준
- 현재 3%의 할인율 적용
- 1년분 정기 금액의 20배 한도

2. 실행 시 주의 사항
- 계약 내용대로 정확한 이행
- 자동 이체 설정으로 안정적 실행
- 증여세 신고 기한 준수
- 변경 사항 발생 시 수정신고

[실전 체크리스트]

1. 증여세 관리
- 유기정기금 계약 체결
- 정기적 증여 실행

- 투자 수익 모니터링
- 필요시 수익 증여세 신고

2. 투자 관리
- TDF 상품 비교 분석
- 자산 배분 전략 수립
- 정기적 리밸런싱
- 수익률 모니터링

3. 교육과 소통
- 투자 원칙 교육
- 정기적 성과 리뷰
- 위험 관리 방안 논의
- 장기 목표 조정

[세무사의 조언]

세무사로서 많은 부모님들을 상담하면서, 증여세 신고의 실수로 인한 불이익 사례를 자주 보았습니다. 특히 다음 사항들을 꼭 기억해 주시기를 바랍니다.

1. 증여세 신고 기한 엄수
2. 증여계약서와 평가명세서 보관
3. 계약 내용 정확한 이행
4. 변경 사항 발생 시 전문가 상담

다음 챕터에서는 실제 홈택스를 통한 증여세 신고 방법을 단계별로 자세히 설명하겠습니다.

[참고]

이 챕터에서 소개한 유기정기금 평가명세서 작성 도구는 정기적으로 업데이트되어 최신 세법이 반영됩니다. 안심하고 사용하실 수 있습니다.

10-4
홈택스 신고 실전 가이드

앞서 우리는 유기정기금 평가명세서를 작성하고 증여계약서를 준비했습니다. 이제 실제로 국세청에서 운영하는 홈택스에서 증여세를 세무사의 도움 없이 직접 신고하는 방법을 알아보겠습니다. 세무사로서 수많은 상담과 신고를 진행하면서 경험한 실무적인 팁을 함께 알려드리겠습니다.

[사전 준비 사항]

증여세 신고에 앞서 다음 서류들을 준비해야 합니다.

1. 필수 서류
   - 유기정기금 평가명세서
   - 증여계약서

- 가족관계증명서
- 자녀 명의의 통장 사본

2. 홈택스 접속 준비
- 자녀 명의의 홈택스 회원가입
- 부모의 공동인증서(구 공인인증서) 등

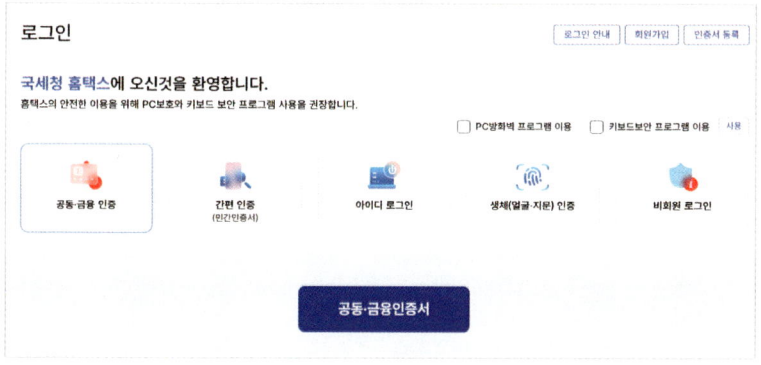

출처: 홈택스(https://hometax.go.kr/)

특히 주의할 점은, 증여세는 수증자인 자녀 명의로 신고해야 한다는 것입니다. 만 14세 미만 미성년자의 경우 부모가 대리 신고가 가능하지만, 반드시 자녀 명의로 홈택스 회원가입이 되어 있어야 합니다.

[가족관계증명서 발급]

가족관계증명서는 세 가지 방법으로 발급받을 수 있습니다. 이 중 가장 쉬운 방법은 온라인 발급이며, pdf 파일로 저장도 가능하므로 스캔이 필요 없습니다.

1. 온라인 발급
   - 대법원 전자가족관계등록시스템 (https://efamily.scourt.go.kr) 접속
   - 부모 공동인증서로 본인 인증
   - 발급 수수료: 무료

2. 무인 발급기 이용
   - 주민 센터, 지하철역 등에 설치
   - 신분증과 지문 인식 필요
   - 발급 수수료: 500원

3. 주민 센터 방문
   - 신분증 지참 필요
   - 즉시 발급 가능
   - 발급 수수료: 500원

[세무사의 팁]

가족관계증명서는 발급일로부터 3개월 이내의 것이어야 합니다. 미리 발급받아 두면 신고 시점에 유효기간이 지나 다시 발급받아야 하는 번거로움이 있으니, 신고 직전에 발급받는 것이 좋습니다.

[홈택스 신고 절차 (2025년 기준)]

1. 14세 미만 미성년 자녀명의 홈택스 가입(14세 이상은 자녀 명의 공인인증서 준비)

    - 홈택스 기본 화면 '회원가입' → '개인' → '주민등록번호로 회원가입' → 모두 동의합니다. 체크 후 '다음' → '14세 미만 가입 시 체크해 주세요.' → 법정대리인의 휴대폰 인증으로 회원가입

2. 증여세 신고서 작성 (1)

- 자녀명의 홈택스 아이디 및 비밀번호로 로그인 → 홈택스 상단 메뉴 '세금 신고' → '증여세 신고' → '일반증여 신고' → '현금 증여 간편 신고' 클릭

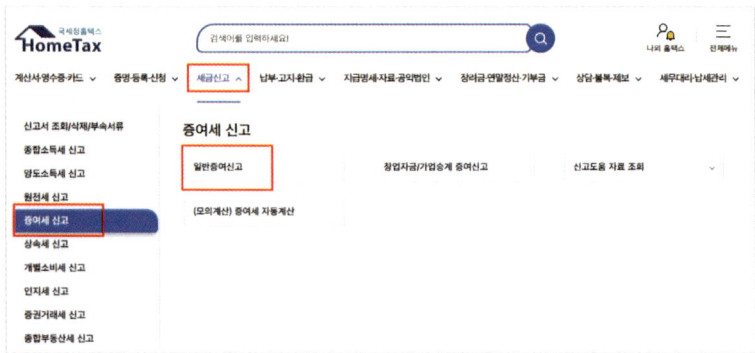

3. 증여세 신고서 작성 (2)

- 기본 사항 입력: 증여자(부모) 정보, 수증자(자녀) 정보
- 증여자와의 관계 선택: 자녀라면 직계비속 중 '자'를 선택하면 됩니다.
- 기본 사항 입력 후: '저장 후 다음 이동' 버튼 클릭

제10장 실천 가능한 구체적인 방법

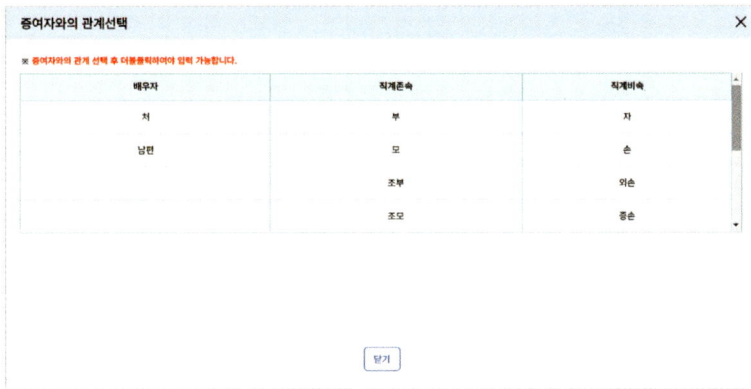

4. 증여세 신고서 작성 (3)

- 증여받은 재산 입력: 현금 금액 입력(유기정기금 평가했던 금액)
- 금액 입력 후 '증여세 계산하기' 버튼 클릭하면 자동 세액 계산 및 증여재산 공제액이 입력되고, 납부세액이 자동 계산 됩니다. → '저장 후 다음 이동' 버튼 클릭 → '제출하기' 클릭

유기정기금 평가명세서

증여자		홍길동	수증자 나이	만 12세
수증자		홍영수	수증자 태어난 해	2012
증여자와의 관계		자	수증자 만 19세 되는 해	2031
정기금 시작일		2025-01-12	할인율	3%
정기금 마지막일		2034-12-12	지급 시기	매월 12일
지급 시기별 금액				₩150,000

년도	불입년도	불입횟수(월)	불입원금	할인평가액
2025	1	12	₩1,800,000	₩1,800,000
2026	2	12	₩1,800,000	₩1,747,573
2027	3	12	₩1,800,000	₩1,696,673
2028	4	12	₩1,800,000	₩1,647,255
2029	5	12	₩1,800,000	₩1,599,277
2030	6	12	₩1,800,000	₩1,552,696
2031	7	12	₩1,800,000	₩1,507,472
2032	8	12	₩1,800,000	₩1,463,565
2033	9	12	₩1,800,000	₩1,420,937
2034	10	12	₩1,800,000	₩1,379,550
합계			₩18,000,000	₩15,814,996

5. 증빙서류 제출

- 신고서 제출 후 '증빙서류 제출' 클릭 → 화면 전환 후 부속 서류 '첨부하기' 버튼 클릭
- 금액 입력 후 '증여세 계산하기' 버튼 클릭하면 자동 세액 계산 및 증여재산 공제액이 입력되고, 납부세액이 자동 계산

됩니다. → '저장 후 다음 이동' 버튼 클릭 → '제출하기' 클릭
- 미리 준비한 서류 제출: 가족관계증명서, 유기정기금 평가명세서, 증여계약서

제10장 실천 가능한 구체적인 방법

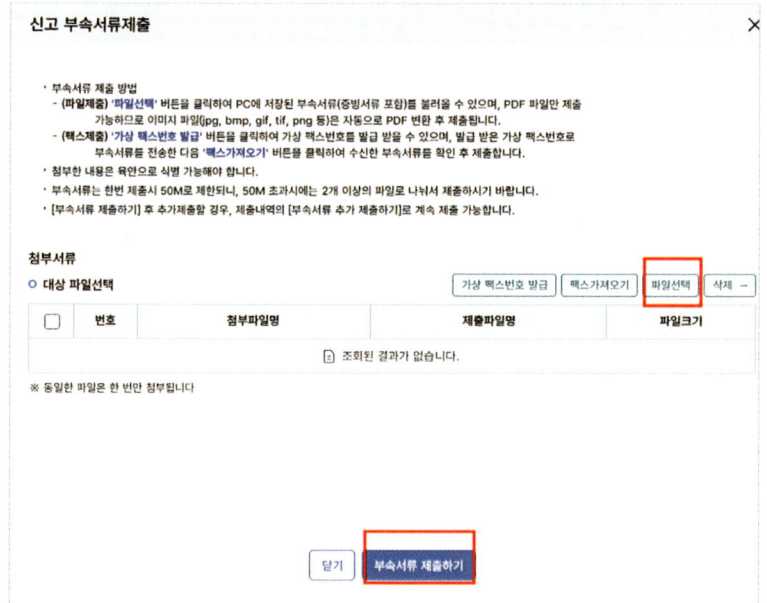

[세무사의 팁]

1. 14세 이상일 경우, 자녀 명의의 공동인증서로 가입할 수 있습니다. 자녀 계좌 만드실 때, 공인인증서도 함께 신청하시길 바랍니다.

유기정기금의 경우, 증여 일자는 계약 체결일을 기준으로 합니다. 매월 지급하는 날짜가 아닙니다.

2. 서류는 PDF 형식으로 변환하여 첨부하는 것이 가장 안전합니다. 특히 도장이 포함된 계약서의 경우, 스캔 품질이 중요합니다.

👍 [신고 시 주의 사항]

1. 신고 기한
    - 증여 계약 체결일이 속하는 달의 말일부터 3개월 이내
    - 예: 2025년 1월 15일 계약 → 2025년 4월 30일까지 신고

2. 공제 항목 확인
    - 미성년자 공제 한도: 2,000만 원
    - 10년 이내 이전 증여액 확인 필수
    - 만약 10년 이내 이전 증여액이 존재한다면, 가능한 한 직접 신고보다는 세무사 등 전문가에게 의뢰하시기를 바랍니다.

3. 수정신고 가능 여부
    - 신고 기한 내: 수정신고 가능
    - 신고 기한 후: 가산세 발생 가능

[세무사의 팁]

유기정기금 신고 시 가장 많이 하는 실수는 평가명세서상의 금액과 신고서상의 금액이 일치하지 않는 경우입니다. 반드시 두 번 이상 확인하세요.

[신고 후 관리]

1. 증여세 신고서 보관
    - 신고서 접수증 출력
    - 제출 서류 사본 보관
    - 신고 내역 PDF 저장

2. 정기 지급 관리
    - 매월 정해진 금액 정확히 이체
    - 이체 내역 기록 보관
    - 연말 정산 시 참고 자료로 활용

[세무사의 팁]

매월 지급하는 금액은 자동 이체로 설정하고, 이체 내역은 별도로 정리해 두는 것이 좋습니다. 추후 세무조사 시 증빙자료로 활용될 수 있습니다.

👍 [전문가의 마지막 조언]

유기정기금을 통한 증여는 절세에 매우 효과적인 방법이지만, 한 번의 실수로 그 혜택을 모두 잃을 수 있습니다. 특히 다음 사항들을 반드시 기억하세요.

1. 신고 기한 준수
2. 정확한 서류 준비
3. 매월 정기적인 지급
4. 관련 서류의 장기 보관

10-5
ISA와 연금 저축 계좌의 효과적 활용

많은 부모님이 자녀의 미래를 위해 투자하면서도, 정작 본인의 노후 준비는 소홀히 하시는 경우가 많습니다. 하지만 부모의 안정된 노후야말로 자녀에게 줄 수 있는 가장 큰 선물이 될 수 있습니다.

세무사로서 수많은 상담을 진행하면서 느낀 점이 있습니다. 바로 현명한 절세 전략만으로도 노후 자금을 크게 늘릴 수 있다는 것입니다. 특히 ISA와 연금 저축 계좌를 현명하게 활용한다면, 적은 원금으로도 큰 자산을 형성할 수 있습니다.

[연금 저축 계좌와 ISA의 기본 이해]

1. 연금 저축 계좌의 특별함
연금 저축 계좌는 단순한 저축 상품이 아닙니다. 납입 시점부터 수령할 때까지 전 과정에서 세제 혜택을 받을 수 있는 특별한 계좌입니다. 특히 젊은 시절부터 시작한다면, 복리 효과와 세제 혜택이 맞물려 큰 자산을 형성할 수 있습니다.

[연금 저축 계좌의 핵심 특징]

- 연간 납입 한도: 1,800만 원
- 세액공제 한도: 600만 원 (IRP 포함 시 900만 원)
- 세액공제율
  - 총급여 5,500만 원 이하: 16.5%
  - 총급여 5,500만 원 초과: 13.2%
- 연금 수령 시 3.3~5.5% 저율 과세

실제로 연봉 5,000만 원인 직장인이 매년 600만 원을 납입한다고 가정해 보겠습니다. 세액공제율 16.5%를 적용하면 매년 99만 원의 세금을 돌려받을 수 있습니다. 30년 동안 납입한다면 약 2,970만 원의 세금을 절약할 수 있죠. 이는 순수하게 절세 효과만 계산한 것으로, 실제로는 투자 수익까지 더해져 더 큰 금액이 됩니다. 특히나 국민연금의 존속 가능성 자체에 대해 걱정하는 젊은 세대들은 본인의 노후를 위해 반드시 준비해야 하는 상품입니다. 하지만 위와 같은 큰 혜택 때문에 납입 금액에 제한이 있죠. 하지만

ISA와 연계를 통해 납입 한도를 뛰어넘고 더불어 세금 대비까지 할 수 있습니다.

2. ISA(개인종합자산관리계좌)의 매력

ISA는 하나의 계좌로 예금부터 주식까지 다양한 투자를 할 수 있는 통합 금융 상품입니다. 마치 백화점처럼 여러 금융 상품을 한 곳에서 골라 담을 수 있죠.

가장 큰 장점은 이 계좌 안에서 발생하는 수익에 대한 세제 혜택입니다. 예를 들어, 주식 투자로 수익이 발생했을 때 일반 계좌였다면 22%의 세금을 내야 하지만, ISA에서는 수익 200만 원까지는 전혀 세금을 내지 않아도 됩니다.

ISA의 핵심 특징
- 연간 납입 한도: 2,000만 원
- 총 납입 한도: 1억 원 (5년 기준)
- 수익 비과세 한도
  - 일반형: 200만 원
  - 서민형: 400만 원
- 초과 수익: 9.9% 분리과세 적용

특히 주목할 점은 만기 후에 이 자금을 연금 계좌로 전환할 수 있다는 것입니다. 이는 마치 은퇴를 위한 징검다리와 같은 역할을 합니다. 연금 저축 계좌는 일반적으로 IRP 등과 함께 연간 납입 한도가 1,800만 원으로 제한되어 있지만, 연간 불입액 2천만 원 한도로 5년까지 가능한 ISA 계좌를 활용한다면 5년에 한 번씩 최대 1억 원까지 연금 저축 계좌로 전환이 가능하다는 뜻입니다.

세제 혜택의 구체적 계산

많은 분이 세제 혜택을 '있다'는 정도로만 이해하고 계시는데, 실제로 계산해 보면 그 효과가 상당합니다.

1. ISA 수익 계산의 실제

예를 들어, 매월 100만 원씩 1년간 미국 S&P500 ETF를 ISA 계좌에서 투자했다고 가정해 보겠습니다.

- 총 투자금: 1,200만 원
- 연 수익률 10% 가정 시 1년 후 총자산: 약 1,320만 원
- 수익금: 약 120만 원

일반 계좌였다면
- 120만 원×15.4%(세금)= 약 18만 5천 원의 세금 납부
- 실 수령 수익: 101만 5천 원

ISA 계좌의 경우

- 수익 120만 원 전액 비과세 (200만 원 한도 내)
- 실 수령 수익: 120만 원

이렇게 한 해만으로도 약 19만 원의 세금을 절약할 수 있습니다. 5년 동안 이런 효과가 복리로 쌓인다면 그 차이는 더욱 벌어지겠죠.

2. 연금 저축 계좌의 복합 효과

연금 저축 계좌는 '납입 시점'과 '수령 시점' 모두에서 세제 혜택이 있다는 점이 특별합니다.

예시로 30세부터 60세까지 매월 50만 원씩(연 600만 원) 납입하는 경우를 살펴보겠습니다.

납입 시점의 혜택

- 연간 세액공제: 99만 원 (600만 원 × 16.5%)
- 30년간 총 세액공제: 2,970만 원

수령 시점의 혜택

- 일반 금융 상품: 15.4% 이자소득세
- 연금 저축 계좌: 3.3~5.5% 연금소득세

연 수익률 8%를 가정하면

- 총 납입액: 1억 8천만 원
- 30년 후 예상 적립금: 약 9억 원
- 일반 계좌 대비 절세 금액: 약 1억 원 이상

여기서 중요한 점은 이런 복합 효과를 얻기 위해서는 반드시 장기 투자가 필요하다는 것입니다. 따라서 하루라도 빨리 시작하는 것이 유리합니다.

두 계좌의 장점을 최대한 활용하기 위해서는 체계적인 전략이 필요합니다. 제가 세무사로서 가장 많이 추천해 드리는 방법을 단계별로 설명해 드리겠습니다.

1. 기본 전략: 세 단계 접근법

첫 번째 단계: 연금 저축 계좌 우선 활용

연금 저축 계좌를 먼저 채우는 이유는 즉각적인 세액공제 혜택 때문입니다. 예를 들어 연봉 5,000만 원인 직장인이 매월 50만 원(연 600만 원)을 납입하면
- 매년 99만 원의 세금 환급
- 이는 실질적으로 16.5%의 투자 수익을 보장받는 것과 같음
- 게다가 이후의 투자 수익에 대해서도 과세가 이연됨

두 번째 단계: ISA로 추가 납입

연금 저축 계좌 한도를 채운 후에는 ISA를 활용합니다.
- 연간 2,000만 원까지 납입 가능
- 5년간 최대 1억 원까지 투자
- 수익에 대해 200만 원까지 비과세

세 번째 단계: ISA 만기 자금의 전략적 활용

ISA 만기 시점에서는 두 가지 선택이 가능합니다.

1) 연금 계좌로 전환
    - 전환 금액의 10%(최대 300만 원)에 대해 추가 세액공제
    - 향후 연금 수령 시 저율 과세 혜택

2) 재투자
    - 새로운 ISA 계좌 개설
    - 다른 투자 수단 활용

2. 고급 전략: 수령 단계 최적화

많은 분이 납입 단계의 절세만 신경 쓰시는데, 실제로는 수령 단계의 전략이 더 중요할 수 있습니다.

연금 수령 순서의 최적화

연금 저축 계좌에서 자금을 인출할 때는 다음 순서로 진행됩니다.

1) 과세제외 원금 (세액공제 받지 않은 금액)
2) 이연 퇴직소득
3) 과세 대상 금액 (세액공제 받은 금액과 수익)

이를 활용한 전략적 인출 예시

예) 총 적립금 5억 원 중
- 과세제외 원금: 1억 원
- 이연 퇴직소득: 1억 원
- 과세 대상 금액: 3억 원

→ 첫 3년간은 과세제외 원금에서 인출
→ 다음 3년은 이연 퇴직소득 활용
→ 나머지 기간 과세 대상 금액 인출

이렇게 하면 초기 수령 기간은 세금 부담을 최소화할 수 있습니다.

비과세와 분리과세의 활용

ISA 계좌의 경우
- 200만 원까지는 비과세
- 초과분은 9.9% 분리과세

이는 일반 금융소득 종합과세(최대 45%)와 비교하면 매우 유리한 조건입니다.

[연령대별 실천 전략]

연령대에 따라 투자 기간과 위험 감수 능력이 다르므로, 연령대별로 최적화된 전략이 필요합니다.

1. 30대를 위한 전략: "공격적 자산 형성기"

30대는 가장 적극적으로 자산을 형성할 수 있는 시기입니다. 투자 기간이 길기 때문에 어느 정도의 위험을 감수하더라도 높은 수익을 노릴 수 있습니다.

실전 투자 전략
- 연금 저축 계좌: 주식형 펀드 70~80%+채권형 20~30%

- 예) KOSPI200 인덱스 펀드 30%
- 글로벌 주식형 ETF 40%
- 국고채 ETF 30%
- ISA 계좌: 성장형 포트폴리오 구성
  - 글로벌 기술주 ETF 40%
  - 신흥국 ETF 30%
  - 개별 성장주 30%

실제 투자 예시 (월 소득 400만 원 기준):

월 투자 금액 분배:

- 연금 저축 계좌: 50만 원(연 600만 원)
- ISA: 100만 원(연 1,200만 원)
- 여유 자금: 50만 원

연간 세제 혜택:

- 연금 저축 세액공제: 99만 원
- ISA 비과세: 수익 200만 원까지

2. 40대를 위한 전략: "균형 잡힌 성장기"

40대는 자산 형성과 안정성을 동시에 고려해야 하는 시기입니다. 이미 어느 정도 자산이 형성되어 있다면, 이를 안정적으로 키우는 것이 중요합니다.

실전 투자 전략

- 연금 저축 계좌: 중립형 포트폴리오
  - 주식형 60%+채권형 40%
  - 선진국 중심의 ETF 위주 구성
  - 배당주 ETF 비중 확대
- ISA 계좌: 위험-수익 균형형
  - 우량 배당주 40%
  - 선진국 ETF 30%
  - 채권형 ETF 30%

실제 운용 예시 (소득 600만 원 기준)

월 투자 금액 분배

- 연금 저축 계좌: 50만 원
- ISA: 150만 원
- 안전 자산: 100만 원

리밸런싱:

- 분기별 포트폴리오 점검
- 수익률 20% 초과 시 일부 실현

3. 50대 이후: "안정성 추구기"

50대는 은퇴를 준비하는 시기입니다. 지금까지 모은 자산을 보호하면서도 적절한 수익을 추구해야 합니다.

실전 투자 전략
- 연금 저축 계좌: 안정형 중심
  - 주식형 40% + 채권형 60%
  - 우량 배당주 ETF 위주
  - 달러 자산 포함
- ISA 만기 전환 전략
  - 연금 계좌로의 전환 검토
  - 세액공제 혜택 활용
  - 단계적 전환으로 위험 분산

포트폴리오 조정 예시
- 위험자산 비중 점진적 축소:

1년 차: 주식 60% → 채권 40%

2년 차: 주식 50% → 채권 50%

3년 차: 주식 40% → 채권 60%

[실제 사례 분석]

제가 실제 상담해 드렸던 사례들을 통해 ISA와 연금 저축 계좌의 활용 방법을 더 구체적으로 살펴보겠습니다.

[사례 1: 30대 직장인 김 모 씨의 자산 형성 전략]

〈상황〉
- 연봉: 5,000만 원
- 순 저축 여력: 월 200만 원
- 현재 자산: 3,000만 원
- 목표: 30년 후 노후 자금 20억 준비

〈적용한 전략〉
1. 연금 저축 계좌 활용
- 월 50만 원 납입(연 600만 원)
- 세액공제 혜택: 연 99만 원
- 주식형 펀드 위주로 투자

포트폴리오 구성
- KOSPI200 ETF: 30%
- S&P500 ETF: 40%
- 글로벌 기술주 ETF: 30%

2. ISA 계좌 활용

    - 월 150만 원 납입 (연 1,800만 원)

    - 5년간 총 9,000만 원 납입 계획

포트폴리오 구성

- 미국 나스닥 ETF: 40%

- 신흥국 ETF: 30%

- 개별 성장주: 30%

20년 후 예상 자산

(연평균 수익률 8% 가정)

- 연금 저축 계좌: 약 4.2억 원

- ISA 계좌: 약 12억 원

- 총 예상 자산: 약 16.2억 원

[사례 2: 45세 자영업자 박 모 씨의 절세 전략]

〈상황〉

- 연 소득: 8,000만 원

- 투자 가능 금액: 연 3,000만 원

- 현재 자산: 2억 원

- 목표: 15년 후 은퇴 준비

〈적용한 전략〉

1. 연금 저축 계좌 최대 활용
   - 연 600만 원 납입
   - 세액공제: 연 79.2만 원(13.2%)

포트폴리오 구성
- 국내 배당주 ETF: 30%
- 미국 배당주 ETF: 30%
- 채권형 ETF: 40%

2. ISA 계좌의 전략적 활용
   - 연 2,000만 원 납입
   - 5년 만기 후 연금 계좌 전환 계획

자산 배분
- 우량 배당주: 40%
- 선진국 ETF: 30%
- 채권 ETF: 30%

15년 후 예상 자산

(연평균 수익률 7% 가정)
- 연금 저축 계좌: 약 2.8억 원

- ISA 계좌: 약 5.2억 원
- 총 예상 자산: 약 8억 원

[사례 3: 55세 직장인 이 모 씨의 안정화 전략]

〈상황〉
- 연봉: 7,000만 원
- 현재 자산: 5억 원
- 퇴직 예정: 5년 후
- 목표: 안정적인 노후 자금 확보

〈현재 자산 구성〉
- 연금 저축 계좌: 2억 원
- 일반 주식 계좌: 2억 원
- 예금: 1억 원

〈적용한 전략〉
1. 연금 저축 계좌 안정화
    - 기존 2억 원의 포트폴리오 조정

조정 전:
- 주식형 70%, 채권형 30%

조정 후:

- 주식형 40%: 우량 배당주 ETF 위주

- 채권형 60%: 국고채 ETF + MMF

2. ISA 계좌 신규 개설

   - 일반 주식계좌의 자금을 점진적으로 이전

   - 연 2,000만 원씩 5년간 이전 계획

포트폴리오 구성

- 우량 배당주 ETF: 50%

- 달러 채권형 ETF: 30%

- 현금성 자산: 20%

5년 후 예상 자산과 연금 수령 계획

(보수적 수익률 5% 가정)

- 총 예상 자산: 약 7억 원

- 월 예상 연금: 250만 원

연금 수령 구성

- 국민연금: 월 150만 원

- 개인연금: 월 100만 원

[전문가의 조언]

15년 이상 세무사로 일하면서 많은 분의 자산 관리를 도와드렸습니다. 그 경험을 바탕으로 몇 가지 중요한 조언을 드리고 싶습니다.

1. 서두르되 조급해하지 마세요.

많은 분이 은퇴 준비가 늦었다고 생각해 무리한 투자를 하시는 경우가 있습니다. 하지만 적절한 전략만 있다면, 늦은 시작도 충분히 만회할 수 있습니다.

실제 사례

55세에 시작한 A 씨의 경우:
- 매월 200만 원 투자
- 안정적 포트폴리오 구성
- 10년 만에 3억 원 자산 형성

2. 복합 전략의 중요성

단순히 하나의 상품에 집중하기보다는, 여러 금융상품의 장점을 조합하는 것이 중요합니다.

- 연금 저축 계좌: 세액공제 혜택
- ISA: 수익에 대한 비과세

- 일반 투자: 유동성 확보

3. 정기적인 점검과 조정

자산 관리에서 가장 중요한 것은 꾸준한 점검과 조정입니다. 분기별로 다음 사항들을 체크하시기 바랍니다.

- 포트폴리오 비중 점검
- 수익률 분석
- 리밸런싱 필요성 검토
- 세제 혜택 활용도 확인

4. 마지막으로 드리는 말씀

돈은 수단이지 목적이 되어서는 안 됩니다. 많은 분이 노후 준비를 하시면서 현재의 삶을 너무 희생하시는 경우를 봅니다. 가장 중요한 것은 현재와 미래의 균형입니다.

투자는 돈을 버는 것이 아니라, 시간을 사는 것입니다. 그 시간 동안 여러분이 진정으로 하고 싶은 일을 할 수 있는 자유를 얻는 것, 그것이 바로 진정한 투자의 목적일 것입니다.

10-6
부모를 위한 체크리스트

지금까지 우리는 자녀의 미래를 위한 투자부터 부모의 노후 준비까지, 가족의 재무 설계에 필요한 다양한 내용들을 살펴보았습니다. 이 과정에서 많은 정보와 전략, 그리고 실천 방법들을 다루었는데요, 때로는 이런 많은 정보가 오히려 혼란을 줄 수 있습니다.

세무사로서 수많은 가정의 재무 설계를 도와드리면서 발견한 한 가지 공통점이 있습니다. 바로 체계적인 체크리스트의 중요성입니다.

[체크리스트가 필요한 이유]

1. 실천의 문제
투자나 재무 설계에서 가장 어려운 것은 '아는 것을 실천하는 일'

입니다. 많은 부모님이 "이론적으로는 알고 있지만, 실제로 어떻게 시작해야 할지 모르겠다."라고 말씀하십니다. 체크리스트는 이러한 실천의 문제를 해결하는 첫걸음입니다.

2. 놓치기 쉬운 것들

재무 설계는 마치 큰 퍼즐을 맞추는 것과 같습니다. 한 조각이라도 빠지면 전체 그림이 완성되지 않죠. 예를 들어, 투자는 열심히 하시는데 보험은 소홀히 하는 경우가 많습니다. 체크리스트는 이런 빈 곳을 찾아내는 도구가 됩니다.

3. 시기의 중요성

모든 일에는 적기가 있습니다. 예를 들어 유기정기금 신고는 계약일로부터 3개월 이내에 해야 하고, 연금 저축 계좌의 세액공제는 해당 연도 내에 납입해야 합니다. 체크리스트는 이러한 시기를 놓치지 않게 도와줍니다.

4. 가족 간의 소통

재무 설계는 가족 모두의 참여가 필요한 일입니다. 체크리스트는 가족 구성원 모두가 현재 어떤 단계에 있는지, 다음은 무엇을 해야 하는지 한눈에 파악할 수 있게 해줍니다.

이제 실제 체크리스트로 넘어가기 전에, 이것을 어떻게 활용하면 좋을지 몇 가지 조언을 드리고 싶습니다.

[체크리스트 활용 원칙]

1. 단계적 접근
모든 항목을 한 번에 완료하려고 하지 마세요. 가장 시급하고 중요한 것부터 하나씩 시작하는 것이 좋습니다.

2. 정기적인 점검
분기별로 한 번씩은 체크리스트를 점검하세요. 특히 매년 초에는 전체 항목을 꼼꼼히 살펴보는 것이 좋습니다.

3. 유연한 수정
체크리스트는 고정된 것이 아닙니다. 가족의 상황이나 경제 환경이 변하면 그것에 맞게 수정하고 보완해야 합니다.

4. 가족회의 활용
체크리스트는 가족 재무 회의의 훌륭한 가이드라인이 될 수 있습니다. 함께 점검하고 논의하면서 가족의 재무 목표를 공유하세요.

제10장 실천 가능한 구체적인 방법

자, 이제 실제 체크리스트를 살펴보겠습니다. 먼저 자녀의 연령대별로 필요한 준비 사항들을 점검해 볼까요?

"아빠, 체크리스트가 되게 많아 보여요."
"그래, 처음에는 많아 보일 수 있어. 하지만 하나씩 천천히 살펴보면 어렵지 않단다. 먼저 네 나이대에 맞는 것부터 시작해 보자."

[자녀 연령대별 준비 사항 체크리스트]

1. 영유아기(0~7세) 준비 사항

- □ 자산 형성 기반 구축
  - 연금 저축 계좌 개설
    - 가입 직후 자동 이체 설정
    - 글로벌 ETF 중심 포트폴리오 구성
    - 분기별 자산 배분 점검
  - 유기정기금 증여 계약 체결
    - 월 15~20만 원 정기 증여 설정
    - 증여세 신고 일정 확인
    - 계약서 및 평가명세서 보관

- □ 기초 금융교육 준비

- 투명 저금통 활용
- 동전 분류하기 놀이
- 장보기 체험학습

"아빠, 제가 아기였을 때도 이렇게 하셨어요?"
"누군가 아빠에게 이런 걸 그때 알려줬다면 그렇게 했겠지만, 우리는 5년 전부터 이렇게 하고 있지. 그래도 빠른 거란다."

2. **초중고생(8~19세) 준비 사항**
   □ 투자 교육 및 실천
   - 용돈 기입장 작성 지도
     • 수입/지출 항목 구분
     • 저축 목표 설정
     • 주간 정산 습관화
   - ETF 투자 시작 (12세 이상)
     • 기본 개념 교육
     • 실전 투자 체험
     • 정기적 성과 분석
   - 분기별 포트폴리오 리밸런싱
     • 자산 배분 원칙 점검
     • 수익률 분석
     • 위험 관리 교육

□ 금융 지식 습득
- 경제 기초 교육
  • 복리의 개념 (72 법칙)
  • 인플레이션의 이해
  • 환율과 금리의 관계
- 실전 경제 감각
  • 매일 경제 뉴스 한 개 읽기
  • 관심 기업 정보 수집
  • 가족 재무 회의 참여

"아빠, 이거 다 해야 하는 거예요?"

"아니, 너처럼 이미 하는 것도 있고, 앞으로 차근차근 배워갈 것도 있어. 체크리스트는 우리가 가야 할 방향을 알려주는 지도 같은 거란다."

3. 성인 이후(20세~) 준비 사항

□ 독립적 자산 관리 시작
- 본인 명의 계좌 운용
  • ISA 계좌 개설
  • 연금 저축 계좌 독립 운용
  • 중장기 재무 목표 설정
- 포트폴리오 구성

- 위험 감내도 평가
- 자산 배분 전략 수립
- 정기적 리밸런싱 실행

[재무 관리 체크리스트]

"자, 이제는 실제로 돈을 관리하는 방법을 살펴볼까?"
"네!"

☐ 정기적 자산 점검
 - 월간 점검 사항
  - 정기 투자금 입금 확인
  - 포트폴리오 비중 확인
  - 수익률 기록
 - 분기별 점검 사항
  - 자산 배분 리밸런싱
  - 투자 전략 재검토
  - 목표 달성도 평가
 - 연간 점검 사항
  - 전체 자산 평가
  - 세금 신고 준비

- 다음 해 목표 설정

□ 세금 관리
　- 증여세 관리
　　• 신고 기한 확인
　　• 관련 서류 보관
　　• 전문가 상담 필요성 검토
　- 연말 정산 준비
　　• 교육비 영수증 정리
　　• 연금 저축 납입증명서 확인
　　• 의료비 지출 내역 정리

"아빠, 세금 얘기는 좀 어려운데요?"

"그래, 지금은 이해하기 어려울 수 있어. 하지만 이런 게 있다는 걸 알아두는 것만으로도 충분해. 나중에 하나씩 배워 가면 되니까."

[위험 관리 체크리스트]

"이제는 우리가 모은 돈을 안전하게 지키는 방법을 살펴볼까?"
"네!"

□ 투자 위험 관리
  - 포트폴리오 건전성 점검
    • 자산별 비중 적정성
    • 수익률 변동성 확인
    • 리스크 관리 전략 점검
  - 시장 위험 대비
    • 현금성 자산 비율 유지
    • 분산투자 원칙 준수
    • 리밸런싱 시기 결정

□ 보험 설계
  - 가족 보장 분석
    • 소득원 파악
    • 필요 보장 금액 산출
    • 보험료 적정성 검토
  - 보험 포트폴리오 점검
    • 중복 보장 확인
    • 불필요한 특약 정리
    • 갱신 시기 관리

"아빠, 지난번에 제 ETF 투자금이 좀 떨어졌을 때 제가 당황했잖아요. 이런 것도 위험 관리인가요?"

"맞아. 그때 네가 침착하게 대응한 게 바로 좋은 위험 관리였단다. 투자는 오르내림이 있는 게 당연하니까."

□ 상속/증여 계획
- 장기 자산 이전 계획
  • 증여 시기 결정
  • 증여 방식 선택
  • 절세 전략 수립
- 문서 관리
  • 증여 계약서 보관
  • 세금 신고 서류 정리
  • 통장 거래 내역 보관

[미래 준비 체크리스트]

"이제 마지막으로 미래를 위한 준비 사항을 점검해 볼까?"

□ 교육 자금 설계
- 예상 소요액 산정
  • 학교 급별 교육비 예측
  • 사교육비 추정

- 유학 계획 고려
- 준비 전략 수립
  - 적립 기간 설정
  - 월 저축액 결정
  - 투자 상품 선택

□ 결혼자금 준비
- 자금 계획
  - 예상 결혼 시기 고려
  - 필요 자금 추정
  - 물가상승률 반영
- 준비 방법
  - 정기 투자 계획 수립
  - 자산 배분 전략 구성
  - 중간 점검 시기 설정

□ 은퇴 준비
- 은퇴 자금 설계
  - 목표 금액 설정
  - 물가상승률 고려
  - 수명 위험 고려
- 준비 전략

- 연금 포트폴리오 구성
- 투자 전략 수립
- 정기적 재점검

"아빠, 이렇게 보니까 준비할 게 정말 많네요."

"그래서 우리가 이렇게 일찍 시작하는 거야. 천천히, 하나씩 해 나가면 돼. 지금 네가 12살에 벌써 이런 것들을 배우고 있다는 게 정말 대단한 거란다."

"근데 아빠, 이런 체크리스트는 자주 봐야 하나요?"

"아까 말했던 것처럼 분기별로 한 번씩은 꼭 점검하는 게 좋아. 특히 매년 초에는 이 모든 항목을 꼼꼼히 살펴보면서, 우리 가족의 상황에 맞게 수정하고 보완하는 게 좋지."

이러한 체크리스트들은 단순한 점검표가 아닙니다. 이것은 우리 가족의 밝은 미래를 위한 로드맵이자, 함께 성장하기 위한 나침반이 될 것입니다.

10-7
실전 연습
: 월별 실천 계획 세우기

"아빠, 오늘은 뭘 배워요?"

"이제 우리가 배운 모든 것을 실제로 언제, 어떻게 실천할지 계획을 세워 볼 거야."

"아, 달력에 표시하는 거예요?"

"그렇지! 매일, 매주, 매월 해야 할 일들을 정리하면 훨씬 실천하기 쉬워지거든."

[연간 재무 계획의 월별 실천]

1분기 (1월~3월)

□ 1월: 연간 계획 수립
  - 가족 재무 목표 설정

- 연간 투자 계획 수립
- 세금 신고 준비
- 전년도 성과 분석

□ **2월: 정기 점검**
- 설 연휴 세뱃돈 투자 계획
- 연말 정산 서류 확인
- 가족 재무 회의

□ **3월: 1분기 마무리**
- 포트폴리오 리밸런싱
- 증여세 신고 필요 여부 확인
- 분기 성과 평가

"아빠, 1월이 되면 이걸 다 해야 해요?"

"아니, 이건 마치 식당 메뉴판 같은 거야. 우리 가족에게 필요한 것들을 골라서 하면 돼."

2분기 (4월~6월)

□ **4월: 봄맞이 재무 점검**
- 새 학기 교육비 점검

- ISA 계좌 점검
- 연금 저축 계좌 납입 현황 확인

☐ 5월: 중간 점검
- 가정의 달 용돈/선물 관리
- 월간 투자 성과 분석
- 자녀 용돈 관리 상황 점검

☐ 6월: 2분기 마무리
- 포트폴리오 리밸런싱
- 상반기 성과 분석
- 하반기 계획 조정

"아빠, 리밸런싱은 분기마다 하는 거예요? 전 한 달마다 하고 있는데."

"아냐 꼭 분기마다 해야 할 필요는 없단다. 너처럼 한 달에 한 번씩 해도 돼. 아빠의 계좌 중 일부도 한 달에 한 번씩 리밸런싱을 하고 있지. 하지만 우리가 배웠던 정적 자산 배분 전략 기억나니? 6:4 포트폴리오나 올웨더 포트폴리오 같은 전략. 이런 경우는 매달 리밸런싱하는 것보다는 이렇게 3개월이나 6개월에 한 번씩 해주는 게 거래 비용 측면에서 더 좋단다."

3분기 (7월~9월)

☐ **7월: 여름방학 계획**
  - 방학 특별 용돈 관리 계획
  - 투자 교육 프로그램 참여
  - 가족 재무 회의

☐ **8월: 중간 점검**
  - 여름휴가 예산 관리
  - 투자 일지 점검
  - 비상금 확인

☐ **9월: 3분기 마무리**
  - 포트폴리오 리밸런싱
  - 추석 대비 자금 계획
  - 연말 정산 중간 점검

4분기 (10월~12월)

☐ **10월: 연말 준비 시작**
  - 연말 정산 자료 정리 시작
  - 부족한 공제 항목 확인

- 가족 재무 회의

□ 11월: 연말 정리 준비
- 다음 해 목표 초안 작성
- 올해 성과 예비 평가
- 연말 선물 예산 책정

□ 12월: 연간 마무리
- 연간 투자 성과 분석
- 다음 해 재무 계획 확정
- 가족 송년 재무 회의

"와, 이렇게 보니까 매달 할 일이 정해져 있네요!"

"그래, 그런데 더 중요한 건 매일, 매주 해야 할 일들이야. 그것도 한번 살펴볼까?"

[일간/주간 실천 계획]

□ 매일 해야 할 일
- 용돈 기입장 작성
- 경제 뉴스 한 개 읽기

- 투자한 ETF나 주식 가격 확인

□ 매주 해야 할 일
- 주간 용돈 정산
- 투자 일지 작성
- 다음 주 지출 계획 수립

"아빠, 이걸 다 기억하기 어려울 것 같아요."
"그래서 우리가 이렇게 정리하는 거야. 처음에는 달력에 표시해 두고, 차근차근 습관을 만들어 가면 돼."

[가족별 역할 분담]

□ 부모의 역할
- 전체 자산 관리 및 감독
- 정기 투자 실행
- 세금 관리
- 가족 재무 회의 주도

□ 자녀의 역할 (연령별)
- 초등학생

- 용돈 기입장 작성
- 투자 일지 쓰기
- 경제 뉴스 읽기

- 중고등학생
  - 포트폴리오 관리 참여
  - 재무 회의 의견 제시
  - 투자 성과 분석

"아빠, 제가 해야 할 일이 많네요?"

"그래도 너는 이미 대부분을 잘하고 있잖아. 앞으로도 이렇게 꾸준히 하다 보면, 어른이 되어서는 정말 멋진 투자자가 될 거야."

[실전 사례: 우리 가족의 한 달]

1. 1주 차
   - 월요일: 새로운 달의 계획 수립
   - 수요일: ETF 가격 체크
   - 토요일: 가족 재무 회의
2. 2~3주 차
   - 정기적 점검과 기록

- 새로운 투자 기회 탐색

　　　- 지출 관리

　3. 4주 차

　　　- 월간 성과 정리

　　　- 다음 달 계획 수립

　　　- 특이 사항 기록

"이렇게 정리해 두니까 훨씬 알기 쉽네요!"

[문제 발생 시 대처 방법]

1. 예상치 못한 지출 발생

　　　- 비상금 활용 여부 검토

　　　- 지출 우선순위 재조정

　　　- 가족회의 소집

2. 투자 손실 발생

　　　- 원인 분석

　　　- 포트폴리오 점검

　　　- 전문가 상담 고려

3. 계획 이행 어려움
   - 원인 파악
   - 계획 수정
   - 가족 간 협력 방안 모색

"아빠, 이런 계획들이 있으니까 뭔가 더 안심되는 것 같아요."
"그래, 모든 일이 그렇듯 계획이 있으면 실천하기가 훨씬 쉬워지지. 특히 돈 관리는 더욱 그래."

계획을 세우는 것보다 더 중요한 건 꾸준히 실천하는 것입니다. 하지만 너무 완벽하게 하려고 조급해하지 마세요. 조금씩 실천해 나가다 보면, 어느새 좋은 습관이 자리 잡게 될 것입니다. 무엇보다 이 모든 과정을 가족이 함께한다는 것, 그것이 가장 큰 의미가 아닐까요?

오늘도 저는 아들과 함께 투자 공부를 했습니다.

"아빠, 오늘 수업은 여기까지인가요?"

아들의 질문에 저는 잠시 생각에 잠겼습니다. 지난 수년간 우리가 함께한 여정이 떠올랐기 때문입니다.

처음에는 단순히 투자를 가르쳐주고 싶었습니다. 복리의 마법을

제10장 실천 가능한 구체적인 방법

이해시키고, ETF 투자 방법을 알려주고 싶었죠. 하지만 이제 깨달았습니다. 우리가 진정으로 배운 것은 '돈'이 아니었습니다.

우리는 '신뢰'를 배웠습니다. 매주 토요일 아침, 가족 재무 회의를 하면서 서로의 이야기에 귀 기울이는 법을 배웠습니다.

우리는 '인내'를 배웠습니다. 주식이 떨어졌을 때도, 우리의 원칙을 지키며 차분히 기다리는 법을 배웠습니다.

우리는 '나눔'을 배웠습니다. 수익 일부를 기부하자고 먼저 제안한 것은 다름 아닌 우리 아이들이었습니다.

그리고 무엇보다, 우리는 '함께 성장하는 법'을 배웠습니다.

투자는 단순히 돈을 늘리는 방법이 아닙니다. 그것은 우리 가족이 함께 미래를 그리는 방법이었습니다. 때로는 실수도 하고, 때로는 작은 성공도 맛보면서, 우리는 조금씩 성장했습니다.

이제 아들에게 대답합니다.

"오늘 수업은 여기까지야. 하지만 우리의 여정은 계속되는 거야."

아들이 밝게 웃으며 고개를 끄덕입니다.

여러분의 가정에서도 이런 특별한 여정이 시작되기를 바랍니다. 완벽하지 않아도 좋습니다. 천천히, 그리고 꾸준히 한 걸음씩 나아가다 보면, 어느새 여러분의 아이들도 든든한 미래를 준비할 수 있을 것입니다.

그리고 그 과정에서 발견하게 될 것입니다. 진정한 부(富)란, 단순히 많은 돈을 가진 것이 아니라, 가족이 함께 성장하며 만들어 가는 행복한 미래라는 것을.

이제 여러분의 이야기를 시작해 보세요.

부자 부모가 되는 여정,
부자 아이를 키우는 이야기,
지금, 시작합니다.

부록

1. 정부 정책 제안: 국민연금 보완과 금융교육 의무화
2. 용어 해설
3. 실전 투자 도구 모음

1. 정부 정책 제안
: 국민연금 보완과 금융교육 의무화

아동 씨앗 연금: 미래세대를 위한 새로운 패러다임

현재 한국의 저출산 문제는 단순한 인구 감소를 넘어 사회 전반의 지속가능성을 위협하는 심각한 문제가 되었습니다. 정부는 출산장려금과 같은 일회성 현금 지원 정책을 시행하고 있지만, 이러한 접근은 근본적인 해결책이 되지 못하고 있습니다.

세계 각국의 사례를 살펴보면, 영국의 Junior ISA, 싱가포르의 Baby Bonus Scheme, 미국의 SEED 등 대부분의 선진국이 단순한 현금 지원이 아닌, 자녀의 미래를 위한 장기적 자산 형성 지원 정책을 시행하고 있습니다.

이에 저는 '아동 씨앗 연금'이라는 새로운 정책을 제안합니다. 이는 기존의 일회성 지원과는 차별화된, 아이와 부모의 미래를 함께 준비하는 장기적 자산 형성 프로그램입니다.

[아동 씨앗 연금의 주요 특징]

1. 1:1 매칭 펀드 시스템
    - 부모가 매월 일정 금액을 내면 정부가 동일 금액을 매칭
    - 초기 5년간 월 최대 20만 원까지 매칭 지원
    - 이후 10년간 월 최대 10만 원까지 매칭 지원

2. 안정적 운용
    - 국민연금 수준의 안정적인 수익률 목표
    - 전문가 집단의 체계적인 자산 운용
    - 장기 복리 효과를 통한 자산 증식

3. 세대 간 상생 구조
    - 현재 세대의 국민연금 고갈 우려 완화
    - 미래 세대의 노후 보장 강화
    - 저출산 문제에 대한 실질적 해결책 제시

4. 의무 금융교육을 통한 국가 금융 경쟁력 강화
    - 펀드 혜택을 보는 부모들에게 1년 2번 온라인 의무 경제금

융교육 실시
- 12세부터의 아이들에게도 눈높이에 맞는 의무 경제금융교육 실시

[기대효과]

1. 출산율 제고
   - 자녀의 노후까지 고려한 실질적 지원으로 출산 장려
   - 부모의 경제적 부담 경감
   - 장기적 관점의 가족계획 수립 가능

2. 사회안전망 강화
   - 개인의 노후 준비와 국가 연금의 조화로운 보완
   - 세대 간 자산 이전의 선순환 구조 형성
   - 미래세대의 경제적 자립 기반 마련

3. 금융교육 효과
   - 어릴 때부터의 체계적인 자산 관리 교육 가능
   - 장기 투자의 중요성 인식
   - 가족 단위의 재무 설계 문화 정착

기존의 단기적 현금 지원이 아닌, 아이와 부모가 함께 성장하는 새로운 형태의 지원 정책이 필요한 시점입니다. 아동 씨앗 연금은 단순한 저출산 대책을 넘어, 우리 사회의 지속 가능한 성장을 위한 새로운 패러다임이 될 것입니다.

[실행 방안]

1. 제도 설계의 기본 원칙
   - 아이가 태어나면 자동으로 계좌 개설
   - 부모의 소득수준과 관계없이 보편적 지원
   - 운용의 안정성과 투명성 보장

2. 단계별 지원 구조
   ☐ 출생~5세
     - 정부/지자체의 1:1 매칭(월 최대 20만 원)
     - 총지원금: 연간 480만 원(부모 240만 원+정부 240만 원)
     - 5년간 총 2,400만 원 적립 가능

   ☐ 6~15세
     - 정부/지자체의 1:1 매칭(월 최대 10만 원)
     - 총지원금: 연간 240만 원(부모 120만 원+정부 120만 원)

- 10년간 총 2,400만 원 추가 적립 가능

3. 자금 운용 방식
- 국민연금 운용 수익률 수준의 안정적 투자
- 분산투자를 통한 리스크 관리
- 정기적인 성과 보고 및 공시

[비용 추계와 재원 조달]

1. 소요 예산(연간, 단계별 시행)
- 신생아 수 30만 명 기준(2024년 24만 2,334명)
- 1년 차: 8,640억 원(월 20만 원 × 12개월 × 30만 명)
- 6년 차 이후: 4,320억 원(월 10만 원 × 12개월 × 30만 명)
- 누적 집계: 10년 차에 6조 4,800억 원, 20년 차에 10조 8천억 원

2. 재원 조달 방안
- 현재의 출산장려금 재원 활용: 2024년 기준 저출산 대응 예산 48조 2천억 원, 이 중 출산지원금 예산 22조 원
- 국민연금 기금의 일부 활용
- 지방자치단체와 분담

[기대효과 시뮬레이션]

월 20만 원씩 5년, 이후 월 10만 원씩 10년 투자 시

(연 수익률 5% 가정)

- 15년 납입 총액: 4,800만 원
- 65세 시점 예상 적립금: 약 7억 원
- 월 예상 연금액: 약 250만 원

이는 현재 국민연금 평균 수령액의 3배 이상으로, 노후 빈곤 문제를 실질적으로 해결할 수 있는 수준입니다.

[한계점 및 대응 방안]

1. 예산 부담
   - 단기적으로는 예산 부담이 있으나
   - 장기적으로 노인 복지 비용 절감 효과
   - 세대 간 자산 이전의 선순환 구조 형성

2. 형평성 문제
   - 둘째, 셋째 자녀에 대한 추가 혜택 설계

- 저소득층 추가 지원 방안 마련
- 지역별 차등 지원 가능성 검토

[결론]

아동 씨앗 연금은 단순한 저출산 대책이 아닌, 우리 사회의 지속 가능성을 위한 새로운 사회안전망이 될 것입니다. 현재의 출산장려금처럼 단기적 현금 지원이 아닌, 아이와 부모가 함께 성장하는 새로운 형태의 지원 정책으로서, 미래세대의 안정적인 노후를 보장하고 현재의 저출산 문제를 해결하는 데 기여할 것입니다.

2. 용어 해설

ETF(상장지수펀드)

여러 주식이나 채권에 분산 투자하는 펀드를 주식처럼 거래할 수 있게 만든 상품입니다. 예를 들어 'KODEX 200'은 국내 200개 대표 기업에 투자하는 것과 같은 효과를 얻을 수 있습니다.

복리

이자에 이자가 붙는 것을 의미합니다. 예를 들어 100만 원을 연 10% 금리로 투자했을 때, 1년 후에는 110만 원이 되고, 2년 후에는 121만 원이 되는 식입니다.

72 법칙

투자금이 2배가 되는데 걸리는 시간을 간단히 계산하는 방법입니다. 72를 연간 수익률로 나누면 됩니다. 예를 들어 연 8% 수익률이면 72÷8=9년이 걸립니다.

자산 배분
투자 위험을 줄이기 위해 여러 종류의 자산(주식, 채권, 현금 등)에 분산해서 투자하는 것을 말합니다.

리밸런싱
자산 배분 비율이 목표에서 벗어났을 때 다시 맞추는 것을 말합니다. 예를 들어 주식 60%, 채권 40%로 시작했는데 주식이 70%가 되었다면, 일부를 팔아서 다시 60%로 맞추는 것입니다.

모멘텀
투자에서 상승세나 하락세가 이어지는 현상을 말합니다. 주가가 오르던 주식은 계속 오르는 경향이 있고, 떨어지던 주식은 계속 떨어지는 경향이 있는 것을 의미합니다.

유기정기금
일정 기간 정기적으로 일정액을 지급하기로 하는 계약을 말합니다. 자녀에게 매월 정기적으로 증여할 때 활용할 수 있습니다.

ISA(개인종합자산관리계좌)
예금, 펀드, 주식 등 다양한 금융 상품을 한 계좌에서 투자할 수 있는 통합 계좌입니다. 비과세 혜택이 있습니다.

연금 저축 계좌

노후를 위해 돈을 모으는 특별한 통장으로, 납입액에 대해 세액공제 혜택이 있고 수익에 대해서도 세금 혜택이 있습니다.

실질수익률

물가상승률을 고려한 실제 수익률을 말합니다. 예를 들어 투자 수익률이 5%인데 물가상승률이 2%라면, 실질수익률은 3%입니다.

달러코스트 평균법

일정 금액을 정기적으로 투자하는 방법입니다. 주가가 높을 때는 적은 수량을, 낮을 때는 많은 수량을 자동으로 매수하게 되는 효과가 있습니다.

자산 배분 전략

투자 목적, 위험 감내도, 투자 기간 등을 고려하여 여러 자산에 자금을 나누어 투자하는 방법을 의미합니다. 크게 정적 자산 배분 전략과 동적 자산 배분 전략으로 나눌 수 있으며, 각각의 장단점이 있습니다. 예를 들어 60:40 포트폴리오는 정적 자산 배분의 대표적인 예시이고, 모멘텀 전략은 동적 자산 배분의 예시입니다.

동적 자산 배분 전략

시장 상황이나 자산 가격의 움직임에 따라 포트폴리오의 자산 비중을 적극적으로 조절하는 투자 방식입니다. 예를 들어, 주식 시장이 강세일 때는 주식 비중을 높이고, 약세일 때는 채권 비중을 높이는 식으로 운용합니다. BAA, VAA 등이 대표적인 동적 자산 배분 전략입니다.

BAA(Bold Asset Allocation)

주식이나 채권 중 하나에 집중적으로 투자하는 자산 배분 전략입니다. 시장 상황에 따라 공격적으로 자산을 이동하는 것이 특징입니다.

VAA(Vigilant Asset Allocation)

시장 상황을 여러 기간으로 나누어 면밀히 관찰하고, 이에 따라 투자 비중을 조절하는 전략입니다.

올웨더 포트폴리오

어떤 시장 환경에서도 안정적인 수익을 낼 수 있도록 설계된 포트폴리오입니다. 주식, 채권, 원자재, 금 등 다양한 자산에 분산 투자하는 것이 특징입니다.

영구 포트폴리오

자산을 네 가지(주식, 장기 채권, 현금, 금)로 똑같이 나누어 투자하는 전략입니다. 각각 25%씩 배분하고 정기적으로 리밸런싱합니다.

매칭 펀드

투자자가 투자한 금액만큼 정부나 기업이 같은 금액을 추가로 지원하는 제도입니다. 예를 들어 본인이 10만 원을 투자하면 정부도 10만 원을 지원하는 방식입니다.

포트폴리오

투자자가 보유한 여러 자산의 구성을 말합니다. 예를 들어 "주식 60%, 채권 30%, 현금 10%의 포트폴리오"처럼 표현합니다.

MDD(Maximum Drawdown, 최대 낙폭)

투자 기간 중 최고점에서 최저점까지의 가장 큰 하락 폭을 의미합니다. 투자의 위험도를 측정하는 중요한 지표입니다.

변동성

투자 수익률이 평균값에서 얼마나 많이 움직이는지를 나타내는 지표입니다. 변동성이 높을수록 위험이 크다고 볼 수 있습니다.

샤프비율

투자의 위험 대비 수익률을 나타내는 지표입니다. 같은 위험이라면 수익률이 높을수록, 같은 수익률이라면 위험이 낮을수록 좋은 투자입니다.

카나리아 자산
시장의 위험을 미리 감지할 수 있는 지표가 되는 자산을 말합니다. 옛날 광부들이 유독가스를 감지하기 위해 카나리아를 데리고 갔던 것에서 유래했습니다.

물가상승률(인플레이션)
물건값이 전반적으로 오르는 현상을 말합니다. 예를 들어 작년에 3천 원이던 자장면이 올해 3,300원이 되었다면 물가상승률은 10%입니다.

실질 가치
물가상승률을 고려한 실제 가치를 의미합니다. 예를 들어 10년 전의 100만 원과 현재의 100만 원은 같은 금액이지만 실질 가치는 다릅니다.

디플레이션
물가가 지속적으로 하락하는 현상을 말합니다. 일반적으로 경기 침체와 함께 나타나는 경우가 많습니다.

레버리지
투자할 때 자기 자금 외에 빌린 돈을 추가로 사용하는 것을 말합니다. 수익률을 높일 수 있지만 그만큼 위험도 커집니다.

리스크 관리

투자에서 발생할 수 있는 위험을 파악하고 대비하는 것을 말합니다. 분산투자가 대표적인 리스크 관리 방법입니다.

TDF(Target Date Fund)

목표 은퇴 시점에 맞춰 자동으로 자산 배분을 조절해 주는 펀드입니다. 은퇴가 가까워질수록 안전 자산의 비중이 높아집니다.

세액공제

납부해야 할 세금에서 일정 금액을 공제해 주는 것을 말합니다. 예를 들어 연금 저축 계좌에 납입한 금액의 13.2% 또는 16.5%를 세금에서 공제받을 수 있습니다.

CAGR(연평균 수익률)

여러 해에 걸친 투자의 연평균 수익률을 의미합니다. 예를 들어 3년 동안 총 수익률이 33.1%라면 CAGR은 10%입니다.

채권

정부나 기업이 돈을 빌리면서 발행하는 증서입니다. 정해진 기간 정해진 이자를 받을 수 있습니다.

국채
정부가 발행하는 채권을 말합니다. 일반적으로 가장 안전한 투자 상품으로 여겨집니다.

백테스트
과거 데이터를 사용하여 투자 전략의 성과를 검증하는 방법입니다. 예를 들어, 특정 투자 전략을 과거 10년간의 시장 데이터에 적용해 보면서 그 전략의 효과를 분석하는 것입니다.

정적 자산 배분 전략
자산 비중을 일정하게 유지하는 투자 전략입니다. 예를 들어 주식 60%, 채권 40%의 비율을 계속 유지하면서 정기적으로 리밸런싱하는 방식입니다.

이동평균선
일정 기간의 평균 가격을 연결한 선으로, 주가의 추세를 파악하는 데 사용됩니다. 예를 들어 20일 이동평균선은 최근 20일간의 종가 평균을 의미합니다.

베타(β)
개별 자산이 시장 전체의 움직임에 얼마나 민감하게 반응하는지 나타내는 지표입니다. 베타가 1이면 시장과 같은 움직임을, 2면 시장의 2배로 움직임을 의미합니다.

알파(α)

투자자가 시장 수익률 이상으로 추가로 얻은 수익률을 의미합니다. 예를 들어 시장 수익률이 10%일 때 15%의 수익을 냈다면, 알파는 5%입니다.

기준지수(벤치마크)

투자 성과를 비교하는 기준이 되는 지수입니다. 예를 들어 국내 주식형 펀드는 보통 KOSPI를 기준지수로 삼습니다.

정규분포

종 모양의 확률분포로, 투자 수익률이 평균을 중심으로 얼마나 퍼져있는지 분석할 때 사용됩니다.

리밸런싱 밴드

자산 비중이 목표에서 얼마나 벗어나면 리밸런싱을 할지 정하는 기준입니다. 예를 들어 ±5% 밴드라면, 목표 비중에서 5% 이상 벗어날 때 리밸런싱을 실행합니다.

RSI(상대강도지수)

과매수/과매도 상태를 판단하는 지표입니다. 0에서 100 사이의 값을 가지며, 일반적으로 70 이상이면 과매수, 30 이하면 과매도로 판단합니다.

표준편차
투자 수익률의 변동성을 측정하는 대표적인 통계 지표입니다. 수익률이 평균에서 얼마나 떨어져 있는지를 나타냅니다.

시스템 트레이딩
미리 정해진 규칙에 따라 자동으로 매매하는 방식입니다. 감정적 판단을 배제하고 원칙에 따라 투자하는 것이 특징입니다.

이 용어들은 책에서 다룬 개념들을 이해하는 데 도움이 될 것입니다. 처음에는 생소할 수 있지만, 하나씩 익혀가다 보면 투자와 자산 관리가 더욱 쉽게 느껴질 것입니다.

3. 실전 투자 도구 모음

투자는 이론만으로는 부족합니다. 실제로 연습하고, 체험하고, 검증해 볼 수 있는 도구가 필요합니다. 여기 소개하는 도구들은 이 책에서 설명한 투자 원칙들을 실전에서 적용해 볼 수 있게 도와줄 것입니다.

[portfolio.ezinit.com - 종합 투자 교육 플랫폼]

1. 자산 배분 전략 테스트
- 정적 자산 배분(/static): 6:4 포트폴리오, 올웨더 포트폴리오 등 검증된 전략 백테스트
- 동적 자산 배분(/dynamic): 시장 상황에 따라 변화하는 자산 배분 전략 테스트
- 변동성 돌파 전략(/vb_strategy): 개별 종목 투자를 위한 최

적 파라미터 도출

2. 실전 체험형 교육 도구
- 투자자 성향 진단(/investor_tendency): 나에게 맞는 투자 전략 찾기
- 리밸런싱 시뮬레이션(/rebalancing): 자산 배분과 리밸런싱 직접 체험
- 분산투자 퀴즈(/quiz): 게임으로 배우는 투자 원칙
- 투자 시뮬레이션(/investment_simulation): 수익률과 현금 보유의 중요성 이해
- 도박의 함정 체험(/gamble_simulation): 올바른 투자와 도박의 차이 이해

3. 교육 및 학습 자료
- 투자 심리학(/psychology): 투자 실패를 부르는 심리적 오류 분석
- 투자 논문 팟캐스트(/research): 최신 투자 연구를 오디오로 편하게 청취

4. 실용 도구
- 자녀 현금 증여 계약서(/giftofcash): 절세와 투자 교육을 동시에

- 온라인 무료 강의(/intoedu): 투자 기초부터 고급 전략까지

이 플랫폼의 가장 큰 특징은 '게임처럼 배우는 투자'입니다. 복잡한 투자 개념들을 직관적인 시각화와 실전 시뮬레이션을 통해 쉽게 이해하고 체험할 수 있습니다. 특히 이 책에서 설명한 개념들을 실제로 테스트해 보고 싶다면, 각 챕터와 연계된 시뮬레이션 도구들을 적극 활용해 보시기 바랍니다.

👍 [실전 도구 활용 팁]

처음에는 기본 설정값으로 시작하세요.
하나의 변수만 바꿔가며 결과를 비교해 보세요.
실제 투자 전에 충분히 시뮬레이션해 보세요.
투자 결과를 기록하고 분석하는 습관을 들이세요.
모든 도구는 무료로 제공되며, 회원가입 없이 즉시 사용할 수 있습니다. PC 환경에서 사용을 권장하며, 모바일에서도 대부분의 기능을 이용할 수 있습니다.

이 플랫폼은 지속적으로 업데이트되고 있으며, 새로운 기능과 콘텐츠가 정기적으로 추가됩니다. 더 나은 투자 도구를 만들기 위한 의견이나 제안은 언제나 환영합니다.

[투자 정보 플랫폼]

1. ETF CHECK (https://www.etfcheck.co.kr/)

ETF CHECK는 국내 상장된 모든 ETF와 ETN 정보를 제공하는 종합 플랫폼입니다.

- 주요 기능:
    - ETF/ETN 상세 정보와 수익률 비교
    - 운용사별, 유형별 ETF 검색
    - 보수 및 수수료 비교
    - 거래량 및 순자산 규모 분석
    - 실시간 시장 동향 및 분석 리포트

- 활용 팁:
    - 투자하고자 하는 ETF의 거래량을 반드시 확인하세요.
    - 유사한 ETF들의 보수를 비교해 효율적인 상품을 선택하세요.
    - 기초지수의 구성과 특징을 꼭 확인하세요.
    - 배당수익률과 분배금 정책을 참고하세요.

2. 펀드 가이드 TDF 비교 (https://www.fundguide.net/Fund/TDFCompare)

국내 모든 TDF(Target Date Fund)를 한눈에 비교할 수 있는 전문 서비스입니다.

- 주요 기능:
  - 운용사별 TDF 상품 비교
  - 목표 시점별 수익률 분석
  - 자산 배분 현황 모니터링
  - 위험 지표 및 성과 분석
  - 리밸런싱 정책 비교

- 활용 팁:
  - 본인의 은퇴 시점과 가장 가까운 TDF를 선택하세요.
  - 운용사의 투자 철학과 전략을 꼭 확인하세요.
  - 자산 배분 전략의 변화 과정을 체크하세요.
  - 수수료와 보수를 고려한 실질 수익률을 비교하세요.

이러한 전문 플랫폼들과 함께, 앞서 소개한 portfolio.ezinit.com의 도구들을 활용하면 더 체계적이고 효율적인 투자가 가능할 것입니다.

특히 ETF 투자를 시작하시는 분들은 ETF CHECK를 통해 상품 비교를, TDF에 관심 있으신 분들은 펀드 가이드의 비교 서비스를 활용하시면 좋습니다. 이러한 도구들은 모두 무료로 제공되며, 회원가입 없이도 대부분의 정보를 확인하실 수 있습니다.